Spitzbergen

Nordpolarmeer

Skandinavien

EUROPA

ASIEN

Sibirien

Zentralasien

Orient

Arabien

rdafrika

Ostasien

Indochina

Pazifischer Ozean

Indischer Subkontinent

AFRIKA

Malaysia

Mikronesien

Indonesien

Ostafrika

Seychellen

AUSTRALIEN

Indischer Ozean

ches Afrika

Neuseeland

ANTARKTIS

Das große ReiseBuch

100 Traumziele für vier Jahreszeiten

Klaus Viedebantt, Jochen Müssig, Roland F. Karl, Bernd Schiller,
Barbara Rusch, Renate Kostrzewa, Hartmut Pönitz, Hubert Matt-Willmatt, Thomas Migge

BRUCKMANN

Inhalt

Herbst September | Oktober | November

Europa

Amerika

Afrika

Asien

Australien & Ozeanien

Winter Dezember | Januar | Februar

Europa

Amerika

Afrika

Asien

Australien & Ozeanien

Die Qual der Wahl: Wann wohin?

Zur schönsten Zeit am schönsten Ort

Wichtige Entscheidungen beginnen oft mit einer Frage. Vor Entscheidungen über den Urlaub – sie zählen ohne Zweifel zu den wichtigen – stehen häufig die Fragen »wohin?« und »wann?«. Die Reisezeit ist deshalb ein prägendes Ordnungselement in diesem Buch, selbst wenn der optimale Zeitpunkt in vielen Fällen bereits ohne unser Zutun feststeht – etwa weil Familien mit Kindern an die Ferienzeiten gebunden sind oder weil berufliche Zwänge bestimmte Monate als Urlaubszeit ausschließen.

Auch die Wetterprognose dient oft als zentrales Kriterium bei der Urlaubsplanung. Wer will schon im regenreichsten Monat die schottischen Highlands erkunden oder in brüllender Hitze Siziliens Tempel studieren? Bei Zielen in unwirtlicheren Regionen unseres Planeten bestimmt das Wetter sogar die Reisezeiten. Eine Antarktisreise ist praktisch nur im Südsommer möglich, von Ende November bis Ende Februar. Ähnlich ist es Richtung Nordpol: Grönland ist im arktischen Winter von Oktober bis April auch nicht gerade eine Empfehlung.

Auch die Natur hat ihren Kalender, und der kann besondere Reiseanreize liefern, die Mandelblüte auf Mallorca oder die Kirschblüte in Japan zum Beispiel. Die Neuengland-Staaten der USA sind vor allem im Herbst etwas ganz Besonderes, wenn im »Indian Summer« die Laubfärbung alle Wälder wie in Flammen erscheinen lässt.

Nicht so stark vom Wetter abhängig, aber auch vom Kalender bestimmt sind international bekannte Veranstaltungen – zu betrachten als Reiseanlass oder als Grund, diesen Ort gerade in dieser Zeit nicht aufzusuchen. Letzteres gilt vornehmlich für die ganz großen »Events«. Wer zum Beispiel nicht unmittelbar an den Wettbewerben interessiert ist, wird nicht gerade während der Olympischen Spiele 2012 nach London oder 2016 nach Rio de Janeiro reisen.

↑ Die Elymer erbauten bei Segesta auf Sizilien zahlreiche prächtige Tempel im dorischen Stil.

Für Sportfreunde sind es die Olympischen Spiele oder die Fußballweltmeisterschaften, die Tausende auf Reisen locken. Freunde klassischer Musik zieht es im Sommer nach Bayreuth oder Salzburg, Jazzfans nach Montreux oder Newport Beach in den USA. Religiöse Zentren und hohe Feiertage wie Ostern in Rom oder Thaipusam bei den Batu-Höhlen bei Kuala Lumpur in Malaysia, locken jährlich Hunderttausende an.

Daneben gibt es natürlich unzählige weniger bekannte Festivitäten, die für kundige Reisende häufig ein guter Grund sind, ihre Planung nach diesen Daten auszurichten. Da diese in unserer Festlegung der »besten Reisezeit« nicht berücksichtigt wurden, seien hier einige solcher Beispiele ausführlicher vorgestellt:

Frühling (März | April | Mai)

Komaki, Japan: Ein 2,50 Meter langer Penis ist das Wahrzeichen der Parade zum »Hönen Matsuri Festival«. Das Fruchtbarkeitsfest am 15. März ist zwar in ganz Japan bekannt, aber nur in der Kleinstadt bei Nagoya wird es so demonstrativ begangen.

Valencia, Spanien: Mit Ninots, riesigen Pappmascheefiguren, wetteifern die Stadtviertel bei den »Fallas« um die Gunst der Juroren. Bei dem Frühlingsfest vom 12. bis 19. März überlebt nur die schönste, alle anderen werden in der Josefsnacht verbrannt.

Neuseeland hat 4,4 Millionen Einwohner und 50 Millionen Schafe. Schafscheren ist deshalb auch Teil seiner Volkskultur. »Golden Shears«, der weltgrößte Schererwettbewerb, findet jedes Jahr im März in Masterton statt.

Iqaluit, Kanada: Das »Toonik Tyme Festival« in Iqaluit (früher: Frobisher Bay) feiert im April die Rückkehr der Sonne nach dem lichtlosen Winter in der kanadischen Arktis. Die Inuit organisieren Wettbewerbe in Iglu-Bau und Seehundjagd sowie Bergrennen mit Schneemobilen.

Hawaii, USA: Das nach König David Kalākaua genannte »Merrie Monarch Festival« in Hilo auf der Insel Hawaii präsentiert am Wochenende nach Ostern den weltgrößten Hula-Tanzwettbewerb.

Alcoy, Spanien: Um den 23. April herum, den Tag des heiligen Georg, zelebriert die spanische Kleinstadt bei Alicante den Kampf der Christen gegen die Mauren in Erinnerung an eine Schlacht im Jahre 1276, bei der den Christen der Heilige erschienen sein soll und die Mauren besiegte. Beim »Moros-y-Cristianos«-Spektakel erobern zunächst die Mauren eine Stadt, die die Christen dann zurückerobern.

Cocullo, Italien: Am ersten Donnerstag im Mai wird in dem Abruzzendorf die Statue des heiligen Dominikus mit (ungiftigen) Schlangen behängt und durch die Gassen getragen. Eine Legende besagt, der Heilige habe das Dorf vor einer Schlangenplage bewahrt.

Copper's Hill, England: Am letzten Montag im Mai veranstaltet das Dorf seinen »Cheese Roll«: An einem Steilhang wird ein Rad Käse hinabgerollt, und mit ihm rennen die Dorfbewohner los. Wer zuerst nach dem Käse die Ziellinie überquert, ist der Sieger.

↑ Baobabs, sogenannte Affenbrotbäume, finden sich in großer Zahl beispielsweise auf Madagaskar.

Sommer (Juni | Juli | August)

Castrillo de Mur, Spanien: An einem Sonntag Anfang Juni findet »El Colacho«, der Babysprung, statt, der wohl um 1620 entstand. Dabei springen Männer in gelb-roter Kleidung über Babys, die im Jahr zuvor geboren wurden. So sollen böse Geister vertrieben werden.

Dublin, Irland: Am 16. Juni 1904 war Leopold Bloom in Dublin unterwegs – so beschreibt es James Joyce in seinem Roman »Ulysses«. Und seit 50 Jahren wandeln Joyce-Fans an diesem Tag auf den Spuren des Buches.

Kirkpinar, Türkei: Mit Olivenöl reiben sich die Sportler ein, die zum populären Ölringkampf antreten. In Kirkpinar findet jedes Jahr Ende Juni das größte Turnier dieser Art statt.

Sonkajärvi, Finnland: Anfang Juli findet hier die »Weltmeisterschaft im Ehefrauen-Tragen« statt. Dem Sieger winkt ein Fass Bier im Gesamtgewicht seiner Partnerin.

San Marino: Die älteste Republik der Welt mit Gründungsjahr 301, organisiert in der zweiten Julihälfte die »Medieval Days«, an denen viele Leute historische Kleidung tragen, es gibt Kämpfe mit Pfeil und Bogen, Märkte mit Gauklern und Wahrsagern und Gerichte nach mittelalterlichen Rezepten.

Gilroy, Kalifornien, USA: Beim »Garlic Festival« am letzten Juliwochenende gibt es Kochshows mit Knoblauch, Knoblauch-Eiscreme und -Bier und die Wahl einer Knoblauchkönigin. Mit mehr als 100 000 Besuchern ist dieses Fest eines der größten kulinarischen Festivals der Welt, alle Gewinne kommen wohltätigen Zwecken zugute. Das gilt übrigens auch für das kleinere Knoblauchfest im August auf der britischen Isle of Wight.

Memphis, Tennessee, USA: Elvis lebt! Zumindest während der »Elvis Week« um den Todestag des King am 16. August wimmelt es in der Stadt von Nachahmern. Zentrum ist Graceland, wo es auch eine Nachtwache am Grab gibt.

Buñol, Spanien: Die »Tomatina« ist der Höhepunkt Patronatsfests Ende August. Fast 125 000 Kilo eigens angebaute (für die Küche nicht geeignete) Tomaten stehen für eine einstündige Schlacht zur Verfügung. Jede Tomate muss vor dem Wurf zerquetscht werden, damit sie nicht verletzen kann.

Strakonice, Tschechien: Der Dudelsack ist nicht allein ein schottisches Instrument, es ist seit Jahrhunderten auch in Tschechien heimisch. So ist das »International Bagpipe Festival« im Süden Böhmens am rechten Ort. In den geraden Jahren paradieren und musizieren bis zu 900 »Pipers«.

↑ Wohl unzählige Biker träumen davon: einmal mit einer Harley über die California State Route 1!

Herbst (September | Oktober | November)

Bonnat, Frankreich: Anfang September steht das Dorf ganz im Zeichen des Schweins: Bei der »Pig Fair« wird mit den Borstentieren gehandelt, sie liefern sich Wettrennen – und sorgen für die notwendige kulinarische Stärkung der Besucher.

Birdsville, Australien, an der Simpsonwüste hat etwa 120 Einwohner und veranstaltet seit 1882 eines der populärsten Pferderennen des Kontinents. Am ersten Samstag im September kommen mehr als 6000 Besucher – zu viel für den einzigen Pub am

Ort. Road Trains, riesige Lastwagen, bringen zuvor Bier für den »Racing Carnival«.

Thailand: Teams aus Sri Lanka, Nepal und Thailand treten Anfang September beim »King's Cup Elephant Polo«, meist im Anantara Ferienhotel in Hua Hin, gegeneinander an. Jeweils drei Dickhäuter, drei Elefantenführer (Mahuts) und drei Polospieler bilden eine Mannschaft.

Key West, Florida, USA: Das »Fantasy Fest« hat sich zu einer der verrücktesten Feten Amerikas entwickelt. Zehn Tage lang gibt es in der zweiten Oktoberhälfte Bälle und Straßenfeste, Kostümwettbewerbe für Mensch und Haustier und eine Parade.

Lima, Peru: 1651 soll ein Sklave ein Christusbild an eine Wand gemalt haben, die später bei einem Erdbeben einstürzte. Das Bild blieb wundersam erhalten und wird seither als »Lord of the Miracles« verehrt: In der zweiten Oktoberhälfte wird es durch die Straßen getragen, die gesäumt sind von purpurgewandeten Gläubigen. Kurz danach beginnt die Stierkampfsaison.

Las Vegas, Kalifornien, USA: Kann man vom Bullenreiten leben? Ja, sehr gut sogar. Das gilt zumindest für die 40 besten »Bullrider«, die mit mehr als 30 Turnieren durch die USA, Brasilien, Kanada, Mexiko und Australien touren. Ihren Endkampf, bei dem es um siebenstellige Preissummen geht, veranstalten die Profis im Oktober in Las Vegas.

Ottery St. Mary, England: Den 5. November kennt in England jeder als »Guy Fawkes Night«. 1605 wollten Katholiken das Parlament in London sprengen. Fawkes wurde mit Sprengstoff gefasst und gehenkt. Seither feiern die Briten in dieser Nacht mit Feuerwerk und Scheiterhaufen.

Singapur ist im späten November für neun Tage das Mekka der Straßenkünstler aus aller Welt. Das »Singapore River Busker's Festival« ist zu einer der größten Veranstaltungen Asiens gewachsen.

Stuttgart, Arkansas, USA, beherbergt die Weltmeisterschaft der Entenlockpfeifer. Sie ist der Kern des Festivals »Wings Over the Prairie«.

Winter (Dezember | Januar | Februar)

Genf, Schweiz, feiert am 12. Dezember mit der »Escalade« die Abwehr feindlicher Truppen im Jahr 1602. Am Abend reiten Soldaten in historischen Gewändern durch die Altstadt, es gibt einen Fackellauf mit Bürgern in alter Tracht und heiße Suppe in Erinnerung an Mère Royaume, die ihre Suppe über die Feinde geschüttet hatte.

Bahamas: »Junkanoo« ist eine farbenprächtige Parade am 26. Dezember auf den Bahamas und anderen Karibikinseln. Das Fest geht zurück auf

heimliche Feiern westafrikanischer Sklaven. Der größte Umzug führt durch die Straßen Nassaus, dort entstanden auch die Junkanoo-Aufnahmen für den James-Bond-Film »Feuerball«.

Schottland: »Hogmanay« ist die schottische Version von Silvester mit vielen Bräuchen. In Stonehaven ist es Tradition, aus Papier Bälle zu formen, die an einem Kabel hängen und um Mitternacht angezündet werden. Die Einheimischen lassen die Feuerbälle dann auf der Hauptstraße kreisen.

↑ Kanadische Winteridylle: der spektakuläre Moraine Lake im Banff National Park

Lalibela, Äthiopien: Die elf aus dem Fels geschlagenen Kirchen von Lalibela sind der perfekte Ort, »Timkat« zu erleben. Das Fest der Taufe Christi im Jordan findet meist um den 19. Januar statt.

Maryland, USA: »Plungapalooza« nennen die Bürger ihren »Polar Bear Plunge« am letzten Januarwochenende. Dabei springen Leute im Sandy Point State Park in die eiskalte Cheesapeak Bay, um Geld für die Olympischen Spiele der Behinderten zu sammeln.

Lyon, Frankreich: »Bocuse d'Or« ist ein Wettbewerb für Profiköche, der alle zwei Jahre Ende Januar stattfindet und als die »kulinarischen Olympischen Spiele« gilt. Sein Begründer war der Starkoch Paul Bocuse.

Vietnam: Berechnet nach dem traditionellen Mondkalender fällt das dreitägige »Tet-Fest« (Neujahr) meist auf Anfang Februar. Es beginnt mit der Reinigung der Häuser und Gräber, es folgen traditionelle Essen und Feuerwerk, um böse Geister zu vertreiben.

Ivrea, Italien: Der Orangenkampf (»Battaglia delle Arance«) ist der Höhepunkt des Apfelsinenfestivals im Februar. In Erinnerung an einen von den Bürgern besiegten Tyrannen bewerfen Mannschaften die Wachen des Fürsten (und andere Leute) mit Orangen, dem Ernteüberschuss.

Traumziel Deutschland 1

Oberbayern – Besuch beim Kini

Ein Märchenschloss in einer Traumlandschaft: Für Neuschwanstein bleiben eigentlich nur Klischees. Doch die geben genau das wieder, was die Menschen anlockt. Es soll US-Amerikaner geben, die glauben, dass Neuschwanstein eine wirklich hübsche und gelungene Replik von Cinderellas Castle in Disney Land sei. Andere nennen die Burg des Märchenkönigs Ludwig II. despektierlich Neuschwahnsinn, was nicht verwunderlich ist, angesichts von 1,3 Millionen Besuchern pro Jahr.

Doch die pure Romantik mit Zinnen, Türmchen und Giebeln in einer herrlichen Alpenregion, die eines der wohl bekanntesten Schlösser der Welt in einmaliger Lage auf einem bewaldeten Bergrücken perfekt inszeniert, strahlt Unvergleichliches aus, Pomp mit Zuckerguss. Und im Innern ließ Ludwig II. ebenso Unwirkliches schaffen: das Schlafzimmer mit Bildern aus »Tristan und Isolde«, das Wohnzimmer mit Szenen der »Lohengrin-Sage«. Und schließlich der Prunk im Thronsaal, der nie einen Thron erhielt.

Entstanden ist die stimmungsvollste Schöpfung des bairischen Königs ab 1869. Nach dessen mysteriösem Tod am 13. Juni 1886 wurden die Arbeiten am noch unvollendeten Bau eingestellt. Sieben Wochen danach öffnete sich Neuschwanstein dem Publikum. Das Paradoxe daran: Der menschenscheue Ludwig wollte sich auf der Burg vor der Öffentlichkeit zurückziehen. Niemand sollte ihn dort jemals besuchen – doch sein geplantes Refugium wurde zum Publikumsmagneten.

Die Schlösser Linderhof und Herrenchiemsee, das sogenannte Abbild von Versailles, aber auch Ludwigs Geburtsort Nymphenburg, sogar die Münchner Residenz und ganz sicher das häufig weniger beachtete Königshaus am Schachen stehen zwar deutlich im Schatten von Neuschwanstein; dennoch ist jeder Ort einen Besuch wert.

Schachen ist von außen kaum von einer Alpenhütte zu unterscheiden. Aber drinnen glaubt der Besucher entweder sofort an den viel beschriebenen Wahnsinn des Königs oder an Halluzinationen. Besonders im Türkischen Saal traut man seinen Augen nicht: Diwane, Lüster, Springbrunnen, alles aus Gold vor gold-rot-blauen Tapeten, Teppichen und der komplett verzierten Decke, als ob sich der Sultan von Konstantinopel ein Bergdependance gegönnt hätte. Aber macht nicht gerade das Unerklärliche die Faszination aus? Mit all dem Malerischen, Märchenhaften, Magischen, das die Menschen anzieht, bis heute und aus aller Welt? Übrigens: Auch Linderhof war zunächst nur ein Forsthaus und wurde später zum Königsschloss, das von außen vergleichsweise unscheinbar, aber innen eine Orgie aus Farben, Spiegeln, Lüstern und übervoller Pracht ist.

Die beste Reisezeit

Oberbayern ist ab Ende April wettermäßig schon recht stabil, und der Wonnemonat *Mai* macht seinem Namen meistens auch alle Ehre, besonders wenn Föhn ist, also ein Tag mit dem berühmten warmen Fallwind aus dem Süden. In diesem Zeitraum darf man schon mit bis zu angenehmen 20 °C rechnen, im Mai häufig auch darüber. Noch angenehmer freilich ist, dass die Hochsaison erst vor der Tür steht und Oberbayerns Schlösser noch nicht so hoffnungslos überlaufen sind wie im Sommer.

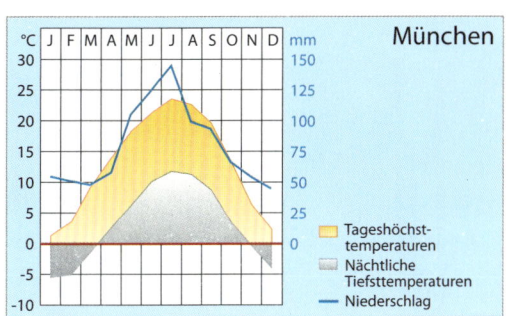

Die Highlights

Neuschwanstein – Ein Schloss wie gemalt, vor perfekter Berg- und Seekulisse. Nicht wenige Besucher jauchzen: »Oh Gott, ist das schön!« Ludwigs Traum gehört zu den schönsten Schlössern der Erde.

Hohenschwangau – Ritterburg aus dem 12. Jh. und das Jugenddomizil Ludwigs II., nahe Neuschwanstein. Ebenso schön gelegen, weniger spektakulär, aber der Ort, an dem der schwärmerische König viele Anregungen fand.

Wieskirche – Auch kurz »die Wies« genannt. Sie liegt im Tal, etwa 30 km von Neuschwanstein entfernt, und gehört zu den ältesten UNESCO-Weltkulturerbestätten Deutschlands. Ein Raumwunder in zauberhaftem Rokokogewand.

Linderhof – Das Lieblingsschloss von Ludwig II. und das einzige, das noch zu seinen Lebzeiten vollendet wurde. Es ist klein, aber prunkvoll, mit herrlichem Schlosspark, in dem sich auch die kuriose Venusgrotte befindet.

Forsthaus am Schachen – Abgelegen auf 1866 m Höhe und nur zu Fuß zu erreichen.

Herrenchiemsee – Das kostspieligste Schloss Ludwigs und ein Abbild von Versailles. Es beheimatet das König-Ludwig-II.-Museum.

München – Mit Schloss Nymphenburg, dem Geburtsort von Ludwig II., und der Residenz, dem Sitz aller bayerischen Könige.

Besondere Tipps

Eintrittskarten: Für Neuschwanstein erhalten Besucher sie nur im Ticketcenter im Ort Hohenschwangau (Alpseestr. 12, Tel. 0 83 62/93 08 30, www.ticket-center-hohenschwangau.de).

Badespaß zum Ausgleich: Allein in der näheren Umgebung von Füssen gibt es 26 Seen. Der größte von ihnen ist der Forggensee, der bekannteste der Alpsee. Darüber thront Neuschwanstein.

Souvenir: Gibt's in den Schlösser-Shops oder im Internet: www.bayerische-werbegeschenke.de

Info: www.schloesser.bayern.de

← Schloss Neuschwanstein, eine architektonische Perle

← Die große Spiegelgalerie im Schloss Herrenchiemsee

← Gartenseite von Schloss Nymphenburg

↑ Nicht vom König beeinflusst, aber eine Wallfahrt wert: Rokokojuwel Wieskirche bei Steingaden

Traumziel Schweiz 2

Glacier Express – Blauburgunder am Oberalppass

Einzigartig: Zwei der drei weltweit besten Skiorte bilden die Endstationen des Glacier Express. St. Moritz und Zermatt hat das Schweizer Wirtschaftsmagazin »Bilanz« gemeinsam mit dem amerikanischen Aspen die Krone der Wintersportwelt zugesprochen. Wenn das kein Grund ist, es sich im »langsamsten Schnellzug der Welt« bequem zu machen und die wie mit einer Zuckerkruste überzogene Alpenlandschaft an den Panoramafenstern vorbeiziehen zu lassen. Dazu einen weißen »Aigle les Murailles«, einen roten »Malanser Blauburgunder« oder auch nur einen Milchkaffee – so lässt sich die kalte Jahreszeit genießen, selbst wenn man dem Wintersport weniger nahe steht.

Eidgenössische Eisenbahn-Baumeisterkunst war gefragt, als die Trassen angelegt wurden: 291 Brücken überquert der Glacier Express, rollt durch 91 Tunnel; im Winter mit täglich je einem Zug pro Richtung. Die Fahrt beginnt in St. Moritz eine Stunde früher als in der Gegenrichtung. Sie führt über Chur, Disentis, den 2033 Meter hohen Oberalppass, Andermatt, Brig und Visp bis Zermatt. Dort wartet der zumindest geografische Höhepunkt der

Route, das 4478 Meter hohe Matterhorn. Seine charakteristische Dreiecksform ist zu einem Wahrzeichen der Schweiz (und ihrer Schokoladenindustrie) geworden, auch wenn sich das Land den Gipfel mit den Italienern teilen muss.

Per Kopfhörer erfahren die Passagiere Wissenswertes über die Landschaft, die der Express gerade durchrollt, aber auch über die Historie der Verbindungen durch das Hochgebirge. Selbst diese Zauberszenerie bannt niemanden völlig über siebeneinhalb Stunden. Das Mittagessen – wunschweise Tagesteller oder Drei-Gang-Menü – ist eine willkommene Unterbrechung. Es wird am Platz serviert – nur im Sommer gibt es bei einigen Abfahrten noch Speisewagen. Und zwischendurch kann man in den Barwaggon hinüberschlendern, für einen Kaffee mit oder ohne Pflümli.

Start und Zielort dieser komfortablen Reise durch Schnee und Eis zeichnen sich zwar gleichermaßen durch eine hohe Promidichte aus. Aber es gibt deutliche Unterschiede. Während das glitzernde St. Moritz schon auf seiner Website die Rubrik »Lifestyle« präsentiert, heißt es bei Zermatt: »für Familien«. Auffällig ist die Ruhe im autofreien Zermatt.

Die beste Reisezeit

Je weiter der Winter voranschreitet, umso länger werden die Tage und, sofern die Sonne mitspielt, umso eindrucksvoller präsentieren sich die Berge. Im *März/April* sollten sie noch ihren weißen Pelz fotogen gegen den oft blauen Himmel strecken. Die Durchschnittstemperaturen pendeln tagsüber meist schon um den Nullpunkt, im April mit Tendenz zu niedrigen Pluswerten. Es gelten in der Regel bereits günstige Nachsaisonpreise – die Osterferien natürlich ausgenommen.

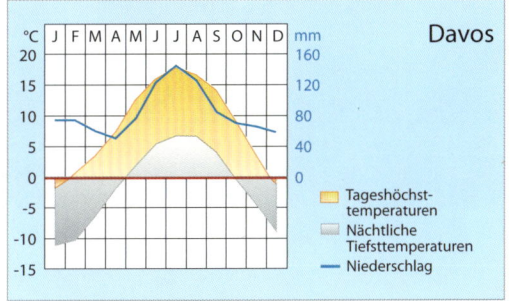

Die Highlights

Besondere Tipps

Literatur: »Der Kampf ums Matterhorn« von Carl Haensel, antiquarisch erhältlich, war die Vorlage für Luis Trenkers Film »Der Berg ruft«.

Küche: Die Engadiner Nusstorte, fast zu gleichen Teilen Walnüsse, Zucker und Sahne, ist kein Leichtgewicht, aber auch keine schwere Sünde.

Souvenir: Schweizer Offiziersmesser sind vielseitig. Etwa die hier passende Hochgebirgsvariante mit Höhenmesser.

Info: www.glacierexpress.ch, www.stmoritz.ch, www.zermatt.ch

← Bergzauber für Bahnfans: die Gornergrat-Bahn, dahinter das Matterhorn

↑ Der Glacier Express auf dem Landwasserviadukt nahe dem Bahnhof Filisur

↑ Steinböcke auf einer Wiese in den Schweizer Alpen

Traumziel Italien 3

Sizilien – Mandelmilch und Mafia

»Benvenuti Primavera« – »Willkommen, Frühling!« In Sizilien, wo Europa Afrika sehr nah ist (es sind nur 160 Kilometer bis Tunesien), feiert der Vorbote des Sommers stets sein Debüt. Und das zu einer Zeit, wenn nördlich der Alpen oft noch Schnee und Eis regieren. Das wäre schon Grund genug, Italiens südlichen Vorposten früh im Jahr anzusteuern. Aber die Insel ist auch reich an mediterraner Lebensart und Geschichte. Für Letztere sorgten die vielen Herren über das Land, das bis heute strategisch im Zentrum aller Seewege durch das Mittelmeer liegt: Griechen, Römer, Byzantiner, Araber, Staufer, Spanier – um nur die wichtigsten zu nennen. Tempel, Amphitheater, Kathedralen und Paläste zeugen von diesen Epochen.

Palermo, Monreale mit der goldmosaikreichen Kathedrale, Segesta, Selinunt und Agrigent als Höhepunkte griechischer Baukunst, schließlich römische Luxusarchitektur bei Piazza Armeria – soweit die erste Hälfte der Inselumrundung. Catania an der Ostküste eignet sich gleichermaßen zum Ausflug auf den Ätna wie zu Abstechern nach Syrakus, während seiner Blüte die mächtigste Stadt der damaligen Welt; und nach Noto, das wie andere Städte der Region nach einem Erdbeben 1693 im Stil des Spätbarock wieder aufgebaut wurde. Taormina, vor einigen Jahren Ziel der Glitterati und Paparazzi, konnte seinen touristischen Reiz bewahren (Hochsaison ausgenommen) – eine Mandelmilch im Caffè Wunderbar sorgt immer noch für dieses typische Taormina-Gefühl. Messina überspringend lohnt Cefalù den Stopp: die Altstadt mit dem normannischen Dom, gelegen zwischen Meer und Fels – ein Traum.

Und dann also wieder Palermo. War da nicht Mord und Mafia? Gewiss, aber mit einem Kraftakt haben die Behörden in den letzten Jahren die Cosa Nostra zurückgedrängt. Palermo ist heute nicht gefährlicher als andere Städte dieser Größe in Europa. Man sieht der Stadt den erfolgreichen Kampf gegen die Mafia an: Wo früher öffentliche Gelder in dunklen Kanälen verschwanden, werden sie jetzt für die Infrastruktur genutzt. Viele private Hausbesitzer spielen mit und renovieren. Palermo wird wieder zu Schmuckstück. Und mittlerweile richten sich immer mehr Touristen nach dem Stadtplan, auf dem Restaurants und Geschäften verzeichnet sind, die sagen: »Addiopizzo« – »Tschüss, Schutzgeld!«

Die beste Reisezeit

Der Frühling beginnt zwar häufig schon im Februar, aber dann regnet es oft. **März** ist ideal für Frühlingsreisen. Der **April** ist, weil noch nicht so heiß, geeignet für Rundfahrten zu den archäologischen Stätten. Die meisten Besucher kommen in den heißen Sommermonaten. Besser ist dann der September, im Oktober muss man wieder mit mehr Regen rechnen. Das Mittelmeer ist im Herbst auch noch angenehm warm, im Frühling kann das Wasser hingegen noch recht kühl sein.

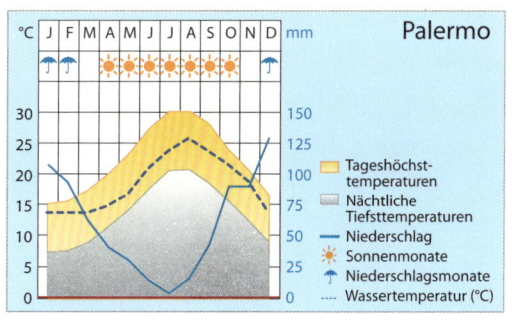

Die Highlights

Palermos Kathedrale ist beeindruckend, doch für die Gräber der Stauferkaiser Heinrich VI. und Friedrich II. muss man Extraeintritt zahlen. Was sich lohnt, zumal dort auch der Sarkophag der deutschen Kaiserin und Königin Siziliens Konstanze steht.

Kathedrale von Monreale – In der Kirche sind nicht nur die großartigen orthodoxen Mosaiken sehenswert. Auch der Kreuzgang erinnert an das einst mächtige Benediktinerkloster, von dem ansonsten nichts blieb.

Das *Tal der Tempel* bei Agrigent – ein Hochplateau – zeigt Tempel, die zu den besterhaltenen der griechischen Antike gehören.

Villa Casale – Die römische Villa bei Piazza Armerina ist berühmt für ihre Mosaiken, vor allem für jene, auf denen schon Jahrhunderte vor »Erfindung« der Bikinis (1946) junge Frauen knappe Zweiteiler tragen.

Der *Ätna* ist mit 3323 m der höchste und aktivste Vulkan Europas. Er gilt aber als relativ gutmütig, deshalb wagen sich auch viele hinauf Richtung Krater, sei es zu Fuß oder per Seilbahn.

Taormina bietet vom griechischen Theater einen besonders schön Blick auf den Ätna. Lebensader ist aber der Corso Umberto I.

Cefalù rühmt sich zu Recht einer der schönsten normannischen Kirchen weltweit.

Besondere Tipps

Literatur: Alle Krimis von Andrea Camilleri mit Commissario Montalbano als Ermittler. Unterhaltsamer kann man Sizilien nicht kennenlernen.

Küche: Der arabischen Epoche verdankt Sizilien seine vielen Süßspeisen. Berühmt ist die Cassata, eine oft mit kandierten Früchten verzierte Torte.

Souvenir: Eine Flasche Vino dell'Etna. Weinkenner rühmen seine besondere Note, weil er auf der Vulkanasche des Ätna wächst.

Info: www.regione.sicilia.it/turismo (auch auf Englisch)

← Das griechische Theater in Taormina vor dem schneebedeckten Gipfel des Aetna

← Schönheit mit Frühlingsblüten in Agrigent

← Der reich und farbenfroh verzierte Innenraum der Kathedrale in Monreale

↑ Ein Tempel in Segesta

Traumziel Italien 4

Rundreise durch die Toskana – Ciao, bella!

Die Geschichte der Toskana begann mit den Etruskern, mit jenem immer noch recht geheimnisvollen Volk, dessen Sprache bis heute nur teilweise entschlüsselt ist und dessen Ursprung niemand genau bestimmen kann. So wirklich berühmt gemacht jedoch hat die wohl schönste Region von Italien das Zeitalter der Renaissance, genauer die Medicifürsten, die sich die Toskana Stück für Stück erkämpften und als kunstsinnige Mäzene die besten Künstler ihrer Zeit für sich arbeiten ließen, um damit ihr Image als skrupellose Herrscher aufzupolieren. Und ihr Plan ging auf: Heute gelten die Medici als beispiellose Förderer der Künste und nicht mehr als brutale Eroberer.

Die Stationen einer Rundreise durch die kulturellen Schatzkammern der Toskana sind Florenz, Siena, San Gimignano mit seinen Geschlechtertürmen, Pisa mit dem stabilisierten Schiefen Turm, die Marmormetropole Carrara, Lucca hinter seinen vollständig erhaltenen Stadtmauern und schließlich Montecatini Terme und seine heilsamen Bäder. Dank sei den Stadtrepubliken wie Florenz, Siena oder Lucca, die im Mittelalter Einfluss und Reichtum erwarben und der Renaissance den Boden bereiteten. Viele Maler jener Zeit bezogen auch die typisch toskanische Umgebung ein in ihre Werke, jene sanft geschwungene und von Zypressen akzentuierte Landschaft mit lichten Olivenhainen und weiten Rebhängen, die heute die Fotografen fasziniert. Das »typisch toskanische« Val d'Orcia bei Siena wurde so zum Weltkulturerbe der UNESCO.

Toskanischer Wein, vor einigen Jahrzehnten noch als billige Massenware angeboten, hat seinen Weg zurück zur Qualität gefunden. Chianti Classico, Brunello di Montalcino, Vino Nobile di Montepulciano oder der weiße Vernaccia di San Gimignano zählen zu den bekanntesten Weinen, deren beste Lagen von Konsortien streng überprüft werden. Die meistangebaute Rebsorte ist Sangiovese. Mit Trauben wie Cabernet Sauvignon, die zuvor eher in Frankreich populär waren, experimentierten vor einigen Jahren Winzer an der toskanischen Mittelmeerküste. Daraus entstanden »Super-Toskaner« wie der Sassicaia, die inzwischen auch Qualitätssiegel tragen. Eher örtlich bekannt ist der Vino Santo, ein schwerer Süßwein, der hervorragend zu Cantuccini passt, dem traditionellen Mandelgebäck aus der Region.

Die beste Reisezeit

Hauptferienmonate sind Juli und August. In der Toskana zeigt sich das an den Stränden. Die Italiener meiden dann zwar kulturelle Zentren wie Florenz oder Siena, aber es sind viele ausländische Urlauber in den Städten. Empfehlenswert sind Online-Buchungen vorab für gefragte Museen wie die Uffizien. Wer Besuchermassen und Temperaturen um 30 °C vermeiden will, reist besser im *Mai*, eventuell auch im Juni oder im September. Diese Monate sind allerdings etwas regenreicher.

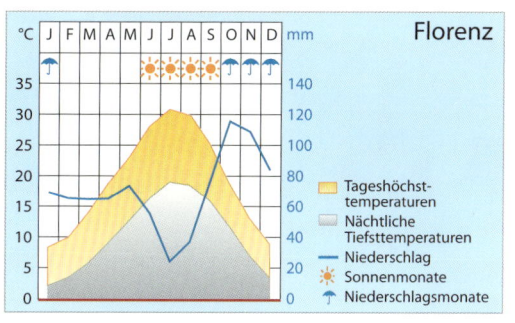

Die Highlights

 Florenz – Keine Stadt dieser Größe bietet mehr Kunst und Kultur: die Uffizien, den Palazzo Pitti, den Dom, den Ponte Vecchio oder die Piazza della Signoria.

 Sienas Altstadt gruppiert sich um Piazza del Campo mit dem Palazzo Pubblico (Rathaus) und seinem 102 m hohen Turm. Berühmt sind Dom und Baptisterium aus schwarzem und weißem Marmor.

 San Gimignano und seine Geschlechtertürme: Einst wollten sich die Familien mit immer höheren Türmen übertreffen; von 72 sind 14 erhalten.

 Pisa ist berühmt dank seines Schiefen Turms. Der Campanile des herrlichen Doms bildet mit dem Baptisterium (12/13. Jh.) das Zentrum des Campo dei Miracoli, an dem auch der Friedhof Camposanto Monumentale liegt.

 Carrara – Der Name steht für weißen Marmor, das Material des Michelangelo. Einige der Steinbrüche kann man besichtigen.

 Lucca – Seine Stadtmauern bilden eine perfekte Promenade um die Altstadt mit Dom und San Michele (Prachtfassaden) sowie der Piazza dell' Anfiteatro und Giacomo Puccinis Geburtshaus.

 Montecatini Terme ist eines der größten Heilbäder Italiens und bekannt für seine Art-Nouveau-Architektur. Die Standseilbahn nach Montecatini Alto ist ein Technikdenkmal.

Besondere Tipps

Literatur: »Vita Nuova: Guarnaccias vierzehnter Fall« (2009) und alle anderen Florenz-Krimis von Magdalen Nabb, die als Genreklassiker gelten.

Ausflug: Pienza wurde im 15. Jh. vom dort gebürtigen Papst Pius II. umgebaut – das erste Beispiel humanistischer Stadtplanung.

Souvenir: Kunsthandwerk aus der Alabastermetropole Volterra (wo es auch Touren auf Spuren der Vampir-Romane von Stephenie Meyer gibt).

Info: www.enit-italia.de/menu/italien-entdecken/regionen/toskana.html

← Siena steht oft im Schatten von Florenz, doch das ganz und gar zu Unrecht – was für eine Schönheit!

← Typisch Toskana: Hügel und Zypressen

↑ Berühmte Ansicht: die Florenzer Frührenaissance-Kuppel von Filippo Brunelleschi

Traumziel Spanien 5

Der Jakobsweg – Pilgern gestern und heute

Die ersten Pilgergenerationen machten sich auf die Wallfahrt nach Santiago de Compostela mit der Vorstellung, dass der Apostel Jakobus sicher auch ihnen helfen könne, wenn er sogar gegen die verhassten Mauren reitet. Denn im Jahr 844, während einer entscheidenden Schlacht zwischen christlichen Truppen und Arabern, die ab 711 das ehemalige Westgotenreich überrannt hatten, war der heilige Jakobus (Sant Yago) höchstpersönlich gesichtet worden. Das Schwert schwingend ritt er gegen die Reihen der Eindringlinge aus Nordafrika. Und das, obwohl er 800 Jahre zuvor in Jerusalem hingerichtet und später – der Legende nach – in Galicien beerdigt worden war. Auf seiner angeblichen Grabstätte war eine Kirche errichtet worden, um die herum dann die Stadt Santiago de Compostela entstand.

Der starke Glaube an Jakobus als Schutzpatron sollte Berge bzw. Araber nach Afrika zurückversetzen. Glaube und Geld strömten in den folgenden Jahrhunderten mit den Pilgern ins Land. Brücken wurden gebaut und die Erbauer ihrerseits zu Heiligen erklärt, die Orte ihres Schaffens zu weiteren

Pilgerstätten. An den Brücken entstanden Städte, Ritterorden sicherten besonders gefährliche Abschnitte. Bereits im 12. Jahrhundert erschien der erste Reiseführer zum Jakobsweg.

Über weite Strecken treten wir heutigen Pilger noch genau in die Fußstapfen, die vor 900 Jahren unsere Vorgänger in den Boden gesetzt haben. Deren Motivation war von sehr unterschiedlicher Natur. Gelübde und Krankheitsfälle spielten eine Rolle, und mancher Pilger fürchtete berechtigterweise das Jüngste Gericht. Andererseits waren Wallfahrten auch willkommener Vorwand, um sich seinen Schulden zu entziehen oder der Pest. Einige verdienten so ihr Geld. Insbesondere Adlige nutzten zu Zeiten des Ablasshandels die Möglichkeit, sich Stellvertreter zu mieten.

Heutzutage sucht die Mehrheit auf dem Jakobsweg in erster Linie eine Auszeit, weil es im stressigen Alltag nicht möglich ist, sich einen Freiraum zu schaffen, in dem man ganz in Ruhe ein paar Fragen gedanklich aufarbeiten könnte. Der Unterschied zwischen der täglichen Tretmühle und dem Leben auf dem Jakobsweg ist enorm positiv. Über dieses intensive Empfinden wird in der Psyche einiges in Gang gesetzt. Deshalb haben nicht wenige nach nur fünf Wochen das Gefühl, der Jakobsweg habe ihrem Leben eine neue Richtung gegeben.

Kein gewöhnlicher Wanderweg bietet über rund 800 Kilometer die Möglichkeit, alle paar Kilometer eine preisgünstige Herberge aufzusuchen. Auf keinem gewöhnlichen Wanderweg führt man so viele intensive Gespräche mit Menschen aus aller Herren Länder.

Die Highlights

 Die *Überquerung der Pyrenäen* bietet bei gutem Wetter fantastische Ausblicke, Tierbeobachtungen und einen sehr abwechslungsreichen Wanderpfad. Die Krönung: Ankunft im geschichtsträchtigen Roncesvalles mit seinem 140-Betten-Schlafraum.

 Burgos – Die Kathedrale nennen viele Pilger die eindrucksvollste entlang dem »Camino«. Innenstadt mit toller Atmosphäre und reichlich Angebot für zwei oder drei Tage Regeneration.

 Privatunterkünfte in spanischen Familien bieten gerade in Städten die Möglichkeit, intensiveren Kontakt zur Bevölkerung zu bekommen.

 Die *Meseta* hinter Burgos, insbesondere die ersten drei Etappen bis Carrión de los Condes, ist ein Top-Highlight. Weite, scheinbare Einsamkeit, ab Mai riesige Klatschmohnfelder.

 Leon – Tolle Kathedrale mit Altstadt. Im Café sitzen und Kräfte sammeln für den Schlussspurt. 100 km nordöstlich liegen die Picos de Europa. Wunderschön! Covadonga gilt als Geburtsort des Jakobswegs.

 Von *La Faba nach O Cebreiro* in Galicien und den Berg wieder hinunter nach Triacastela sollte man auf jeden Fall bei gutem Wetter gehen.

 Santiago – Kathedrale, Plazas, Menschenmassen und die Option, weiter zum Cabo Finisterre zu gehen.

Die beste Reisezeit

Eine emotionale Achterbahnfahrt ist der Jakobsweg sowieso, umso mehr für diejenigen, die im **April/Mai** an den Pyrenäen starten. Mit Regen und sogar Schnee muss gerechnet werden. Vorteil: Anfangs ist die Landschaft noch herrlich grün, in der Meseta hinter Burgos erlebt man dann tagtäglich verbrannte Erde, und Galicien zum Schluss erfrischt die Augen dann wieder mit seinem satten Grün. Wem konstante Wärme und wenig Regen wichtiger sind als Farbe in der Landschaft: September/Oktober.

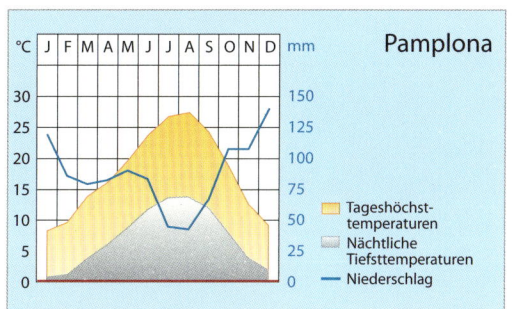

Besondere Tipps

Das Gelbe Heft: Kommentiertes Herbergsverzeichnis mit vielen Infos: Jakobuspilger Paderborn e.V., Tel. 05251/4625.
Literatur: »Der Jakobsweg« von Hartmut Pönitz.
Rucksack und Schuhe: Im Trekking-Einzelhandel mit Beratung kaufen.
Sitten: In Triacastela in Galicien herrscht eine uralte Tradition der »Pilgerabzocke«. Konzentrieren Sie sich bei Herausgabe des Wechselgelds!
Info: www.jakobsweg-spanien.info, www.jakobsweg.de

← Die Türme der Kathedrale von Burgos, erbaut von Juan de Colonianen, ähneln denen des Kölner Doms.

← Brunnen sind während der Wanderung beliebte Treffpunkte.

← Grenzenloses Grün in der Meseta

↑ Blick auf Villamayor vom Burgberg

Traumziel Portugal 6

Madeira – Strelitzieninsel mitten im Atlantik

»Holz« – nicht gerade ein lieblicher Name für ein Reiseziel. Aber auf Portugiesisch klingt das viel poetischer: Madeira, auch bekannt als »Blumeninsel« und »Eiland des ewigen Frühlings«. Ewiger Frühling? Stimmt, die Temperaturen pendeln hier meist zwischen 20 und 25 Grad. Dies, kombiniert mit genügend Regen (oder künstlicher Bewässerung) und fruchtbarem Vulkanboden, sorgt dafür, dass auch der Titel »Blumeninsel« seine Berechtigung hat. Überall prunken Blütenfarben, und exotische Gewächse wie die Strelitzie oder der Weihnachtsstern zeigen ihre leuchtende Pracht fast ohne Saisonpause.

Manch ein Tourist reist heute noch mit Staffelei und Farbkasten an; die meisten Urlauber kommen allerdings zum Wandern auf die gerade mal 57 Kilometer lange und 22 Kilometer breite Insel. Ein Blick auf die Karte zeigt: überall Gebirge, also scheinbar strammes Wanderterrain. Aber die portugiesische Insel birgt eine Besonderheit: ein – je nach Zählweise – 2000 bis 5000 Kilometer langes Netz von schmalen Kanälen, in denen seit 500 Jahren Wasser aus dem regenreicheren Norden auf die Felder des Südens geleitet wird. Entlang dieser »Levadas« ziehen die Wanderer über die Insel – und weil die Flut gemächlich rinnen soll, gibt es keine Steilstrecken am »Levada«-Rand. Stattdessen wuchern dort Fleißige Lieschen und viele andere Blütenträger. Pflanzenkenner zählten Hunderte von Arten auf Madeira – viele sind im Botanischen Garten der Inselhauptstadt Funchal heimisch.

Eine Reihe von Veranstaltern bieten mehrtägige Wanderungen entlang der Kanäle an, und selbst eingefleischte Individualisten gehen hier gerne in der Gruppe los. Grund sind die überwiegend kundigen Führer, die den Blumen- und Pflanzenreichtum am Wegesrand erklären. Engelstrompeten kennen ja noch die meisten, vermutlich auch Oleander und Riesenprotea. Aber Kletternder Mäusedorn? Afrikanische Liebesblume? Blutrotaugige Wucherblume? Rutenförmiger Zylinderputzer? Und selbst zur allgegenwärtigen Strelitzie weiß der Führer Interessantes: Madeiras inoffizielles Symbol verdankt seinen Namen dem mecklenburgischen Strelitz. Von dort stammte die britische Königin Charlotte, der zu Ehren die Paradiesvogelblume offiziell benannt wurde.

Die Highlights

 Der *Botanische Garten* von Funchal birgt mehr als 2000 Pflanzen aus aller Welt, ein Café mit Terrasse und einen Prachtblick auf die Bucht von Funchal.

 Monte – Zwei Seilbahnen führen hinauf zu dem Vorort. In der markanten Wallfahrtskirche Nossa Senhora do Monte steht der Sarg von Karl I., Österreichs letztem Kaiser. Er starb hier im Exil.

 In *Korbschlitten* können Monte-Besucher wieder hinabrutschen nach Funchal. Die einstigen Transportmittel, die heute nur noch Touristen dienen, werden ohne Bremsen und Lenkstangen von zwei Männern gesteuert.

 Cabo Girão im Süden der Insel ragt bis zu 589 m über der Küste auf. Die Klippe ist eine der höchsten Europas – nichts für Höhenempfindliche.

 Porto Moniz ist bekannt durch sein Aquarium und seine natürlichen Schwimmbäder: Vertiefungen zwischen den Vulkanfelsen, die bei Flut volllaufen.

 Pico do Areeiro – Der mit 1818 m dritthöchste Gipfel Madeiras ist mit dem Auto zu erreichen. Das Café und die Terrasse eines ehemaligen Hotels eröffnen weite Blicke ins Land.

Porto Santo – Die 70 km entfernt liegende Insel hat, was Madeira fehlt: einen natürlichen Sandstrand. Der Flug dauert 20 Minuten, die Fähre benötigt zwei bis drei Stunden.

Die beste Reisezeit

Für Pflanzenfreunde ist der **Mai** der beste Monat (allerdings spricht für April das Blumenfest), denn dann blühen die meisten Blumen. Generell sind die Temperaturen ganzjährig angenehm: im Winter meist um 15 bis 20 °C, im Sommer 20 bis 25 °C. Die wenigsten Regentage verzeichnet Madeira von Mai bis September, in diesen Monaten ist der Atlantik über 20 °C warm. Mit den meisten Sonnenstunden – acht pro Tag – kann der Juli aufwarten, aber Mai, Juni, August und September liegen mit sieben fast gleichauf.

Besondere Tipps

Literatur: »Raquels Töchter« von Helena Marques, eine Familiensaga auf Madeira. Die Autorin wuchs dort auf.
Führung: Im Firmenmuseum »Old Blandy Wine Lodge« in Funchal erfährt man in 40 Minuten alles über den berühmtesten Inselexport, den Madeirawein.
Souvenir: Strelitzien sind relativ langlebig und gut zu transportieren. Auf dem Flughafen kann man sie stabil verpacken lassen.
Info: www.madeiraislands.travel

← Arco De Sao Jorge an der Nordküste von Madeira ist bekannt für seine wundervolle Lage.

↑ Tänzerin im Blumenkostüm bei der Parade des alljährlich Anfang Mai stattfindenden Flower Festival in Funchal. Zu dieser Zeit erreicht die Blütenpracht ihren Höhepunkt.

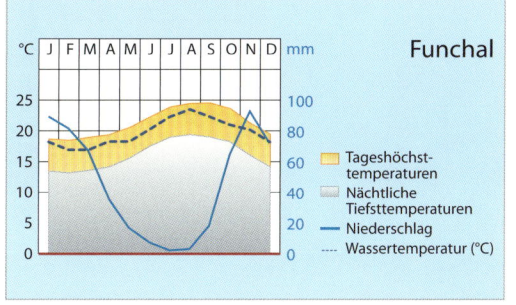

Traumziel Griechenland 7

Kreta – Beim Zeus, eine wunderschöne Insel

Schon ab Mitte März, erst recht im April und Mai verwöhnt Griechenlands größte Insel ihre Besucher mit einem Blütenrausch: Weiße Anemonenfelder, roter Klatschmohn, Hibiskus, Bougainvillea, die in Kaskaden über die Steinmauern fällt, gelbe Wolfsmilchbüsche und blaue Himmelsschablonen leuchten im Bauernland hinterm Strand.

Der Literaturnobelpreisträger Odysseas Elytis besang den Frühling auf Kreta so: »Ich schlief. Ich gab dem Schlaf mich hin, im süßen Duft des Jasmins.« Aber die Kreta-Kenner wollen sehen, wie die Insel nach den Winterstürmen aufblüht. Jetzt, und nicht im Sommer, wenn sich flirrende Hitze über die Hochebenen und die Berge legt; jetzt ist auch die Zeit, sich den steinernen Zeugnissen einer großen Vergangenheit zu widmen, den weltberühmten Palästen und Ruinen aus minoischer Epoche oder den byzantinischen Fresken und Ikonen in Klöstern und Dorfkirchen. Jetzt trifft man in den Bergdörfern und an der Südküste leicht das alte Kreta, die Männer in Schaftstiefeln, die vor den Kaffeehäusern an Holztischen sitzen, ihre Komboloi-Ketten durch die Finger gleiten lassen und mit ihren Nachbarn über Gott und die Welt reden.

Die vielen Mythen aus uralter Zeit, die Legenden aus den Befreiungskriegen gegen die Türken und andere Besatzer haben Kreta früh berühmt gemacht. Hafenstädte wie Rethimnon und Chania, die sich ihre Prägung aus venezianischer und türkischer Zeit bewahrt haben, die dramatisch-schönen Landschaften mit Olivenhainen, Weingärten und mit Gipfeln, die über 2000 Meter aus dem Ida-Gebirge und den Weißen Bergen (Lefka Ora) ragen, dazu die Schluchten, Steilküsten und Strände: diese Vielfalt an Kultur und Natur zieht jedes Jahr Millionen an. Das schafft Probleme. Kreta, so wirkt es auf Besucher, die lange nicht mehr dort waren, wird teilweise zu Tode geliebt, einige Küstenregionen sind ohne Konzept zugebaut worden.

Aber dann, vor allem bei Streifzügen ins Inselinnere, lassen sich doch noch die Bilder finden, die im Kopf mitgereist sind: Hirten, die mit ihren Ziegen durch ein wildromantisches Land ziehen, Mönche in abgelegenen Klöstern, Männer und Frauen in den Dörfern, allesamt Philosophen des Alltags, die aussehen, als hätten sie eben noch als Statisten bei »Alexis Sorbas« mitgewirkt.

Die beste Reisezeit

Im März kann es noch ein paar Tage lang regnen, schon im **April** lassen sich oft Tagestemperaturen um 25 °C genießen, ab etwa Mitte **Mai** hat sich das Mittelmeer an den kretischen Küsten auf gut 20 °C erwärmt. Die Saison beginnt gewöhnlich mit den westlichen Ostertagen. Die Griechen feiern in der Regel eine Woche später die Wiederauferstehung Christi, ihr höchstes Fest im Jahr – durchaus ein lohnender Anlass für eine Reise in der Vorsaison.

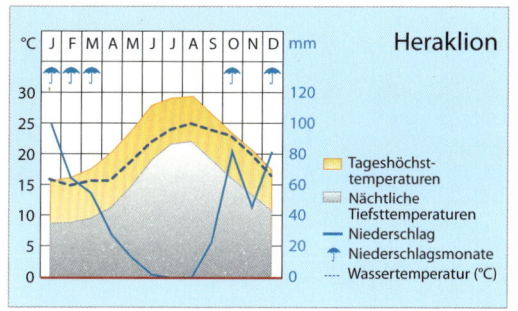

Die Highlights

Knossos – Manchen ist die Rekonstruktion des Minoer-Palasts, dessen Ursprünge fast 3000 Jahre zurückliegen, zu bunt geraten; andere sind beeindruckt von den vielen Hallen und Gängen, die vielleicht einmal zum sagenhaften Labyrinth des Minotaurus gehört haben. Auf jeden Fall regt Knossos reichlich die Fantasie an.

Rethimnon – Zahlreiche Open-Air-Restaurants säumen den venezianischen Hafen in der charmanten Altstadt.

Weiße Berge – Wer Wanderungen querfeldein liebt und weder gute Karten noch Wegweiser braucht, kann sich hier auf schöne Naturerlebnisse und Begegnungen mit Hirten freuen.

Palmenstrand von Vai an der Nordostspitze der Insel war früher Hippierevier. Heute ist es ein viel besuchtes Badeziel unter Dattelpalmen.

Die *Chania-Markthalle*, gerade 100 Jahre alt geworden, bietet Köstliches zum Kaufen und Probieren.

Aghios Nikolaos – Die Restaurants rund um den Voulisméni-See im Herzen des betriebsamen Ferienorts sind am Abend Treffpunkt der vielen Urlauber aus der Umgebung.

Die *Samaria-Schlucht*, ein 18 km langes Naturwunder, fordert zwar viele Wanderer heraus, ist aber nur Trekkern mit guter Kondition zu empfehlen.

Besondere Tipps

Nationalgetränk: Auf Kreta unbestritten der Raki. Er hat nichts mit dem gleichnamigen türkischen Schnaps zu tun, ähnelt eher dem Grappa. Jammas!
Literatur: Nikos Kazantzakis' Bücher, vor allem »Freiheit oder Tod«, erschließen Geschichte und Seele Kretas.
Souvenir: Handgemalte Ikonen sind ein wertvolles Mitbringsel. Der Künstler Emmanuel Psarakis im pittoresken Dorf Ano Viannos, an der Straße von Iraklion nach Ierapetra, malt nach alter Tradition.
Info: www.visitgreece.gr (offiziell, englisch), www.kretaforum.net (Fan-Seite)

← In den Bars und Restaurants am Voulesmeni-See in Aghios Nikolaos trifft man Urlauber und Einheimische.
← Knossos' Palast, die größte minoische Palastanlage, zieren bunte Säulen und pralle Marketenderinnen.
↑ Typische Kreter-Kluft: Stiefel und schwarzes Hemd

Traumziel Malta 8

Im Kampf der Epochen

Die Insel der Ritter bietet in Sachen Kultur unendlich viel: Historische Altstädte, ehrwürdige Klosteranlagen, kunsthistorische Museen, prähistorische und antike Ausgrabungen sowie marmor- und goldbeladene Kathedralen sorgen für ein Besichtigungsprogramm, das Malta-Besuchern körperliche Fitness abverlangt.

In den Tempelanlagen von Tarxien, Ghar Dalam und Hagar Qim beispielsweise warten die Schätze der Steinzeit auf touristischen Nachschub, der sich nicht selten auf 1000 Augenpaare pro Tag hochrechnen lässt. Die Katakomben des Hypogäum (spätes Neolithikum, 3000–2500 v. Chr.) sind ein Highlight, das nur durch Voranmeldung und in limitierten Besucherzahlen zu sehen ist.

Eines der schönsten Gotteshäuser Maltas, die Ordensritterkirche in Valletta, bietet drinnen 400 aus edelstem Marmor gestaltete Grabplatten der Ritter des Johanniterordens, und »Die Enthauptung Johannes des Täufers« von Michelangelo da Caravaggio (16. Jh.) ist nicht das einzige Meisterwerk, das es in der beeindruckenden Kathedrale zu bestaunen gibt.

Wem das als tagesfüllendes Programm nicht ausreichen sollte, könnte leicht mit Nationalbibliothek, Großmeisterpalast, Alter Hauptwache, Prince Alfred's Courtyard, Neptune's Court, Palace Armoury fortfahren. Oder sich in der »Malta Experience«, einem Filmspektakel auf Breitleinwand, ausruhen, um sich bequem das gewaltige Kulturdenkmal Malta im Verlauf der Jahrhunderte näherbringen zu lassen.

Nach dem Besuch des Nationalen Kriegsmuseums, das die Leiden der Malteser im Zweiten Weltkrieg dokumentiert (deutsche und italienische Flieger warfen damals 16 000 Bomben auf die Insel), wäre es Zeit, mal Pause zu machen. Stilecht entspannen vom Besichtigungsstress lässt es sich im Caffè Cordina am Republic Square gleich um die Ecke. Dort muss Zeit bleiben, um die in den Glasvitrinen ausgestellten Köstlichkeiten gehobener Patisseriekunst zu probieren und den von zischenden Espressomaschinen, flinken Kellnerinnen und vorbeischwebenden Tortentabletts umworbenen Malteser bei der geruhsamen Zeitungslektüre zu bestaunen, an dem das Gewühl der umtriebigen Stadt vollkommen vorbeizugehen scheint.

Die beste Reisezeit

Angenehm warm sind auf Malta die Sommermonate, und auf jeden Fall am besten geeignet für Strandleben und Wassersport. Denn dann liegen die Temperaturen in der Luft nicht über 30 °C, im Wasser über 20 °C und bieten ideale Bedingungen. Für Besichtigungstouren eignen sich die Übergangszeiten Frühling/Herbst wesentlich besser, wenn sich das mediterrane Klima moderat präsentiert. Der blühende *Mai* ist die perfekte Reisezeit, der vertrocknete Herbst bietet aber auch noch zumindest ausreichend warmes Badewasser.

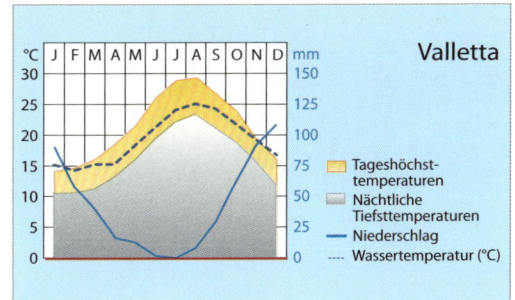

Die Highlights

Vittoriosa ist eine der historischen »Three Cities« und steht mit Inquisitorenpalast und Freiheitsdenkmal auf fast jedem Reiseplan.

Senglea, die Zweite im Bunde, birgt in ihrer von Gold und Rot dominierten Basilika die einzige gekrönte Marienstatue Maltas.

Cospicua, die Nummer drei unter den Three Cities, wird gern besucht wegen ihrer Kapellen, Kirchen und Forts.

Mdina, einst Hauptstadt der Insel, mit mittelalterlichen Wehrmauern und einer gewaltigen Kathedrale auf einem Hochplateau gelegen, prunkt mit prachtvollen Palästen und einem Altstadtambiente, das dem Film »Der Graf von Monte Christo« als Kulisse diente.

Valletta – In der Hauptstadt Maltas verströmen matt glänzende Domkuppeln und gewaltige Kathedraltürme einen Hauch Venedig.

Wellness – Längst setzt auch Malta auf Körperkultur: Zahlreiche Übernachtungspaläste bieten fantastische Spas mit Fitnessstudios, Massageabteilungen, Thalasso- und Physiotherapie, Saunabereichen mit finnischer Sauna, römischen Dampfbädern, Dampfgrotten und Kneippanlagen.

Die *Insel Gozo* ist vor allem im Frühjahr einen Ausflug wert: Hier grünt und blüht alles noch üppiger als auf Malta. Die Autofähren hierher legen auf Malta tagsüber alle 45 Minuten ab.

Besondere Tipps

Übernachtung mit Wellness: Corinthia Palace Hotel & Spa (www.corinthia.com), Fortina Hotel an Sliemas Hafenpromenade (www.hotelfortina.com), Riviera Resort an der Nordspitze (www.riviera.com.mt), Kempinski Hotel San Lawrenz Gozo (www.kempinski.com).
Essen: Unbedingt die maltesischen Pastizzis und Qassatats – mit Thunfisch, Ricotta, Fleisch, Erbsen oder Spinat gefüllte Teigtaschen – probieren.
Reiselektüre: »Malta & Gozo« von Lonely Planet (englisch), »Malta, Gozo & Comino«, Michael Müller Verlag.
Info: www.visitmalta.com.

← Überwältigend ist die Fahrt in einer traditionellen Dghajsa, einem Wassertaxi, vor allem am Abend.
↑ Märchenhaft: Mdina in voller Blütenpracht
↑ Durch das »Azure Window« bei Gozo schwappt das Wasser der Dwejra Bay.

Traumziel Kanada 9

Toronto und die Niagarafälle – Kanadas Top Two

»Ich wusste nicht, dass Toronto so schön ist«, stellte Kevin Costner verblüfft fest, als ihn Dreharbeiten erstmals in Kanadas größte Stadt führten. »Besonders das Gebiet am Seeufer ist fantastisch«, meinte der New Yorker Immobilienmogul Donald Trump. Es ist nicht überraschend, dass zwei Amerikaner solches Lob spendeten, schließlich sind die Nachbarn aus dem Süden immer wieder überrascht, dass eine Millionenstadt sauber sein kann.

Donald Trump mag sich auch über die vielen Wolkenkratzer gefreut haben, schließlich gibt es nirgendwo mehr in Nordamerika, New York natürlich ausgenommen. Aus touristischer Sicht ist Toronto allerdings weniger gut bestückt, zumindest, was Attraktionen für internationale Besucher anlangt. Da gibt es den CN-Tower, die unterirdische Stadt »Path« und ansonsten das Übliche: Zoo, schöne Parks, gute Shopping-Möglichkeiten. Aber auch Touristen aus Übersee reisen meist sehr zufrieden ab dank der entspannten Atmosphäre der Stadt, ihrer freundlichen Einwohner und ihrer Völkervielfalt. Angeblich soll Toronto »mindestens so viele Nationen vereinen wie die UNO«. Wenn man über die Wochenmärkte streift, glaubt man es gerne.

Überdies liegt quasi vor den Toren der Stadt (130 km) eine der weltweit meistbesuchten Sehenswürdigkeiten: die Niagarafälle. Die Grenze zu den USA verläuft zwischen den beiden Hauptfällen, den American Falls und, auf kanadischer Seite, den Horseshoe Falls. Früher war es möglich, problemlos zwischen beiden Seiten hin- und herzuwechseln, jetzt gibt es strikte Kontrollen.

Die kanadischen Fälle, eigentlich ein großer, hufeisenförmiger Fall, sind das Prachtstück dieses Nationalparks. Um sie herum hat sich ein ziemlicher Touristentrubel entwickelt, mit Aussichtstürmen, Riesenrad, Kino mit Großleinwand und vielem mehr. Empfehlenswert sind zumindest eine Bootsfahrt mit der »Maid of the Mist«, eine Fahrt auf den Skylon Tower und eine Tour in den Tunnel hinter der Wasserwand: bis zu 2800 Kubikmeter Wasser donnern hier pro Sekunde 52 Meter tief zu Tal. Ein Kontrastprogramm ist das nahe historische Städtchen Niagara-on-the-Lake, oft gerühmt als »Kanadas schönste Kleinstadt«. Da ist was dran, insbesondere wenn die Busse der Tagestouristen wieder abgefahren sind.

Die Highlights

 Torontos *CN-Tower* war mit seinen 553 m bis 2007 das höchste Bauwerk der Welt. Ein Drehrestaurant und zwei Aussichtsplattformen in verschiedener Höhe (eines mit Glasfußboden) ziehen pro Jahr zwei Millionen Menschen an.

 »Path« nennt sich Torontos unterirdische Stadt, ein Gehweg-System von 27 km Länge, gesäumt von Läden, Restaurants, Kinos etc. Ideal für kanadische Winter.

 Die kanadischen *Niagarafälle* sind 790 m breit, die US-Fälle nur 320 m. Kanada strahlt seine Horseshoe Falls im Sommer nächtens in bunten Farben an – Geschmackssache.

 »Maid of the Mist«-Schiffe fahren seit 1846 nahe an die Fälle heran und in den Wassernebel (*mist*). Ein Erlebnis.

 Der *Welland Canal*, ein beliebtes Touristenziel, dient großen Schiffen zur Umfahrung der Niagarafälle, er überwindet die 99 m hohe Niagarastufe mit acht Schleusen.

 Niagara-on-the-Lake – Der historische Kern ist ein UNESCO-Welterbe. Es ist auch bekannt für seine Shaw-Festspiele und seine Eisweine.

 Der *Niagara Parkway* verläuft entlang dem Niagara River, sein landschaftlich schönster Abschnitt zwischen den Fällen und Niagara-on-the-Lake. Laut Churchill der »hübscheste Sonntagsausflug der Welt«.

Die beste Reisezeit

Die Saison beginnt an den Niagarafällen im **Mai**, es kann dann allerdings noch recht kühl sein. Im Sommer sind die Temperaturen zwar angenehmer, in der Ferienzeit muss man aber mit sehr vielen Besuchern rechnen – und im späten Sommer und Herbst oft mit weniger Wasser an den Fällen. Toronto zeigt sich mit Straßenartisten, Freiluft-Picknick-Konzerten und Straßencafés im Sommer von seiner besten Seite. Und bei Regen geht's ab in den Untergrund.

Besondere Tipps

Literatur: Der Bestsellerautor H. G. Wells wählte in seinem Roman »Der Luftkrieg« die Niagara-Halbinsel als Basislager deutscher Truppen für die Eroberung der USA.
Unterkunft: Das 1816 erbaute »Angel Inn« in Niagara-on-the-Lake ist ein schmuckes Wirtshaus mit Gästezimmern und Hausgeist.
Souvenir: Maple Syrup ist der Saft des Zuckerahorns, gewonnen im späten Winter. Mit echtem Ahornsaft (recht teuer) lässt sich alles typisch kanadisch süßen.
Info: www.ontariotravel.net

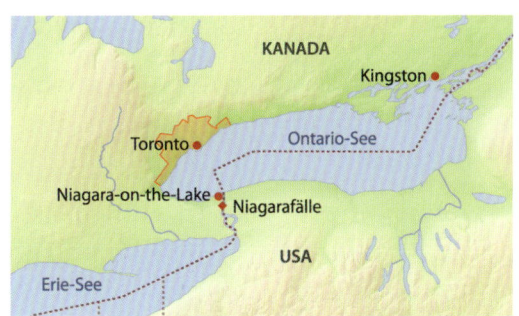

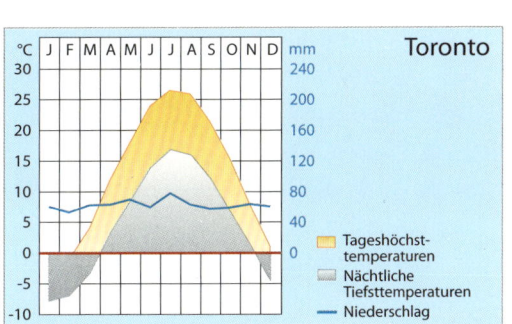

← »Maiden of the Mist« direkt vor den Niagara-Fällen
↑ Kanadas Metropole: Torontos Zentrum mit dem Roy-Thomson-Theater leuchtet am Abend.
↑ Das Flat Iron Building in Toronto

Traumziel USA 10

Floridas Süden – See you later, Alligator

Bill und John sind Rentner und passionierte Angler: »Arbeiten ist nur etwas für Leute, die nicht fischen können und sich ihr Abendessen im Supermarkt kaufen müssen«, sagt Bill. Und John ergänzt: »Ich frage mich, warum die Leute in die Wasserparks strömen, 50 Dollar ausgeben, um Delfine zu sehen? Hier am Pier von Grassy Key ziehen sie täglich vorbei, undressiert, mit all ihrer Eleganz – und kostenlos!«

Grassy Key ist eine der 32 »Keys« in Florida, also der Inseln zwischen Key West und Key Largo. Auf Grassy wurde ein Delfin namens Flipper zum TV-Star, und dort wäre auch ungefähr Halbzeit, wenn man den Overseas Highway No. 1 nimmt, der über 42 Brücken führt. Am besten mietet man für diese einmalige Strecke ein Cabrio und genießt auf gut 200 Kilometern das Inselhüpfen per Auto.

In den Everglades kann man das Cabrio weiterhin benutzen. Nicht jeder Nationalparkbesucher muss ja mit den überlauten Propellerbooten durch das flache Wasser düsen. Von den Straßen gehen zahlreiche Lehrpfade auf Brettersteigen durch die Sümpfe mit häufig nur zentimeterhohem Wasser-

stand. An anderen Stellen dösen Krokodile, als wären sie im Zoo. Doch vorsichtig, und Abstand wahren!

Die Everglades sind das einzige Gebiet weltweit, in dem Krokodile und Alligatoren leben. Erkennbarer Unterschied: Bei Krokodilen lugen die Unterkieferzähne auch bei geschlossenem Maul heraus. Im Park leben zudem weitere 50 Reptilienarten, außerdem Waschbären, Schwarzbären, Flamingos, Ibisse, Pelikane, Kormorane, Störche, insgesamt gut und gerne 350 Vogelarten. Bewässert wird der Sumpf aus Süß- und Salzwasser vom Miami River. Im Indianischen bedeutet Mayaimi großes Wasser.

Die Stadt, die großes Wasser heißt, beherbergt heute in ihrem Einzugsgebiet mehr als zwei Millionen Einwohner. Miami gibt sich im Zentrum typisch US-amerikanisch mit Skyline und Glasfassaden. Was nicht auf alle Stadtviertel zutrifft. Interessant ist etwa Little Havana, wo an manchen Geschäftstüren zu lesen ist, dass man auch Englisch spreche.

Über fünf mehrspurige Brücken ist Miami mit Miami Beach verbunden, wo SoBe, South Beach, und der Art Deco District absolute Must-go-Plätze sind. Entlang dem Ocean Drive stehen einige der schönsten und besterhaltenen Art-déco-Gebäude weltweit. Zusammen mit den trendigen Bars, Restaurants und Cafés sowie dem breiten Strand zum Atlantik, gehört dieser Stadtteil von Miami Beach sicher zu den hübschesten Nordamerikas.

Ist somit alles eitel Sonnenschein im Sunshine State? Nein, denn leider werden Touristen besonders am Flughafen Miami behandelt wie potenzielle Terroristen. Floridas wichtigster Airport zeichnet sich durch extrem rigide und unfreundliche Beamte sowie endlose Wartezeiten aus.

Die beste Reisezeit

März und **April** sind empfehlenswert, weil es angenehm warm und günstig ist und keine Stürme drohen. Die Temperaturen liegen im Durchschnitt bei 25 °C in der Luft und ein bis zwei Grad niedriger im Meer. Die Hauptsaison zwischen Dezember und Februar ist zwar etwas trockener, aber dafür sind auch viele Touristen unterwegs, und die Hotelpreise liegen entsprechend hoch; zuweilen sogar mehr als doppelt so hoch im Vergleich zur schwülheißen Hurrikansaison zwischen Juni und Oktober.

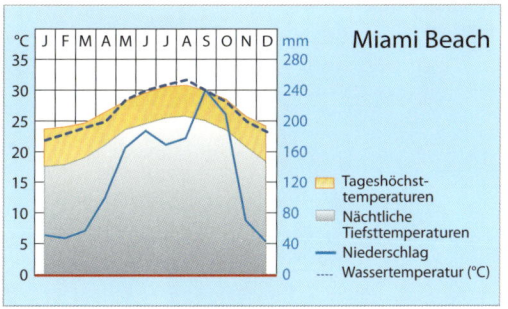

Die Highlights

Miami ist eine US-Großstadt wie viele andere, aber mit Palmen und Little Havana statt einer Chinatown. Rund um die Calle Ocho, die Southwest 8th Street, herrscht kubanisches Flair.

Miami Beach zeigt sich attraktiver, mit den Art-déco-Häusern in allen Pastelltönen und den verchromten Oldtimern davor. Einige der 400 Stuck- und Design-Gebäude sind Hotels mit zum Teil fairen Preisen. Der Ocean Drive am South Beach ist die Flaniermeile schlechthin.

Die *Everglades* mit ihrer Flora und Fauna sind einzigartig. Wild lebende Krokodile sieht man manchmal sogar vom Auto aus!

Overseas Highway No. 1 – Eine Kultstraße, die man gefahren sein muss! 200 km, 42 Brücken, darunter die berühmte Seven Mile Bridge, 32 Inseln, unzählige Stopp-Möglichkeiten zum Baden.

Key Largo wurde bekannt durch Humphrey Bogart, Lauren Bacall und die »African Queen«, die besichtigt werden kann.

Key West gibt sich weltoffen, trotz altmodischer Holz- und Verandaarchitektur. Die Duval Street mit der Hemingway-Kneipe »Sloppy Joe's« und den »Southernmost Point« Nordamerikas lässt wohl keiner aus. Und das Hemingway House ist nicht nur bei Katzenfreunden beliebt.

Bahia Honda bietet den besten Strand auf den gesamten »Keys«.

Besondere Tipps

Einkaufen: Beim Kleider-Shopping in Miami und Miami Beach ersteht man echte Schnäppchen.

Literatur: Bücher zu Hause oder vor Ort kaufen: »For whom the bell tolls« und »The Snows of Kilimanjaro«, beides Welterfolge, beide von Ernest Hemingway und beide in Key West entstanden.

Basketball: Einmal die ganzen 203 cm von Lebron James und seinen Miami Heat live erleben: www.eventticketscenter.com

Info: www.visitflorida.com

← Pastellfarben herrschen vor in Miami Beach, sowohl am Strand …

← … als auch im Art-déco-Viertel.

← In orangefarbenes Sonnenlicht getaucht sind die Keys am schönsten.

↑ In den Everglades sieht man vom Auto aus Krokodile.

Texas – Im Land der Superlative

In Texas gehen die Uhren nicht anders als im Rest des Landes, sie sind höchstens größer. Der zweitgrößte Bundesstaat der USA mag es gern ein wenig protzig: Hier sind die Ölbarone reicher als reich, die Ranchen riesig und die Hörner der Rinder superlang. Der Lone Star State schmückt seine Flagge mit einem Stern und erhält sich gegenüber dem Rest der USA sein Nationalbewusstsein. Schließlich war Texas einmal eine unabhängige Republik.

Und Texas hat viel zu bieten. Dallas und Fort Worth, Houston, Austin und die Hauptstadt San Antonio sind moderne Metropolen mit glitzernden Bürotürmen und Hightech-Industrien, ausgezeichneten Museen und bunter Kulturszene. Doch wer aus dem engen Europa kommt, den lockt vor allem die Weite des dünn besiedelten Landes außerhalb der Städte, auf dem sich nur rund zehn Prozent aller Texaner verteilen. Dabei muss man sich auf lange Strecken einstellen: Allein von der Küste im Osten bis nach El Paso im Westen gilt es rund 1400 Kilometer zu überwinden. Unterwegs erlebt man traumhafte, vielfältige Landschaften.

Am Golf von Mexiko bieten Badeorte jeden erdenklichen Urlaubsspaß, und vor der Küste auf North Padre Island erstreckt sich der längste unbebaute Sandstrand der USA. Entlang dem Golf kann man seltene, geschützte Tiere in Sümpfen und Wäldern entdecken, Wale und Delfine beobachten. Dahinter breiten sich im Osten bis Arkansas und Louisiana die Piney Woods aus, ein einmaliges Waldgebiet mit Kiefern, Hickorys, Eichen, Amberbäumen und Sumpfmagnolien. Richtung Westen und Süden schließen sich weite Prärien mit fruchtbarem Farmland an. Hier kann man auf unzähligen »Dude Ranches« Urlaub auf dem texanischen Bauernhof machen, lange Ausritte inklusive.

Dem Texas-Klischee entsprechen vor allem im Nordwesten die Panhandle Plains und das trockene Hochland des Llano Estacado. Im »Pfannenstiel« zwischen Oklahoma und New Mexico sind die Ebenen endlos, die Canyons tief, die Rinderranchen wahrscheinlich so groß wie europäische Zwergstaaten, und auf den Ölfeldern wird der Reichtum des Landes aus dem Boden gepumpt. »Texmex-Feeling« – mit hervorragender Küche – erlebt man im heißen Süden des Landes, wilde, einsame Natur in den Wüsten und Bergen des Big Bend im Südwesten entlang dem Rio Grande.

Die beste Reisezeit

Texas hat allgemein ein mildes Klima. Der Staat ist aber so groß und landschaftlich vielfältig, dass sich das Wetter von Region zu Region erheblich unterscheiden kann. Im Sommer ist es im Allgemeinen heiß und vielerorts regenreich, im Winter können im Landesinnern Schneestürme und an der Küste Hurrikans toben. Besser reist man im milden Herbst, besonders schön sind die Frühjahrsmonate **März** und **April**. Dann herrschen angenehme Temperaturen, und die Wildblumen bedecken das Land mit einem Blütenteppich.

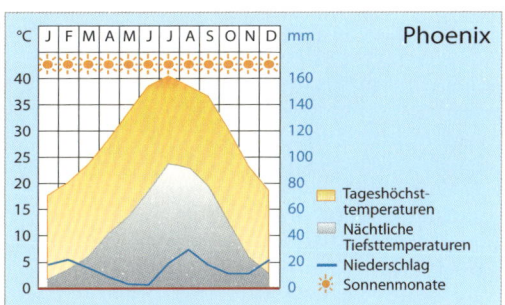

Die Highlights

 Dallas – Einen großartigen Blick bietet der Reunion Tower, einen Besuch lohnen das historische Viertel Deep Ellum und der Westend Historic District, das Sixth Floor Museum zum Attentat auf John F. Kennedy und das Dallas Museum of Art.

 Fort Worth – Attraktiv sind die Altstadtviertel am Sundance Park und Stockyards District, das Kimbell Art Museum und das Amon Carter Museum zur Kunst des Wilden Westens.

 San Antonio – In seiner Altstadt kapitulierte im La Villita Mexiko vor der Republik Texas, locken der Riverwalk mit Läden und Lokalen und die legendäre Mission Alamo.

 Houston – Die Menil Collection und das Museum of Fine Arts bieten große Kunst, das Space Center legendäre Raumfahrttechnik.

 Nationalparks – An der Golfküste locken Padre Island National Seashore, die Big Thicket National Preserve und die Aransas National Wildlife Reserve.

 Big Bend National Park – Eine einzigartige, einsame Landschaft mit Canyons, rauen Bergen und Wüsten am Rio Grande.

 Panhandle – Hier führt ein Stück der historischen Route 66 nach Amarillo und an der berühmten Cadillac Ranch vorbei, einem Kunstwerk aus zehn Cadillacs.

Besondere Tipps

Film: Der Texas-Klassiker aller Zeiten, »Giganten« von 1956. Mit James Dean, Liz Taylor und Rock Hudson.
Literatur: James Micheners Roman »Texas«. Michener vermischt historische Fakten und Fiktion zu einem unterhaltsamen Epos. In Texas selbst fand man den Roman zu klischeehaft, für den Einstieg ist er aber gut geeignet.
Souvenir: Cowboystiefel, die wegen ihrer Spitze auch »Cockroach-Killer« genannt werden, und Cowboyhüte.
Info: www.nps.gov/history/nr/travel/tx/index.htm (historische Stätten in Texas, auf Englisch)

← Aufgehübschtes Auto in Fort Worth
← Die Mission Alamo in San Antonio war einst ein Schauplatz des nationalen Unabhängigkeitskriegs.
← Cowgirl beim Stockyards Championship Rodeo in Fort Worth
↑ Downtown der Hightech-Metropole Dallas am Abend

Traumziel USA 12

Ostküste – Vom Big Apple zur Wiege der Nation

New York – kulturelles »Hothouse«, globaler Finanzplatz. New York zählt zu den aufregendsten, anregendsten, faszinierendsten Städten auf dem Globus – im »Big Apple« kann man Wochen verbringen, ohne sich nur eine Minute zu langweilen. New York bietet großartige Architektur, fantastische Museen, umwerfende Shows, herausragende Galerien. Hier ist man am Puls der Zeit, hier werden Trends gesetzt. Chinatown, Little Italy … – Seit Jahrhunderten kommt die Welt in die Millionenstadt am Hudson, und in nur wenigen Metropolen leben so viele Menschen mit so unterschiedlichem kulturellem Hintergrund zusammen.

New York ist überwältigend und stets eine Reise wert, doch wer mehr Zeit mitbringt, sollte sich ein Auto mieten und eine lohnende Tour durch die Mittelatlantikstaaten der USA unternehmen. New York State, New Jersey und Pennsylvania bieten ein mitreißendes Kontrastprogramm.

Wer dem Hudson Richtung Norden folgt, entdeckt eine zauberhafte Flusslandschaft mit Wäldern und Bergen, idyllischen Dörfern und geschichtsträchtigen Herrenhäusern. Hier steht etwa das

Wohnhaus des 32. US-Präsidenten Franklin D. Roosevelt, heute ein sehenswertes Museum. Noch weiter nördlich liegen die spektakulären Adirondack Mountains mit zahllosen Flüssen und Seen; im Nordwesten erstrecken sich die riesigen Wasserflächen von Lake Ontario und Lake Erie. Dazwischen lockt ein weltberühmtes Naturwunder Millionen Besucher an: die Niagarafälle.

Von dort geht es Richtung Süden durch das idyllische Pennsylvania, durch Laubwälder und Hügelland. Im agrarischen Westen leben die Amischen wie vor Jahrhunderten ohne moderne Technik; nicht weit entfernt liegt Pittsburgh, ein Zentrum der Hightech-Industrie mit reichem Kulturangebot. In den dicht bewaldeten Appalachen verläuft der über 3000 Kilometer lange Appalachian Trail, einer der längsten Wanderwege der Welt.

Im Süden erzählen die Monumente von Gettysburgh von der grausamen Geschichte des amerikanischen Bürgerkriegs. Die Geburtsstätte der USA liegt in der heutigen Millionenstadt Philadelphia. In der »Stadt der brüderliche Liebe« unterzeichneten 1776 die Abgesandten aus 13 britischen Kolonien die Unabhängigkeitserklärung. Mit ihrem kulturellen Angebot und historischen Sehenswürdigkeiten ist die schöne Stadt am Delaware River mehr als einen Urlaubstag wert.

Jenseits des Siedlungsbreis zwischen New York und Philadelphia ist New Jersey der grüne »Garden State«. Hier locken zudem lange Sandstrände am Atlantik und Atlantik City mit seinem Unterhaltungsangebot. Vor Versuchen, die Urlaubskasse beim Glücksspiel aufzubessern, sei aber gewarnt: Erfahrungsgemäß lässt man hier eher Geld liegen.

Die Highlights

 New York City – Die Sehenswürdigkeiten füllen ganze Bücher. Zum minimalen Standardprogramm zählen Manhattan, das Museum of Modern Art und das Guggenheim Museum, Ellis Island und die Freiheitsstatue, der Central Park, das Empire State Building, die Broadway Shows und die Börse.

 Großraum New York City – Das Studio Museum in Harlem und das Brooklyn Museum of Art lohnen den Besuch.

 New York State – Das größte Naturwunder sind die Niagarafälle, sehenswert aber auch die Finger Lakes, der Lake Ontario und der Lake Erie.

 Atlantic City in New Jersey bietet rund um die Uhr Unterhaltung; ein hübscher Badeort im Süden der Region ist Cape May.

 Philadelphia – Der Independence National Historic Park mit Häusern aus dem 18. Jh. ist ein Muss – hier wurde die Unabhängigkeitserklärung unterzeichnet.

 Pennsylvania – US-Geschichte erlebt man in Gettysburgh, Siedlerkultur der Amischen und Mennoniten im Western Amish Country und im Pennsylvania Dutch Country bei Lancaster.

 Pittsburgh – Interessant sind das Andy Warhol Museum und das Carnegie Science Center. Seit über 100 Jahren bietet der Kennywood Amusement Park Unterhaltung.

Die beste Reisezeit

Das Klima ist in der vielfältigen Region mit Küsten und Gebirgen zum Teil sehr unterschiedlich. Generell kann man jedoch sagen, dass im Sommer oft eine drückend-schwüle Hitze herrscht und im Winter Blizzards das Land unter einer Schnee- und Eisdecke erstarren lassen können. Im **Mai** überwiegen im ganzen Gebiet milde Temperaturen – ideal für Unternehmungen aller Art. Eine gute Reisezeit ist auch der Herbst mit seinen stabilen Wetterlagen. New York City ist zudem zur Weihnachtszeit ein beliebtes Reiseziel.

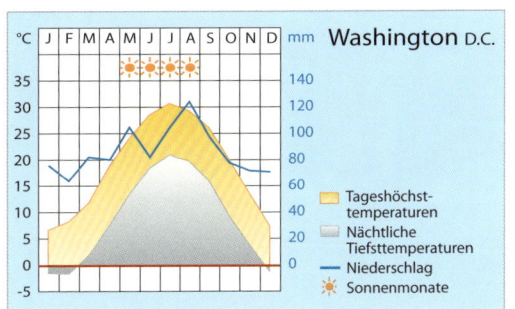

Besondere Tipps

Literatur: Russell Shorto, »New York – Insel in der Mitte der Welt«. Ein pralles Epos über New Yorks Geschichte.
Verkehr: In New York City sind die öffentlichen Verkehrsmittel hervorragend und ein Auto eher eine Belastung. Für die Fahrt durch die Region ist es bequem.
Shopping: New York City und Outlets in der Region sind ideale Adressen für Markenmode und Elektronikartikel. Achten Sie auf mögliche Zollgebühren und in Europa funktionsfähige 230 Volt.
Info: www.newyork.de, http://visitnj.org (New Jersey), www.visitpa.com/visitpa/home.pa (Pennsylvania)

← Die Türme von Manhattan; rechts das Chrysler Building mit der charakteristischen Spitze
↑ In Philadelphias Independence Hall wurde 1776 die Unabhängigkeitserklärung von den 13 Kolonien Nordamerikas angenommen.

Mississippi und tiefer Süden – Im Delta der Musik

Eine schimmernde Pyramide ist passenderweise der auffälligste Zacken in der Skyline der Stadt, die nach einer altägyptischen Metropole heißt: Memphis ist die erste Station einer Reise in das Mississippidelta, einer Reise, die tief in die Geschichte und die Musikkultur der USA führt. »Memphis Blues« hieß 1909 der erste Blues-Song, der je veröffentlicht wurde. Das Epizentrum der aufregend neuen Musik lag bis in die späten 1940er-Jahre in der Beale Street im historischen Zentrum von Memphis. Howling Wolf, Muddy Waters und viele andere spielten sich hier die Seele aus dem Leib. Nach einem längeren Dornröschenschlaf ist die Beale Street heute wieder als Musikmeile aufgewacht.

Im tiefen Süden geht man das Leben gelassen an. Passen Sie sich dem bedächtigen Lebensrhythmus an und lassen Sie sich durch die vielfältige Region einfach treiben. Wer Country-Musik und Bluegrass liebt, macht einen Abstecher nach Nashville, die »Music City USA« oder überquert die Brücke über den Mississippi nach Arkansas, wo Berge, Wälder, klare Flüsse und heiße Quellen locken. In Mississippi und Alabama reist man durch das Land der Baumwollfelder und Magnolien, der hübschen Städte mit den Antebellum-Häusern aus der Zeit vor dem amerikanischen Bürgerkrieg und des rauen Delta-Blues. Mit dieser Musik im Ohr wuchsen Elvis Presley in Tupelo und Ike Turner in Clarksdale auf.

Der tiefe Süden blickt auf eine wechselvolle Geschichte zurück, in der Sklaverei und Rassismus tiefe Spuren hinterlassen haben. Den Reichtum, den einst die Sklaven für die weiße Oberschicht erschufteten, kann man in den Plantagen – samt der erbärmlichen Sklavenquartiere – entlang dem Old Man River, dem Mississippi, bewundern. An den Kampf für die Bürgerrechte im 20. Jahrhundert erinnern im ganzen Süden Museen und Gedenkstätten, vor allem in Mississippi und Alabama.

An der Küste des Golfs von Mexiko liegt in Louisiana das Land der Cajuns. Die Nachfahren französischsprachiger Einwanderer aus Kanada, die sich hier im 18. Jahrhundert in den wasserreichen, sumpfigen Bayous ansiedelten, stehen für würzige Gerichte wie Jambalaya und Gumbo, für mitreißende Cajun-Musik und Zydeco.

Vollkommen entspannt erreicht man schließlich New Orleans. »The Big Easy« ist der Inbegriff für Lebenskunst, ist die Wiege des Jazz und für immer mit dem Namen Louis Armstrong verbunden. Das berühmte French Quarter mit den zahllosen Cafés, Bars und Jazzlokalen und den malerischen kolonialen Häusern in der Bourbon und Royal Street wurde von Hurrikan Katrina 2005 nicht zerstört. Lassen Sie sich von der großen Leichtigkeit New Orleans' anstecken, und feiern Sie das Leben, die Musik und die berühmte kreolische Küche der Stadt.

Die Highlights

Memphis – Eine »Musikwallfahrt« führt in Elvis Presleys Villa Graceland, in das Rock 'n' Soul Museum, zu den Plattenlabels Stax Records und Sun Studios. Dort starteten Johnny Cash und Elvis ihre Karrieren.

National Civil Rights Museum – Das einstige Lorraine Motel, in dem 1968 Martin Luther King Jr. ermordet wurde, ist heute ein beeindruckendes Museum.

Nashville – Hier zieht es Country-Fans in die Country Music Hall of Fame und zu Konzerten in Opryland.

Plantation Alley – Die schönsten Plantagen und Herrenhäuser stehen an der Route, südlich von Baton Rouge in Louisiana und in Natchez, Mississippi. Zur Natchez Pilgrimage im April sind auch Privatvillen geöffnet.

Der *Highway 31* führt in Louisiana zwischen New Iberia und Breaux Bridge am Bayou Teche entlang. Dort kann man am Lake Martin tiefer in die faszinierende Landschaft vordringen.

In *New Orleans* lockt das Vergnügungsviertel French Quarter. Sehenswert sind der French Market, das Vodoo Museum, der malerische St. Louis Cemetery No. 1 und die mit der Tram erreichbaren Prachtvillen im Garden District.

Ausflugsfahrten mit Schaufelraddampfern beginnen in Memphis und New Orleans.

Die beste Reisezeit

Der tiefe Süden der USA liegt in den Subtropen. Im Sommer wird es hier sehr heiß und schwül, auch in den Nächten ist man froh um eine Klimaanlage. Im Herbst klettert das Thermometer zwar nicht mehr so hoch, doch ist dann Hurrikansaison. Im Winter ist es im ganzen Süden kühler und sehr feucht. Die beste Reisezeit ist in den Frühjahrsmonaten **April/Mai**, wenn die Hitze die Region noch nicht fest im Griff hat. Zu dieser Zeit wetteifern Magnolien und Hartriegel mit einer umwerfenden Blütenpracht.

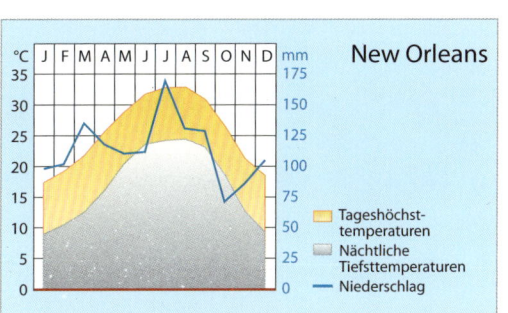

Besondere Tipps

Literatur: Harper Lees Roman »Wer die Nachtigall stört« beschreibt eine Kindheit im vom Rassismus geprägten Alabama in den 1930er-Jahren.
Festivals: Blues, Soul, Rock, Hip-Hop … – Ende April bzw. Anfang Mai pilgern Tausende nach Memphis zum Beale Street Music Festival. Von Jazz über R&B, Cajun Music und Zydeco bis zu Rap und Bluegrass zelebriert das New Orleans Jazz & Heritage Festival ebenfalls Ende April/Anfang Mai Louisianas musikalisches Erbe .
Info: www.thebealestreetmusicfestival.com; www.nojazzfest.com

← Der Schaufelraddampfer Natchez bei New Orleans
← Antebellum-Pracht: Stanton Hall in Natchez
← Der Jazzclub Preservation Hall im French Quarter von New Orleans
↑ Die letzte Ruhestätte des »King« in Graceland

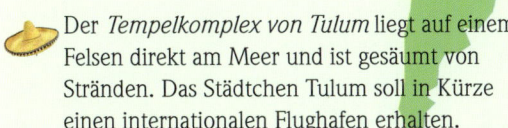
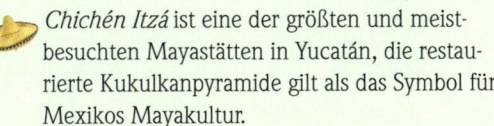

Yucatán – Badestrände und Mayapyramiden

Hochzivilisation und unglaublich grausame Menschenopfer: Das sind zwei Facetten der Mayakultur in Mittelamerika, die eine merkwürdige Faszination ausüben. Zwar konnten die Wissenschaftler die Schrift der Maya entschlüsseln, aber ihre Ruinen geben immer noch viele Rätsel auf – auch für die gut sechs Millionen heutigen Maya. Die Forscher wissen inzwischen, dass die Maya einen präzisen astronomischen Kalender entwickelten, eine Art Beton erfanden, ausgedehnte Bewässerungssysteme anlegten und eine Hieroglyphenschrift erfanden. Warum sie ihre Städte im Tiefland bereits ab dem 9. Jahrhundert, also lange vor Eintreffen der spanischen Konquistadoren, verließen, ist indes immer noch eine offene Frage.

Nirgendwo lässt sich eine – mehr oder minder intensive – Maya-Studienreise besser mit einem Badeurlaub verknüpfen als im mexikanischen Teil der Halbinsel Yucatán. Mögliche kurze Route: Cancun, Chichén Itzá, Coba, Tulum. Bei Interesse kann die Strecke auch gen Norden nach Uxmal und Mayapán ausgeweitet werden. In Yucatán liegen die Mayastätten nahe beieinander, umgeben von guter touristischer Infrastruktur. Insbesondere die Riviera Maya zwischen Cancun, Playa del Carmen und Tulum zeichnet sich durch zahlreiche Hotels aus, die häufig als All-inclusive-Resorts betrieben werden. Das ist keine verträumte Karibikidylle mehr. Playa del Carmen und Cancun, aus kleinen Fischersiedlungen entstanden, sind heute Zentren des überwiegend amerikanischen Massentourismus und Cancun Airport mit drei Terminals und mehr als elf Millionen Passagieren der größte internationale Flughafen Lateinamerikas. Aber, wie gesagt, als Ausgangsbasis ist die Riviera Maya gut geeignet, zumal viele Reiseunternehmen Touren zu den archäologischen Stätten mit ihren bis zu 72 Meter hohen Stufenpyramiden anbieten.

Yucatán ermöglicht es auch, kulinarisch den Spuren der Maya zu folgen. Die Ureinwohner bauten zwar hauptsächlich Mais an, kreierten aber dennoch eine relativ hoch entwickelte Küchenkultur. Überlebt hat die »Recado rojo«, auch Achiote-Paste genannt, eine Mischung aus etwa neun Gewürzen, die man heute vor allem für Gemüse- und Fleischgerichte nutzt. Die Mixtur kennzeichnet die Yucatán-Küche. »Buen provecho«, guten Appetit.

Die Highlights

Der *Tempelkomplex von Tulum* liegt auf einem Felsen direkt am Meer und ist gesäumt von Stränden. Das Städtchen Tulum soll in Kürze einen internationalen Flughafen erhalten.

Chichén Itzá ist eine der größten und meistbesuchten Mayastätten in Yucatán, die restaurierte Kukulkanpyramide gilt als das Symbol für Mexikos Mayakultur.

Coba, eine Anlage unweit von Tulum, ist weniger bekannt, für Archäologen aber wichtig, auch weil von der Stadt steinerne Straßen ausgehen, die bis zu 100 km lang waren.

Uxmal – Die Anlage ist bekannt durch ihre große »Pyramide des Zauberers« und durch den 100 m langen »Palast des Gouverneurs« auf einer künstlichen Plattform.

Mayapán besiegte im 13. Jh. das zuvor mächtige Chichén Itzá und wurde zur größten Mayastadt auf Yucatán, was sich in den heutigen Ruinen nicht überall widerspiegelt.

Cancun, heute über einen Damm mit dem Festland verbunden, wurde – mit Steuergeldern – zum wichtigsten Ferienort der mexikanischen Karibikküste.

Cozumel ist Mexikos größte Insel an der Ostküste und ein beliebter Halt bei Kreuzfahrern. Jacques Cousteau hat das fischreiche Korallenriff populär gemacht.

Die beste Reisezeit

Die »Hurricane Season« dauert in Yucatán von Anfang Juni bis Ende November. Die Zeit der Wirbelstürme deckt sich teilweise mit der Regenzeit von Mai bis Ende November. Die Temperaturen bewegen sich auf der Halbinsel meist um 24 bis 25 °C, die trockene Periode erstreckt sich von Dezember bis Ende April. In diese Spanne fällt aber auch »El Norte«, ein nördlicher Wind im Januar und Februar. Optimal sind somit der **Dezember** und **März/April**.

Besondere Tipps

Literatur: »Die Maya: Geschichte, Kultur, Religion« von Berthold Riese widmet sich auch dem historischen Alltag des mittelamerikanischen Volks.

Weltuntergang: Esoterische Ängste, wonach der Mayakalender für Dezember 2012 das Ende des Planeten prophezeit, sind durch Mayaberechnungen nicht gedeckt.

Souvenir: Nachbildungen von bemalten Mayagefäßen oder -bildern sind beliebt. Bei den heimlich angebotenen »Originalen« handelt es sich meist um Fälschungen.

Info: www.visitmexico.com

← Die abgerundete »Pyramide des Zauberers« in Uxmal
← Die Maya-Doline Ikil Cenote bei Chichén Itzá ist ein beliebter Badeort.
↑ Maya-Tempel an der Felsenküste von Tulum

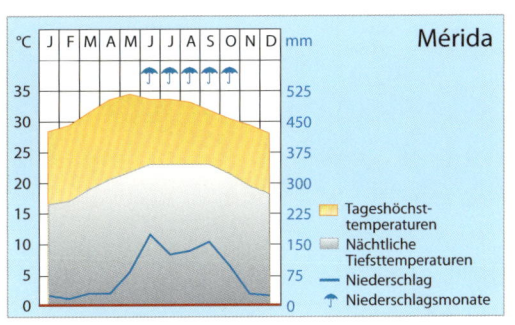

»Oh, wie schön ist Panama«

Natürlich ist es ausschließlich der Kanal, der auf knapp 82 Kilometern Länge den karibischen Teil des Atlantiks mit dem Pazifik verbindet, der dieses Land weltberühmt gemacht hat. Der viel befahrene Wasserweg, der seit 1914 den Seeweg von der Westküste Amerikas zur Ostküste um ein Drittel kürzer macht, ist deshalb auch Panamas wichtigste Sehenswürdigkeit. Eine Fahrt von Balboa auf der pazifischen Seite nach Colon, wo der Kanal in die Karibik mündet, ist noch immer ein technisches und zugleich ein exotisches Abenteuer. Atemloses Staunen bei der Millimeterarbeit in den Schleusen, tropische Schläfrigkeit an den Ufern, wo Paradiesvögel und Albatrosse die Schiffe begleiten und Krokodile vor sich hindösen.

Das also sind Höhepunkte einer Reise von einem Weltmeer zum anderen. Aber zumindest in Deutschland weiß man seit dem Janosch-Kinderklassiker, dass es im schmalsten Land Mittelamerikas, das von den beiden Ozeanen im Norden und Süden und im Osten von Costa Rica, im Westen von Kolumbien begrenzt wird, noch weit mehr Attraktionen zu erwarten sind: »Oh wie schön ist Panama«, schwärmt der Bär dem Tiger vor – und

wirklich, dieses kleine Land (etwas größer als Bayern) bietet von den kolonialen Sehenswürdigkeiten in Colon und ganz besonders im alten Teil der Hauptstadt Panama City über traumhafte und noch nicht überlaufene Strände bis hin zu den Naturwundern in den Regenwäldern und den Nationalparks des vulkanisch geprägten Hochlands überraschend viele Highlights. Ein Urlaub reicht nicht, um sie alle zu besuchen.

Anspruchsvolle Ökotouristen werden bei geführten Dschungeltouren eine artenreiche Vogel- und Schmetterlingswelt kennenlernen. Idealer Ausgangspunkt für solche Touren, die auch für die Nacht angeboten werden, ist Gamboa am Kanal, etwa auf halber Strecke zwischen den Meeren.

Bei Tauchern, Schnorchlern, Wassersportlern und Genießern, die sich nach Besichtigungstouren gern mal für ein paar Tage in die Hängematte legen, werden die Inselchen im Archipel Bocas del Torro im Nordwesten noch wie ein Geheimtipp gehandelt. Ebenfalls auf der karibischen Seite locken die San-Blas-Inseln mit weitgehend authentischer Atmosphäre und einer autonomen indigenen Bevölkerung. Massentourismus ist hier nicht zu befürchten.

Die Highlights

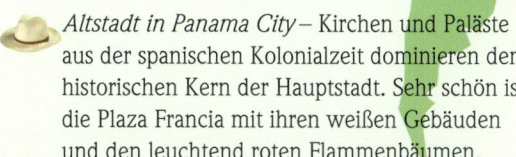

Altstadt in Panama City – Kirchen und Paläste aus der spanischen Kolonialzeit dominieren den historischen Kern der Hauptstadt. Sehr schön ist die Plaza Francia mit ihren weißen Gebäuden und den leuchtend roten Flammenbäumen.

Mirafloresschleusen – Millimeterarbeit in technischem Wunderwerk. Bei diesem Schauspiel wirken auch schwere Lokomotiven an Land mit, sogenannte »Maulesel«, die durch Trossen mit den Schiffen verbunden sind.

Kanalfahrt – Sie dauert für ein Kreuzfahrtschiff mittlerer Größe etwa acht Stunden. Die Erinnerungen daran können ein Leben lang andauern.

Rafting – Spektakuläres Abenteuer auf dem Fluss Chiriqui Viejo in der Nähe der Stadt Volcan.

Bocas del Toro – Schon Kolumbus war 1502 von der Schönheit dieser Inselgruppe vor der Nordwestküste (karibische Seite) beeindruckt. Träge Tropenatmosphäre prägt die gleichnamige Provinzhauptstadt auf der Insel Colon.

Die *San-Blas-Inseln* werden von Ureinwohnern (Kuna-Indianer) verwaltet. Robinson-Feeling kommt auf mehreren Mini-Inseln auf, etwa auf Aguja oder Anzuelo.

Coiba – Maritimer Nationalpark an der pazifischen Küste, von über 150 Vogelarten bewohnt. 38 Inseln und ein großes, bemerkenswert heiles Korallenriff. Weltkulturerbe seit 2005.

Die beste Reisezeit

Wie in allen Tropenländern wechseln sich nur Regenzeit und Trockenzeit ab. Da Panama an zwei Ozeane grenzt, sind die Niederschläge aber unterschiedlich verteilt. An der karibischen Seite regnet es häufiger, am wenigsten im *März*, der auch in der langjährigen Statistik als trockenster Monat im ganzen Land geführt wird. An der Pazifikküste kann es im Frühjahr zwar häufig regnen, aber so gut wie nie dauert ein Tropenguss länger als ein paar Stunden.

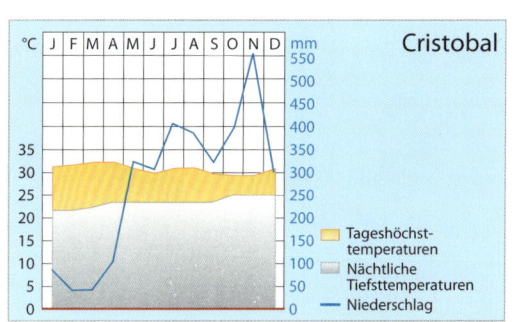

Besondere Tipps

Souvenir: Die berühmten Panamahüte werden zwar vielerorts angeboten, stammen aber, wenn sie handgemacht sind, aus Ecuador. Authentischer sind Molas, farbige Tücher der Kuna-Frauen von den San-Blas-Inseln.
Küche: Ceviche, pikant marinierter Fisch in allen Variationen, ist eine Art Nationalgericht, dazu isst man Reis.
Info: www.info-panama.com, www.panamainfo.com (auf Englisch)

← Die Miraflores-Schleusen sind insgesamt 1,7 km lang.
← Die Kuna-Indianer auf den San-Blas-Inseln verkaufen handgewebte Stoffe.
← Die Gewässer rund um die Bocas-del-Toro-Inseln sind ein Paradies für Schnorchler und Taucher.
↑ Grüne Insel heißt dieses Eiland der San-Blas-Gruppe.
↑ Die Barock-Kathedrale von Panama City wurde 1796 nach über hundertjähriger Bauzeit geweiht.

Traumziel Marokko 16

Wüste und Tausendundeine Nacht

Mühelos führen Marokkos vier Königsstädte Fes, Meknes, Marrakesch und Rabat mit ihren quirligen Basaren, Teestuben und Moscheen Besucher in die Traumwelt der arabischen Vergangenheit. In den Souqs verbreiten sie sich, die Duftstoffe aus Tausendundeiner Nacht, die Gerüche von Mandeln und Amber, Zedern und Zimt, Koriander und den frischen Baghrir (Honigpfannkuchen).

Doch wem hauptsächlich Humphrey Bogarts »Casablanca« vorschwebt, der wird sich neben einer typisch maghrebinischen Atmosphäre der Städte und einem lebendigen Strandleben an der Atlantik- und Mittelmeerküste auch einiges an Landschaft gefallen lassen müssen. Südlich der spa-

nischen Enklave Ceuta breitet sich erst das Rifgebirge mit grünen Almen und blühenden Tälern aus, danach erhebt sich der Mittlere Atlas mit prächtigen Zedernwäldern.

Eine aufgeschlossene und hilfsbereite Bevölkerung macht Marokko zu einem idealen Reiseland, das man selbst erfahren sollte. Oder erwandern, etwa auf einer Wüstentour, samt Zelten und Kamelen. Dazu geht es von den eisigen Gipfeln des Hohen Atlas an den Rand der Sahara bei Erfoud. Bei Foum Zabel öffnet ein kleiner Tunnel, den 1930 Truppen der französischen Fremdenlegion durch den Fels getrieben haben, den Zugang zur Schlucht des Ziz. Hier fangen bereits die Sahara-Ausläufer an, wenngleich noch als felsige Steinwüste. Im Rückspiegel zeigt sich zum letzten Mal das Bild der schneebedeckten Atlaskette, die schon im warmen Dunst verschwimmt.

Brennende Sonne steht bald erbarmungslos über dem Land. Es zeigt sich kaum noch Vegetation: keine Bäume, keine Büsche, kein Gras. Der Boden ist übersät mit Geröll, säulen- und trichterförmige Sandhosen geben ihre Vorstellung, ein weicher Sandteppich treibt beständig über der dampfenden Asphaltdecke der Piste. Dann zeichnen vom Wind gleichmäßig gemusterte Sicheldünen weiche Wellen in die harte Kulisse.

Verdörrte Kamelknochen am Rand einer vom Wind gerippten Dünenlandschaft künden vom Beginn der endlosen Sandwüste. Der Rückweg führt durch die legendäre Todhra-Schlucht nach Norden, wo sich der im Hohen Atlas entspringende Todhra-Fluss durch eine enge Felsbarriere zwängt. Dattelpalmen und blühender Oleander sowie riesige Kakteen gedeihen an seinen Ufern.

Die Highlights

Marrakesch – Königsstadt, Weltkulturerbe der UNESCO, mittelalterlicher Markt, Koutoubia-Moschee und und und – kein Wunder, dass die Stadt zur international hippen Destination wurde.

Casablanca beeindruckt mit seinem legendären Rick's Café und der grandiosen ins Meer gebauten Moschee Hassan II. Hier und in anderen Städten sind Riads, aufs Feinste sanierte stattliche Altstadthäuser, die stilvollsten Herbergen.

Essaouira, die kleine Hafenstadt am Atlantik – ebenfalls von der UNESCO geadelt –, verbindet schönes Ambiente mit hochwertigem Kunsthandwerk.

Tanger an der nordafrikanischen Küste, das Mekka der Schriftsteller: Paul Bowles, Truman Capote, Tennessee Williams, William S. Burroughs – sie alle ließen sich vom orientalischen Flair inspirieren.

Tafraout, kleine Oase und Berber-Städtchen inmitten von Mandel- und Olivenbäumen südwestlich von Agadir, zählt wegen seiner einmaligen Lage zu den schönsten Orten Marokkos.

Ait Benhaddou – Wer das aus sechs gut erhaltenen Kasbahs bestehende Berberdorf 30 km vor Ouarzazate besucht, wird an Orson Welles' »Sodom und Gomorrah« erinnert.

Kasbah Taourirt, eine der schönsten und größten Wohnburgen Marokkos, verzaubert in Ouarzazate die Besucher.

Die beste Reisezeit

März, *April* und *Mai* sind die bevorzugten Monate für Rundreisen mit Bade-Stop in Agadir, wenn die große Hitze nahe den Wüstengebieten noch nicht ihrem Zenit entgegenstrebt und der Atlantik zwecks Strandurlaub kein riskant kühles Abenteuer mehr ist. Außerdem werden sich in den Souqs der Städte Besichtigungs- und Shoppingtouren temperaturmäßig ebenso moderat gestalten wie Karawanentrekking durch Wüstenregionen sowie längeres Reisen im Pkw. Unternehmungen der Art sollten im Sommerhalbjahr unterbleiben.

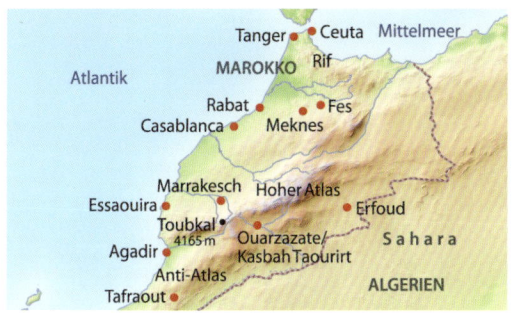

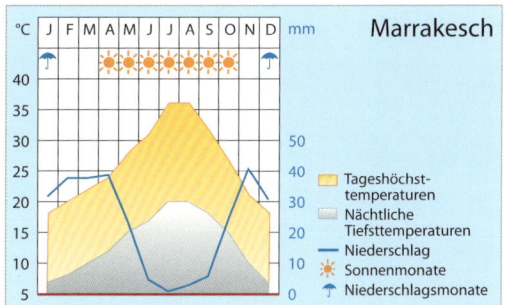

Besondere Tipps

Fein übernachten: In Marrakeschs La Mamounia.
Essen: Mit ihren Briouats, Tajines, Couscous, Salaten und Pastillas zählt die marokkanische Cuisine laut Paul Bocuse zu den besten Nordafrikas.
Kleidung: Große Temperaturunterschiede erfordern variable Ausstattung, Frauen sollten keine zu kurze oder dekolletierte Kleidung tragen.
Reiselektüre: Tahir Shahs »Im Haus des Kalifen: Ein Jahr in Casablanca«, Paul Bowles »Himmel über der Wüste«.
Info: www.visitmorocco.com

← Marrakeschs Djemaa-el-Fna-Platz am Abend
← Im alten Berber-Dorf Aït Benhaddou bei Ouarzazate stehen außergewöhnliche Lehmbauten.
← Chleuh-Berber der Ouarzazate-Region in traditioneller Kleidung
↑ Bäuerinnen aus dem Rif mit typischen Strohhüten

Eiskalter Atlantik und Wüstenglut

Mit reichlich vorhandenen exotischen Requisiten führt Namibia ein einzigartiges Bühnenstück auf: Unglaublich sind seine Farbkompositionen, wenn der Sonnenball sinkt, und brillant ist der Schein funkelnder Sterne, wenn der Mond auf seine Reise geht. Horizonte spannen sich über grandiose Landschaften, die, statistisch betrachtet, eigentlich nur Flora und Fauna beherbergen – so wenig Zivilisation besetzt die unfassbaren Weiten.

Weshalb auf wohltuende Weise die Wildnis das Leben bestimmt – und dazwischen, auf Namibias niedlichen urbanen Bühnen, die Epoche des Jugendstils. Mit einer Fläche von 824 269 Quadratkilometern ist das Land zweieinhalbmal so groß wie Deutschland, hat aber kaum mehr Einwohner als Hamburg, also nur 2,5 pro Quadratkilometer.

Im Norden grenzt Namibia an Angola, im Osten an Botswana, im Süden an Südafrika und mit seiner nordöstlichen Ausstülpung, dem Caprivi-Zipfel, an Simbabwe und Sambia. Die Längsausdehnung zwischen dem Oranjefluss im Süden und dem Kunene an der Nordgrenze zu Angola misst 1280

Kilometer. Vom östlichen Teil des Caprivi bis zum Atlantik im Westen sind es ein paar Hundert mehr. Durch diese Unermesslichkeit treiben Flüsse, wenn sie denn fließen, als lebenssichernde Arterien durch das heißgebackene Land.

In Folge reicher Diamantenausbeute brachten die Kaiserdeutschen frühzeitig wirtschaftlichen und technischen Fortschritt. Vor allem eine funktionsfähige, moderne Infrastruktur, was heute dem wachsenden Reisesektor behilflich ist, der mittlerweile 20 Prozent der gesamten Exportwirtschaft ausmacht. Zahlreiche Zug- und Flugverbindungen, ein vorbildliches Straßennetz, Übernachtungsmöglichkeiten vom Campingplatz über Wildlife-Lodges unterschiedlichster Standards bis hin zum Schlosshotel machen Namibia für Besucher zu einem kalkulierbaren afrikanischen Abenteuer.

Namibia auf eigene Faust zu entdecken ist die hautnaheste aller Optionen, kinderleicht lässt es sich im eigenen Wagen durchfahren, mit über 42 000 Kilometern gibt es hier das am besten ausgebaute Straßennetz des Kontinents! Reisebuslinien verkehren zwischen den größeren Städten Namibias sowie Südafrika und den Viktoriafällen.

Eine der Verbindungen führt sogar quer durch den Namib-Naukluft-Park, von Mariental bis nach Walvis Bay. Und dann die pünktlich fahrende Eisenbahn: Namibias Schienennetz hat eine Gesamtlänge von etwa 2500 Kilometern, die Züge der TransNamib erreichen von Windhoek aus alle größeren Städte. Obendrein gibt es überallhin reguläre Flugverbindungen, dazu sind Hunderte kleinere Airstrips über das ganze Land verteilt, die von Charter-Airlines bedient werden.

Die Highlights

 Etosha-Nationalpark – Auf mehr als 22 000 km² beherbergt der bedeutendste Park Namibias eine Unmenge unterschiedlicher Tierarten. Nur Krokodil, Büffel, Wasserbock und Flusspferd sind hier nicht heimisch.

 Schwarzwälder Kirschtorte in einem Café in Namibias Jugendstilperle Swakopmund zu genießen, mit Blick auf den rot-weiß gekringelten Leuchtturm – das ist ein Ding!

 Wüstengolf – Liebhaber des kleinen Balls können auf dem Rossmund Golf Course abschlagen, einem der schönsten Wüstengolfplätze der Welt.

 Die *Skelettküste* mit ihren Schiffswracks lässt sich am besten aus einer einmotorigen Cessna ermessen: Schnurgerade zieht sich die Küstenlinie, links der eiskalte Atlantik, rechts die hitzeversengte Wüste.

 Sossusvlei – Die bis zu 388 m hohen Riesendünen bietet vom Heißluftballon aus eine sehr spezielle Perspektive.

 Freilichtmuseum Kolmanskop – Hier begeben sich Besucher auf die historischen Spuren des Diamantenfiebers in Namibia, unweit der Hafenstadt Lüderitzbucht, die den Anfang von Deutsch-Südwest markiert.

 Desert Express – Eine Fahrt mit dem luxuriösen Zug von Windhoek nach Swakopmund, mitten durch die Namibwüste.

Die beste Reisezeit

Die meisten Regenmengen fallen zwischen Dezember und März, also im jahreszeitenverdrehten namibischen Sommer, den heißesten Monaten. Die Küstenenklaven Swakopmund und Walvis Bay bieten dann eine erfrischende Seebrise. Eine klimatische Kapriole macht der namibische Winter, den Europäer bei trockener Luft und zirka 25 °C als herrlich sommerlich empfinden, während nachts die Temperaturen leicht auf unter Null absinken können. *Mai*, *Juni*, *Juli* sind also moderat warme und ideale Reisemonate.

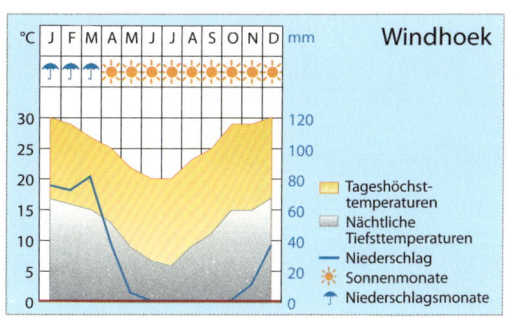

Besondere Tipps

Anreise: Air Namibia fliegt nachts nonstop von Frankfurt nach Windhoek, www.airnamibia.de
Übernachten in Windhoek: Sehr edel im Hotel Heinitzburg, www.heinitzburg.com
Nationalparks und staatliche Restcamps: www.nwr.com.na
Lektüre: »Wenn es Krieg gibt, gehen wir in die Wüste« von Henno Martin.
Info: www.namibia-tourism.com, www.dngev.de.

← Die spektakulären Sanddünen des namibischen Sossusvlei gehören zu den höchsten der Welt.

↑ Kein Entkommen gab es für gestrandete Seeleute an der Skelettküste, hinter der die unbarmherzige Namibwüste lauert.

Im Land des »Donnernden Drachen«

Die Männer im Cockpit, die ihren Airbus gerade in einen engen, von steilen Bergen umzingelten Talkessel hinunterbugsieren, benötigen dafür eine Spezialausbildung, da die wildesten Wetterlagen die bizarre Gebirgsregion aus dem Nichts heimsuchen können. Das Märchenland zwischen Himalaya und tropischen Regenwäldern, das seine wenigen Besucher mit einem ausgeprägt spirituellen Flair anlockt, tickt anders.

Von seinen knapp 800 000 Untertanen wird der 29-jährige »Drachenkönig« Jigme Khesar Namgyel Wangchuck verehrt wie sonst nur westliche Popstars. Buddhistische Mönche stehen auf der Gehalts-

liste der Regierung, Tabakverauf und Rauchen sind allerorts strengstens verboten, und in der Hauptstadt Thimphu (100 000 Einwohner) beherrschen schmucke Verkehrspolizisten die Hauptkreuzung. Ampeln wirkten hier, trotz anwachsender Blechkarawanen, schon traditionsbrüchig. Dafür werden sich schlammbesudelte Reisbauern in althergebrachten Trachten neben ihrem Ochsengespann am Feldrand präsentieren, mit dem schnarrenden Handy am Ohr.

Vor den Wagenfenstern ziehen aufgewühlt lehmbraune Flüsse vorbei, zwischen Berghängen mit dichten Pinienwäldern, dann wieder fruchtbare Feldterrassen mit monumentalen Bauerngehöften. Die prächtigen Bauten aus Holz und Lehmblöcken tragen schmuckvolle Ornamente und ihre Bewohner entweder das Gho (das traditionelle Männergewand, knielang und in der Taille gebunden) oder die Kira (den knöchelangen Rock der Frauen).

Überall flattern Gebetsfahnen an langen Stäben und Seilen; die farbigen (Lungdhar) sind den Lebenden gewidmet mit Wünschen für Gesundheit und Freude, die weißen (Manidhar) den Seelen der Verstorbenen. Wer sich das alles in Ruhe anschauen will, hat ein Problem: Der begehrte Reisemarkt mit seinen sehr besonderen Attributen wird vom Staat stark reglementiert: Auf eigene Faust kommt jedenfalls niemand ins Paradies.

Am allerliebsten agiert Bhutan im obersten Preissegment, weshalb die Aman Resorts gleich fünf Mal an den beliebtesten Highlights des Landes vertreten sind, und das Fünf-Sterne-Flaggschiff Uma-Paro (Como Resorts), ein Wellnesstempel im landestypischen Dzong-Stil, hat im benachbarten Punakha-Tal schon ein zweites Hotel errichtet.

Die beste Reisezeit

Zwischen Mitte Oktober und Mitte Februar gibt es zwar die beste Sicht auf die Himalayariesen, aber Trekkingtouren sind dann nicht möglich. Auch kann es frisch werden: Eine winterliche Hauptstadt Thimphu verzeichnet Temperaturen zwischen 3 (Nacht) und 15 (Tag) °C mit meist sonnigem Wetter, das mit wärmeren Temperaturen ein schnell aufblühendes Frühjahr produziert, weshalb ab *Mai* im »Land des Donnernden Drachen« die schönste Reisezeit ihren Höhepunkt findet.

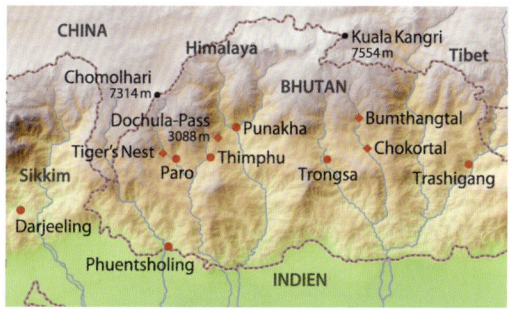

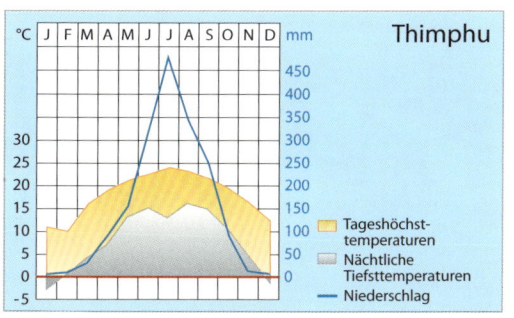

Die Highlights

 Dochula-Pass – Auf einer Höhe von über 3000 m erhebt sich ein buddhistisches Heiligtum, die 108 Chorten, rechteckige Grabmonumente mit einem mystischen Ausblick auf die Himalayariesen.

 Punakha-Dzong, eine klösterliche Festungsanlage im Punakha-Tal, zeigt sich dank der deutschen Pro-Bhutan Hilfe seit 2008 stilecht restauriert in alter Pracht.

 Uma-Paro – Das Fünf-Sterne-Flaggschiff, ein Wellnesstempel im landestypischen Dzong-Stil, bietet berauschende Ausblicke auf Bergspitzen und verzaubernde Täler.

 Tiger's Nest, ein Taktshang-Lhakang-Kloster, klebt in 2950 m Höhe schwindelerregend an einer schwarzen Felswand.

 Thimphu – In der Hauptstadt findet Bhutans einzig wirkliche Urbanität statt.

 Paro – Die Kleinstadt nahe Thimphu wartet im Frühling mit einem Klosterfest auf, das sogar ausländische Besucher anlockt.

 Der *Kyichu-Lhakhang-Tempel* in Pagodenbauweise aus dem 7. Jh. In einem Seitenraum arbeiten Mönche an einem rituellen Opferkuchen aus feingliedrigen Teigblüten. Draußen umrunden Pilger das weitläufige Gebäude und drehen die Gebetsmühlen.

Besondere Tipps

Übernachtung: www.uma.como.bz.
Küche: Phakhsha paa kentsheyema kam marp tshem probieren – ein scharfes, etwas säuerliches Schweinefleischgericht mit Senfkörnern und getrocknetem rotem Chili.
Film: Fantastisch ist das buddhistisch inspirierte, vielfach preisgekrönte Roadmovie »Travellers & Magicians«.
Literatur: Francoise Pommaret, »Bhutan«.
Info: www.best-of-bhutan.de; deutschsprachige Reiseagentur in Thimphu: www.bhutandorji.com; www.tourism.gov.bt.

← Schwindelerregend klebt Paros »Tiger's Nest«, das Taktshang-Lhakang-Kloster, an der Felswand.
← Yaks nahe Chozo Dzonsg an der Grenze zu Tibet
← Musikanten spielen beim Paro Tsechu Festival auf.
↑ Mönche verlassen auf dem Weg zum Tsechu Festival ihren prächtigen Dzong.

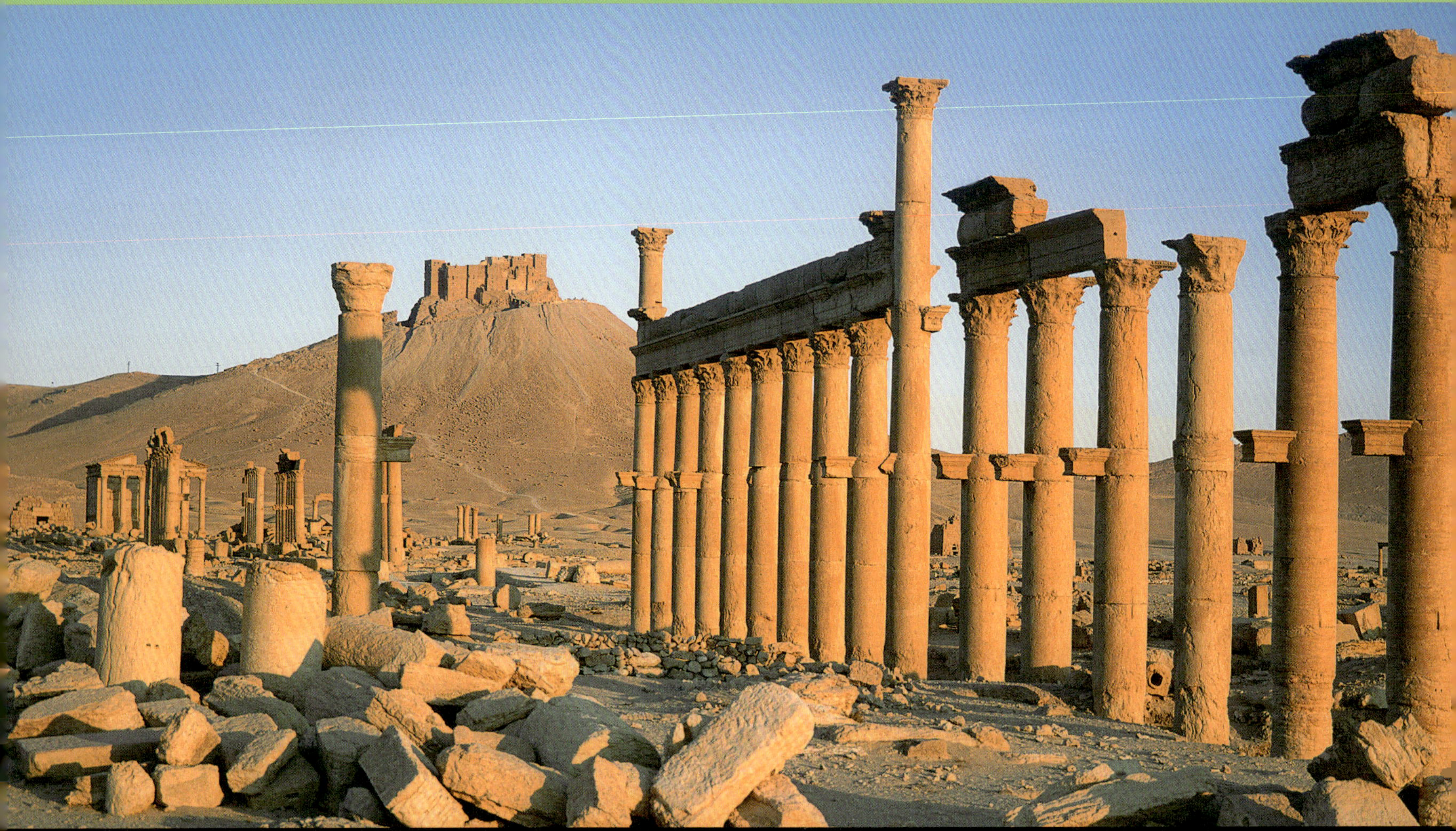

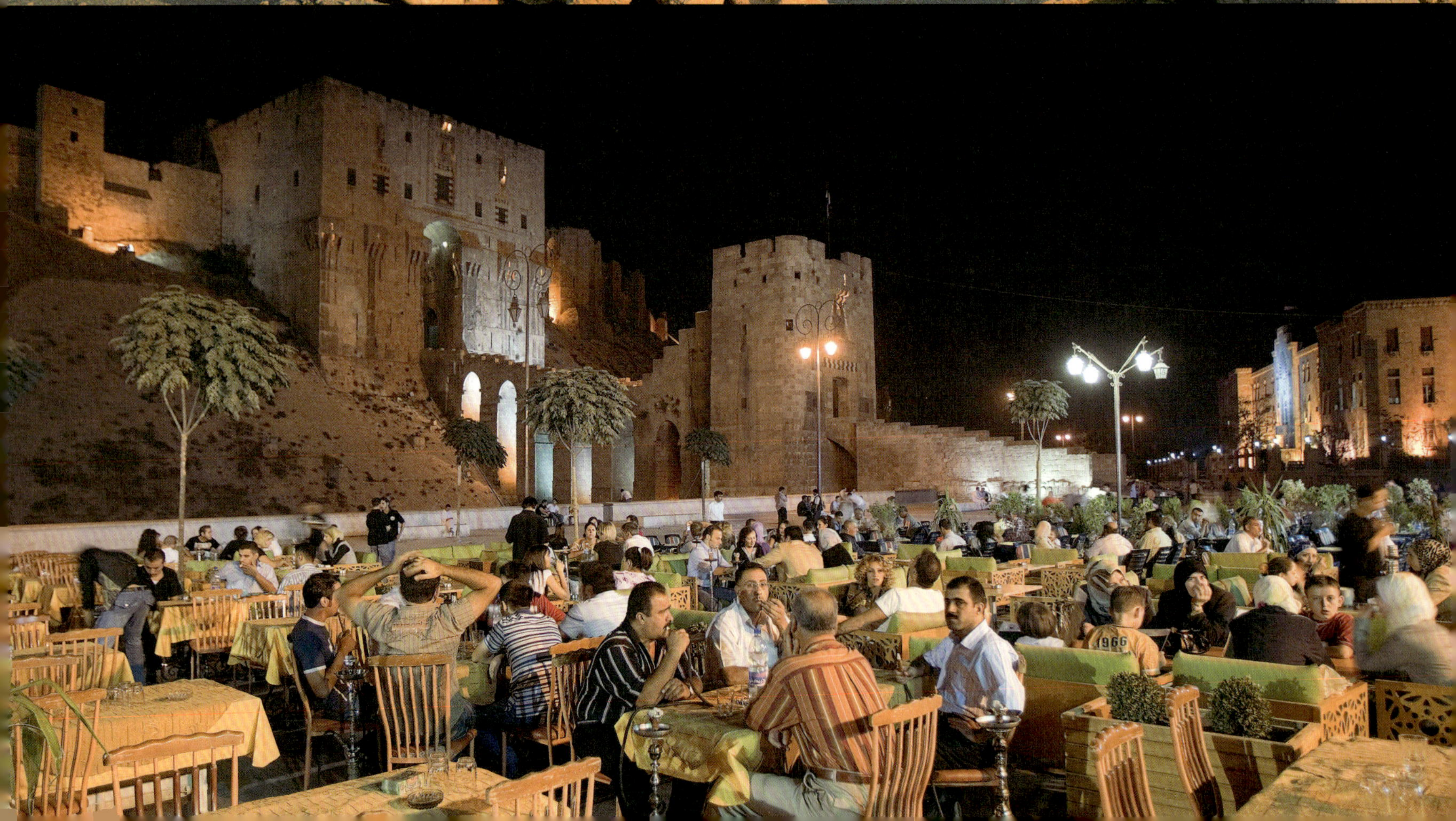
1966

Große Geschichte, praller Orient

Sonnenuntergang in Palmyra. Feuer flackern zwischen den Ruinen der ehemaligen Handelsstation am Endpunkt der Seidenstraße. Beduinen grillen Zicklein und bieten dem Gast Fladenbrot an. Geschichten machen die Runde, Legenden aus der großen Vergangenheit dieser Stätte, die zu den ältesten Siedlungen der Menschheit gehört.

Am Tag danach, in Aleppo, einer syrischen Millionenstadt, die in ihren alten Vierteln den Zauber aus Tausendundeiner Nacht spiegelt. Am Uhrturm im Zentrum, vor mehr als 100 Jahren vom deutschen Kaiser Wilhelm II. gestiftet, treffen wir selbstbewusste einheimische Studentinnen, die uns auf einen Mokka und eine Shisha, eine Wasserpfeife, ins Kaffeehaus einladen.

Und noch ein paar Tage später bummeln wir durch den Souq von Damaskus, einen der span-

nendsten Basare des Orients, verlieren uns in den Gassen, trinken in einem von Männern dominierten Lokal in aller Ruhe Tee, so süß wie bitter. Und stehen anschließend staunend vor und in Moscheen, die zu den berühmtesten der islamischen Welt gehören.

Szenen aus Syrien, einem Reiseland, das lange zur einer Tabuzone im Nahen Osten gehört hat. Noch immer halten Politik und Menschenrechte westlichen Standards kaum stand. Längst aber hat sich die herzliche Gastfreundschaft vor allem der einfachen Bevölkerung herumgesprochen. Immer mehr Reisende berichten begeistert von den großartigen Kulturattraktionen aus drei Jahrtausenden, von den prächtigen Moscheen und der Faszination der Wüste in diesem Land des Umbruchs.

Wer mit dem Zug aus der Türkei anreist, womöglich auf der Trasse der legendären Bagdadbahn, die vor hundert Jahren mit deutscher Hilfe geplant worden war, aber nur bis Damaskus gekommen ist, wird mit zusätzlichen historischen Dimensionen und einer Landschaft von karger Schönheit belohnt.

Auch das benachbarte Königreich Jordanien, dessen Sehenswürdigkeiten sich sehr gut auf einer Reise mit Syrien kombinieren lassen, hat überwältigende Zeugnisse großer Kultur zu bieten. Hauptziel sind dort die Reste der einstigen Nabatäer-Hauptstadt Petra aus dem 5. vorchristlichen Jahrhundert. Aber auch Relikte aus der Römerzeit, zum Beispiel in Jarash, oder in Madaba eine griechisch-orthodoxe Kirche mit einer Mosaiklandkarte aus dem Palästina des 6. Jahrhunderts sind Attraktionen auf einer Rundreise.

Die Highlights

 Aleppo – Allein die Souqs (Basare) dieser Stadt würden eine Reise rechtfertigen, so bunt, so quirlig ist das Treiben in dem über 12 km umfassenden Labyrinth.

 Hama – Nicht nur die 15 riesigen Wasserräder (Norias), die seit dem 4. Jh. funktionieren, lohnen einen Stopp in dieser Stadt, sondern auch die vielen schönen Cafés und Restaurants in alten Gemäuern beherbergt.

 Krak des Chevaliers – Südlich von Hama thront die besterhaltene Kreuzritterburg des Nahen Ostens, von den Johannitern im 12. Jh. zu heutiger Größe ausgebaut.

 Palmyra – Säulenstraße, Theater und die Ruinen des Palmyra-Wahrzeichens Tetrapylon stammen aus römischer Zeit.

 Die *Omaijaden-Moschee* in Damaskus gilt weltweit als herausragendes Beispiel früher islamischer Architektur. Sie wurde im 7. Jh. an einem vorgeschichtlichen Kultplatz errichtet.

 Petra – Die Felsenstadt der Nabatäer beeindruckt durch ihre Lage am Ende einer Schlucht. Petra war in der Antike Handelsstation an der Weihrauchstraße.

 Amman – Ein römisches Theater und die Zitadelle im Zentrum sind Denkmäler der großen Vergangenheit. Die jordanische Hauptstadt wirkt weniger orientalisch als die großen Städte Syriens.

Die beste Reisezeit

Ideale Reisesaison für beide Länder sind die Monate zwischen **Mitte März** und **Mitte Juni**, mit Temperaturen, die allerdings im Juni schon mal deutlich die 30-Grad-Grenze überschreiten können. **Mitte April** beginnen auch in der Wüste die Wildblumen zu blühen, der Regen hat den Staub aus den großen Städten gewaschen. Danach muss kaum noch mit Niederschlägen gerechnet werden. Achtung: Die muslimische Fastenzeit (Ramadan) sollte unbedingt gemieden werden.

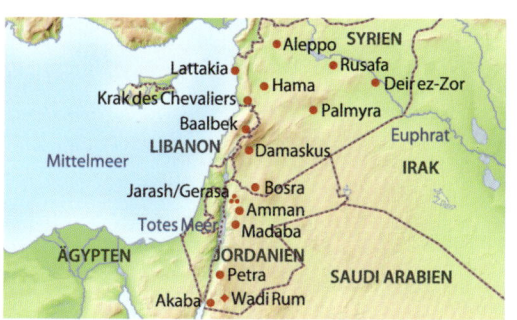

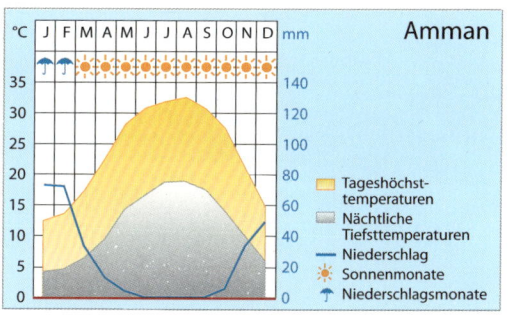

Besondere Tipps

Küche: Kulinarische Vielfalt bietet die Mezze-Platte, ein Genuss aus nahezu 1001 Leckereien.

Literatur: Die Bücher des in Damaskus geborenen und in Deutschland lebenden Autors Rafik Schami spiegeln die Erzähltraditionen des Orients wider, zum Beispiel »Damaskus. Der Geschmack einer Stadt«.

Film: »Lawrence von Arabien« mit Peter O'Toole in der Hauptrolle setzt den Kampf der Kolonialmächte um den Einfluss im Nahen Osten in Szene.

Info: www.whatsonsyria.com (englisch; viele Kulturtipps), www.visitjordan.com

← Die Säulenstraße aus dem 3. Jahrhundert windet sich durch das Ruinenfeld von Palmyra.

← Zu Füßen der mächtigen Zitadelle von Aleppo

↑ Hama ist eine der schönsten Städte Syriens. Ihre Wasserräder gehören zu Syriens Hauptattraktionen.

Sakura – Japan im Kirschblütenrausch

Einmal im Jahr dreht das sonst so zurückhaltende Japan durch, und der Anlass könnte kaum poetischer sein: die Zeit der Sakura, der Kirschblüte. Dann sind weite Teile des Landes eingetaucht in weiße oder – meistens – rosafarbene Wolken, und jeder, wirklich jeder geht zum Hanami, zum Anschauen der Blüten. Ein einzigartiges Fest voller Symbolik: Reinheit, Schönheit, Neuanfang und Vergänglichkeit. Aber auch ein Volksfest, das in seiner Ausgelassenheit an Karneval erinnert. In großen Gruppen, seien es Familien, seien es Firmenkollegen, abends oder am Wochenende in den Parks, unter Tausenden blühender Bäume. Die besten Plätze sind bereits Stunden zuvor mit blauen Plastikplanen reserviert, Planen, an deren Rand später gemäß Tradition die Teilnehmer ihre Schuhe abstellen. Dann werden die Häppchen ausgepackt, sogleich kreisen die Flaschen mit Sake, dem Reiswein. Und selbst Gaijin, die sonst eher gemiedenen Ausländer, werden herzlich in die trinkfreudigen Kreise gebeten.

Die jahrhundertealte Tradition, nur mit Kirschbäumen zelebriert, die keine Früchte tragen, ermöglicht für Reisende eine ungewöhnliche Art, das fernöstliche Inselreich zu erkunden: von Süd nach Nord mit der »Blütenfront«. Die ersten Knospen öffnen sich auf der subtropischen Insel Okinawa tief im Süden. Von dort rücken die Blüten vor gen Norden, minutiös verfolgt von Sondersendungen im Fernsehen, bis sie die Hauptinsel Honshu erreichen: Osaka, Kioto, Nara und schließlich das andere Symbol Japans, den schönen schlafenden Vulkan Fuji. Die Urlaubsregion Hakone am Fuß des heiligen Bergs ist der beste Ort, Blüten und schneebedeckte Gipfel zusammen zu sehen – wenn Fuji-San die üblichen Wolken um seinen Gipfel vertreibt. Dann Tokio, die Hauptstadt mit Hunderttausenden Kirschblütenbäumen. Hier erreicht der kollektive Kirschblütenrausch seinen Klimax, mit mehr als einer Million Menschen, die im Ueno-Park, in Shinjuku oder entlang den Sumida-Ufern feiern. Und wer all das verpasst hat, fährt weiter bis nach Hokkaido im Norden. Sapporo ist Japans letzte Metropole mit dem grandiosen Schauspiel. Und nun verklingt für ein Jahr das Lied zur Blüte: »Sakura, Sakura, der Frühlingshimmel so weit das Auge reicht. Wie Nebel, wie Wolken, der Duft und die Farben. Gehen wir, gehen wir, uns am Anblick zu erfreuen.«

Die beste Reisezeit

Die Blütenperiode der Zierkirschen lässt sich naturgemäß nicht tagesgenau fixieren. Es gibt aber Erfahrungswerte: Auf Okinawa öffnen sich die Blüten bereits ab der **dritten Januarwoche**, danach rückt die »Blütenfront« täglich etwa 25 km vor in Richtung Norden. **Ende März bis Anfang April** öffnen sich die Blüten in Tokio, im kühleren Sapporo müssen sich die Bürger meist bis zur ersten Maiwoche gedulden. Jeweils zehn Tage zeigen die Bäume dann ihre Pracht.

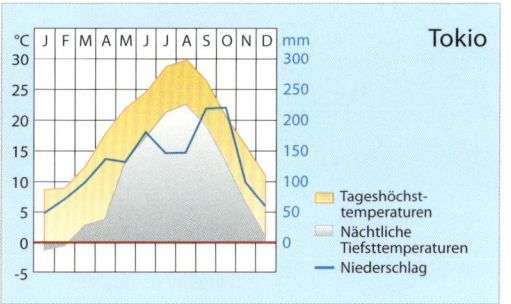

Die Highlights

Okinawa – Beliebtes subtropisches Urlaubsziel; Hauptattraktion ist das Churaumi Aquarium mit Riesentank und Walhaien.

Osaka – Als seine Ikone gilt die wiedererbaute Burg samt Gärten; Sumiyoshi-Taisha ist ein schöner Shinto-Schrein; die Stadt hat mehrere hohe Aussichtsplattformen.

Kioto beherbergt viele Tempel und Paläste. Berühmt ist Kinkaku-ji mit Goldenem Pavillon. Der Philosophenweg wird von Zierkirschen gesäumt.

Nara war im 8. Jh. Hauptstadt. Die meistbesuchten Tempel sind der Kofuku-ji und der Todai-ji. Die Sika-Hirsche im Todai-ji-Park dürfen gefüttert werden.

Hakone liegt am Ashi-See im Fuji-Hakone-Izu-Nationalpark; bei gutem Wetter sieht man den 3776 m hohen Fuji. Es gibt hier viele heiße Quellenbäder.

Tokio – Ein Teil der Gärten des Kaiserpalasts ist zugänglich. Die beste Sammlung birgt das Nationalmuseum. Tsukiji ist der größte Fischmarkt der Welt. Das Rathaus hat im 45. Stock eine gratis benutzbare Aussichtsetage.

Sapporo – Die 1200 Bäume auf dem Gelände des Schreins Hokkaidō-jingū bilden das Kirschblütenzentrum. Die Stadt der Olympischen Winterspiele 1972 ist Geburtsstätte der japanischen Bierkultur, deshalb das Biermuseum.

Besondere Tipps

Film: »Kirschblüten – Hanami« (2008) ist ein Film von Doris Dörrie, der vielfach ausgezeichnet wurde.
Eisenbahn: Die Shinkansen-Expresszüge erschließen mit ihrem 23 500-Kilometer-Netz fast ganz Japan. Für Touristen wurde der Japan-Rail-Pass geschaffen.
Souvenir: Reiswein (Sake) als Erinnerung an die Kirschblütenparty. Schriller ist die rosafarbene Schokolade, die es nur zur Kirschblüte gibt.
Info: www.jnto.de (offizielle Website)

← Drei Symbole Japans: der Fuji, eine Pagode und herrliche Kirschblüten
← Kimono-Damen in einem japanischen Park
← Frühjahrsblüte in einer japanischen Grünanlage
↑ Maler beim Kirschblütenfest nahe dem Ninja-Tempel in Tokio

Traumziel China 21

Der Norden – Das Land des großen Staunens

Das boomende China von heute bestimmt die Schlagzeilen. Aber die Wünsche und Vorstellungen der meisten Chinareisenden konzentrieren sich nach wie vor auf die klassischen Ziele des kaiserlichen Reichs der Mitte. Und die liegen nahezu alle im Norden des Landes, zwischen der Großen Mauer und dem Jangtsekiang (Yangzi), dem längsten Fluss Asiens. Der allerdings hat durch Staudämme, Kraftwerke und Schiffshebewerke von ungeheuren Dimension für Reisende viel an Anziehungskraft verloren. Ungebrochen ist hingegen das Interesse an der Großen Mauer, einem der Kultursymbole der Menschheit, an der alten Hauptstadt

Xi'an mit ihrer Terrakotta-Armee, an den Ming-Gräbern bei Peking und natürlich an Peking, dessen neuer Name Beijing sich international durchzusetzen scheint.

Auch in dieser Kernregion gerät die Harmonie, die über Jahrtausende das Streben der Menschen im Fernen Osten bestimmte, immer häufiger aus der Balance. Das neue China, das sich zur Weltmacht entwickelt, verändert womöglich das klassische China nachhaltiger, als es die Kulturrevolution der Mao-Zeit vermochte. Aber vielleicht wird es auf lange Sicht genau dieser Gegensatz sein, der die Touristen in alle Teile des gewaltigen Reichs zieht. Denn gleichzeitig mit dem neuen Reichtum in den Superstädten entwickelt sich eine Rückkehr zu den Wurzeln, den Traditionen des Konfuzius sowie den Lehren des Buddha und des Laotse (Laozi).

Auch das bäuerliche Leben, das über lange Zeit unser Bild vom alten China geprägt hat, wird bleiben, neben den nicht selten absurden Szenen aus den Millionenmetropolen, die sich jede Woche neu zu erfinden scheinen. Atemlose Bewunderung und kopfschüttelnde Skepsis werden sich weiterhin abwechseln, inmitten der Besuchermassen auf dem Platz des Himmlischen Friedens und im Kaiserpalast im Herzen der Hauptstadt. Bei den Mönchen in der Wildganspagode von Xi'an wie in der ultramodernen Olympiastadt von Peking. In den Städten am Gelben Fluss, aus denen sich einst die Großmacht entwickelte, und in buddhistischen Klöstern wie Labrang, die in der überirdisch schönen Landschaft der Provinz Gansu nicht nur ihren Glauben zu leben versuchen, sondern unter schwierigen Bedingungen auch tibetische Kultur vermitteln.

Die beste Reisezeit

Im Frühling, der im Norden nicht vor **April** einsetzt, sind noch keine Sandstürme aus den riesigen Wüstengebieten Gobi oder Taklamakan zu befürchten, aber es kann zu Anfang dieser Saison noch empfindlich kalt werden. Danach beginnt die ideale Zeit für Kulturreisen, mit Tagestemperaturen zwischen 18 und 25 °C. Achtung: Rund um das chinesische Neujahrsfest (meistens im Februar) sind Verkehrsmittel und Hotels hoffnungslos überfüllt.

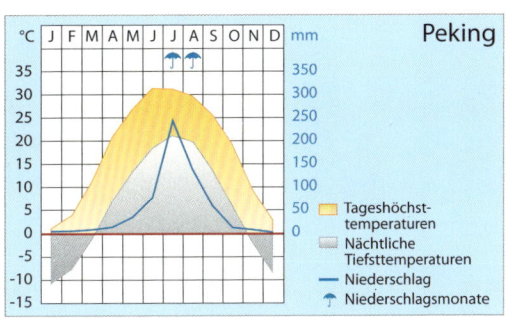

Die Highlights

Große Mauer – Alles an diesem Wall gegen die »Barbaren« aus dem Norden ist gigantisch. Wer nicht mit Tausenden anderen zusammen laufen will, sollte nach Peking Mutianyu fahren, nicht nach Badaling .

Verbotene Stadt – Das Ensemble um den Kaiserpalast ist das größte und bedeutendste Vermächtnis der klassisch-chinesischen Architektur.

Ming-Gräber – In den 13 Mausoleen, 50 km außerhalb von Peking, wurden von 1409 bis 1644 Kaiser der Ming-Dynastie und ihre Konkubinen beigesetzt.

Longmen-Grotten von Luoyang – Die Drachentorhöhlen, eine Tagesreise von Peking nach Süden, waren vor gut 1500 Jahren ein Zentrum des fernöstlichen Buddhismus. Trotz vieler Zerstörungen noch immer ein lohnendes Ziel.

Tonarmee in Xi'an – Die mehr als 7000 Terrakotta-Soldaten, über 2200 Jahre alt, aber erst 1974 entdeckt, werden selbst pazifistisch eingestellte Besucher begeistern.

Labrang-Kloster – Wer nicht nach Tibet kommt, findet hier ein gutes Beispiel für die lebendige Kultur des tibetischen Mahayana-Buddhismus.

Jiuzhaigou-Nationalpark – Die dichten Bergwälder in der Provinz Szechuan, zwischen den Hochebenen von Tibet und Jangtse, bergen seltene Arten aus Flora und Fauna.

Besondere Tipps

Film: »Der letzte Kaiser« von Bertolucci zeigt in großartigen Bildern die letzten Zuckungen des Kaiserreichs.
Literatur: »Wilde Schwäne« von Jung Chang erzählt die jüngste Geschichte Chinas – bewegend und berührend.
Souvenir: Seide gehört seit Marco Polos Zeiten zu den typischen Mitbringseln. Kaufhäuser sind dafür eine bessere und billigere Einkaufsquelle als Fabrikschauräume, in die Gruppen gern geschleust werden.
Info: www.china-tourism.de

← Die Chinesische Mauer gehört zu den »neuen sieben Weltwundern«.
← Der Platz des Himmlischen Friedens mit dem Mao-Mausoleum im Herzen Pekings
← Über 7000 Mann stark: die Terrakotta-Armee in Xi'an
↑ Im Himmelstempel in Peking beteten die Kaiser der Ming- und Qing-Dynastien für gute Ernten.

Der Süden – Zwischen Magie und Moderne

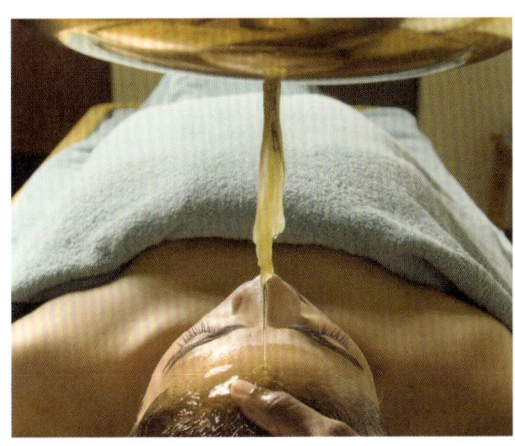

Keine andere Region dieses schwierigen, ungemein faszinierenden Landes bietet mehr Vielfalt: Im Südosten, im Bundesstaat Tamil Nadu, ziehen die großen Tempelstädte vor allem kulturell interessierte Reisende an. Auf einer auch landschaftlich reizvollen Route lassen sich so glanzvolle Sakralbauten wie in Kanchipuram, der alten Hauptstadt der Pallava-Könige aus dem 5. Jahrhundert, in Mamallapuram der Strandtempel, vor dem der Tsunami von 2004 verschollen geglaubte Kunstwerke freigespült hat, und erst recht in Madurai der gigantische Tempelkomplex der Meenakshi miteinander verbinden. Eine Woche mindestens braucht, wer diese und mehr Monumente tiefer Hindu-Frömmigkeit in Ruhe studieren und auf sich wirken lassen will.

Zwar lässt es sich danach auch an dieser östlichen Küste – mit dem poetischen Namen Coromandel – an einigen Stränden entspannen, etwa an der Covelang Beach, eine Autostunde von der Millionenstadt Chennai entfernt, die früher Madras

hieß. Die weitaus besseren Strände finden sich aber im Südwesten des Subkontinents. Von Goa – einst Hippieparadies, heute von eleganten Hotels gesäumt – bis fast an die Südspitze, dem sagenumwobenen Kap Komorin, zieht sich eine lange Strandkette am Arabischen Meer entlang.

Kerala, der kleine Bundesstaat im Südwesten, hat sich einen Namen für authentische Ayurveda-Behandlungen gemacht. Nirgendwo in Indien kann man unter mehr Resorts wählen, die diese uralte, ganzheitlich und präventiv orientierte Heilkunst anbieten, mit herkömmlicher Wellness nicht zu vergleichen.

Wer sich dem Genuss der gewürzreichen südindischen Küche hingeben will, sollte vorsichtig anfangen, zum Beispiel beim Frühstück Idlis probieren, kleine Kuchen aus Klebereis, oder Dossas, dünne Fladen aus Kichererbsenmehl, die in mehr oder minder scharfe Soßen getunkt werden. Samosas oder Pakoras (Bajji), mit Gemüse gefüllt, sind ein idealer Snack für zwischendurch.

Die beiden so unterschiedlichen Hälften Südindiens lassen sich mit ebenso geruhsamen wie spannenden Reisebausteinen kombinieren: zum Beispiel mit Tierbeobachtungen in großen Wildschutzgebieten wie Periyar – berühmt für seine vielen Elefanten – oder Nagarhole, das schon zum etwas nördlicher gelegenen Bundesstaat Karnataka gehört. Oder auf einer zum Hausboot umgebauten Reisbarke, die durch die sogenannten Backwaters Keralas schippert, ein Kanalsystem, das parallel zur Küste verläuft. Oder mit einer nostalgischen Eisenbahn, dem Nilgiri-Express, unter Dampf zurück in die Kolonialzeit rattern. Oder, oder, oder …

Die Highlights

Backwaters – Reisfelder an Backbord, Schulkinder an Steuerbord – bei einer Tour mit dem Hausboot durch dieses Wasserlabyrinth läuft der südindische Alltag wie ein langsamer, schöner Film vor den Reisenden ab.

Cochin (Kochi) – Voller Geschichte und Geschichten ist diese wunderbare Stadt an der Malabarküste: Araber, Juden, Chinesen, Portugiesen, Holländer haben ihre Spuren hinterlassen. Große Chinesische Fischernetze sind das Wahrzeichen der magischen Metropole.

Varkala und Kovalam heißen die schönsten Strände in Kerala, unterhalb einer Steilküste gelegen, mit Relikten aus der Hippiezeit.

Nilgiri Express nennt sich der Dampfzug, der jeden Morgen von Mettupalayam in die Blauen Berge startet. Ziel nach gut fünf Stunden ist Ooty, ehemaliger Erholungsort der Kolonialherren.

Nagarhole-Nationalpark – Sogar Tiger lassen sich hier erfolgreich beobachten. Zünftige Unterkunft: in den Zelten der Kabini River Lodge.

Mysore – Die schönste Stadt im Binnenland des Südens, genauer im Bundesstaat Karnataka, mit vielen Erinnerungen an die britische Zeit und die Maharaja-Epoche.

Bangalore – Die sauberste Stadt des Landes steht mit ihrem Hightech-Image als Symbol für das moderne Indien.

Die beste Reisezeit

Wie in weiten Teilen Indiens wird auch und gerade im Süden das Leben ganz erheblich vom Monsun bestimmt. Er bringt ab etwa Ende *Mai* und bringt den sprichwörtlich gewordenen Großen Regen, der bis Ende Oktober anhalten kann. Danach, von November bis etwa Ende *April*, beginnt die Trockenzeit mit Tagestemperaturen zwischen 25 und 32 °C. In den Bergen, zum Beispiel in der Region um Ooty, kann es in den Frühlingsnächten kalt werden. Tagsüber ist es auch dort mild und sonnig.

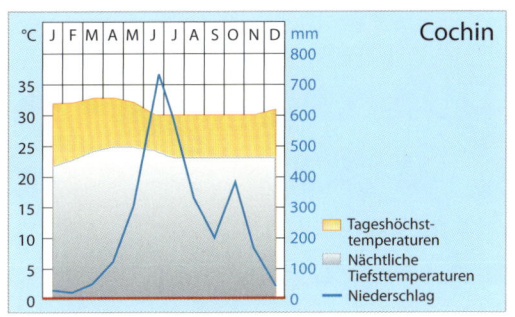

Besondere Tipps

Kathakali: Die Hochburg des Pantomimetanzes ist Cochin. Farbenfrohes Spektakel, unbedingt sehenswert.

Literatur: »Der Gott der kleinen Dinge«, der preisgekrönte Roman von Arundhati Roy, spielt in Kerala.

Tempelfest in Madurai: Meenakshi Kalyanam heißt das Spektakel, bei dem alljährlich im April/Mai Shivas Hochzeit mit seiner Göttergattin Parvati, hier als fischäugige Meenakshi verehrt, in einer Massenprozession zelebriert wird.

Info: www.india-tourism.com

← Kerala, der Bundesstaat im Südwesten, hat fast so schöne Strände wie Goa.
← Christliche Kirchen prägen Keralas Mitte.
← Die Tanzkunst gehört zu den religiös-weltlichen Traditionen des Landes.
↑ Der Stirnguss (Shirodara) ist ein Ayurveda-Element.

Reisterrassen und Robinson-Inseln

Lange Jahre hat das ferne Inselreich Schlagzeilen produziert mit politischer Instabilität, Naturkatastrophen und den immer wieder aufflammenden Unruhen im islamisch bevölkerten Süden. Seit einiger Zeit aber suchen wieder viele Touristen ihr Paradies auf einem der angeblich 7107 Eilande zwischen dem Südchinesischen Meer und dem Pazifischen Ozean.

Die Philippinen sind weniger ein Pauschalreiseziel als vielmehr eine Destination, die sich gut auf eigene Faust entdecken lässt. Asiatische Kultur wie in den sehr viel stärker frequentierten Ländern Südostasiens, zum Beispiel Thailand, Vietnam, Indonesien, darf man zwischen den großen Inseln Luzon und Mindanao freilich nicht erwarten. Zwar finden sich in den Städten einige Tempel der Chinesen, die einen wesentlichen Anteil an Handel und Wirtschaft besitzen. Aber der größte Teil der Philippinen – der Name geht auf den spanischen König Philipp II. zur Zeit ihrer Entdeckung zurück –

wurde schon im 16. Jahrhundert christianisiert. Seither ist dieses Land das einzige mehrheitlich katholische im Fernen Osten.

Ursprüngliche und kultivierte Natur sowie die Strände auf kleineren Inseln, von denen viele den alten Südseetraum wahr werden lassen, stellen in erster Linie das Reisemotiv der Urlauber. Zwar erinnern in der Hauptstadt Manila noch wenige Wälle an die spanische Siedlung, die 1571 gegründet wurde. Bis auf einige Kirchen aus der Kolonialzeit bietet die 20-Millionen-Metropole modernes Großstadtgepräge mit Hochhäusern, Einkaufszentren, einem breit gefächerten Kulturleben und Abertausenden bunter Jeepneys, den typischen Pick-up-Taxis des Landes.

Das Traumziel Philippinen eröffnet sich erst in den überwältigend kunstvollen Reisterrassen bei Banaue im Norden von Luzon, in den ländlichen Regionen dieser und anderer Inseln, wo Bauern mit spitzen Strohhüten hinter Wasserbüffeln laufen, in den Dörfern, wo Schweine unter Pfahlbauten wühlen, in den kleinen Läden mit ihren Gewürznischen, in denen schwarzer Pfeffer verhökert wird. Und natürlich auf den Inseln wie Panglao, einem der besten Tauchreviere der Welt, Sicogon, Bohol oder Borocay mit wahlweise sehr feinen und sehr rustikalen Unterkünften – Robinson-Feeling statt Massentourismus.

Mindanao, die zweitgrößte Insel, ist mehrheitlich von Muslimen bewohnt. Die Regenwälder dort, die Wasserfälle und Seen, bergen großes touristisches Potenzial. Immer wieder aber zerstören Islamisten, die dort einen eigenen Staat anstreben, entsprechende Bemühungen der Zentralregierung.

Die Highlights

 Intramuros bedeutet »innerhalb der Mauern«. Damit ist der älteste Teil von Manila gemeint. Nur einige Wallanlagen, der Gouverneurspalast und die Kathedrale San Augustin hielten den Bombardements der Japaner und Alliierten im Zweiten Weltkrieg stand. Dennoch: sehenswert!

 Banaue – Spektakuläre Reisterrassen, werden seit über 2000 Jahren bearbeitet. Zunehmende Landflucht gefährdet das Weltkulturerbe.

 Palawan – Größte Insel der gleichnamigen Provinz. Ein beliebtes Ziel für Taucher aus aller Welt.

 Busuanga gehört zum Palawan-Distrikt. Heiße Quellen, naturbelassene Strände und ein sehr ursprüngliches Landleben machen einen Abstecher dorthin reizvoll.

 Bohol – Die sogenannten Schokoladenberge, mehr als 1000 runde Hügel, geben der Wissenschaft Rätsel auf. Ihren Namen verdanken sie dem Gras, das als Einziges auf ihnen wächst und sich in der Trockenzeit schokoladenbraun zeigt.

 Malapascua – Trauminsel nördlich von Cebu, gerade mal 3 km lang und 1 km breit. Robinsöhnen, die es komfortabel lieben, bietet ein Resort die ideale Unterkunft.

 Borocay – Lange weiße Strände und Unterwasserwelten, wie sie Schnorchler und anspruchsvolle Taucher lieben.

Die beste Reisezeit

Das Klima ist ganzjährig tropisch, also meistens feuchtheiß. In den niederschlagsarmen Monaten – zwischen **Dezember und April** regnet es nur an sehr wenigen Tagen und dann auch nur kurz, aber heftig – lässt sich die Luftfeuchtigkeit noch am besten ertragen. Bei der Reiseplanung sollte unbedingt berücksichtigt werden, dass in der Karwoche und an Ostern viele Gläubige ihre Heimatorte aufsuchen und deswegen Transportmittel und Unterkünfte überfüllt sind.

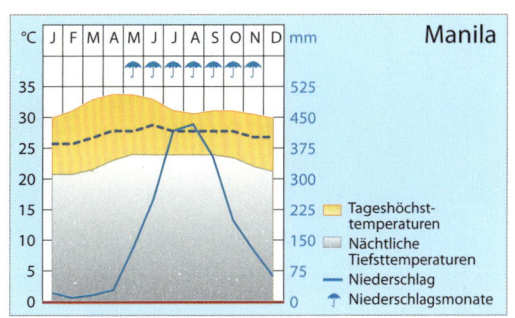

Besondere Tipps

Küche: »Adobo« ist das beliebteste Gericht, eine scharf gewürzte Mischung aus Schwein und Huhn, heruntergespült mit dem Nationaldrink »Tuba«, einem Palmwein.

Festival: Kadaugan Sa Mactan, das Ende April gefeiert wird, erinnert an den siegreichen Kampf gegen Fernando Magellan, der 1521 als Erster die Inselkette für den König von Spanien in Besitz nehmen wollte. Der Häuptling Lapu Lapu verhinderte dies und wird seither als Nationalheld verehrt.

Info: www.wowphilippines.de

← Malerisch: der Vulkan Mayon

← Traumhafte Buchten, oft nur per Boot erreichbar, wie hier auf der Insel Palawan …

← … und die eindrucksvollsten Reisterrassen der Welt gehören zu den Juwelen der Philippinen.

↑ Im Januar feiert man auf Cebu das Sinulog-Fest.

Western Australia – Boomtown, Wüste, Walhaie

Perth, die »isolierteste Millionenstadt der Welt« – hier Australiens Inlandswüste, da der Indische Ozean –, scheint sich quartalsweise neue Hochhäuser zuzulegen. Der Bodenschatzboom im Westen macht's möglich. Dennoch versteht es die Metropole mit dem besten Klima des Kontinents, entspannt wie ein Kurort zu wirken. Und wer mit dem Boot den Swan River hinunterfährt bis zum historischen Hafenstädtchen Fremantle, seinen Museen, Freiluftcafés und Fischrestaurants, steigert diesen Urlaubseffekt noch, zumal das Meer ringsum feinste Strände angelegt hat.

Doch Western Australia ist natürlich mehr, wie die Tour auf dem Indian Ocean Drive nach Norden beispielhaft belegt: Erstes Ziel sind die Pinnacles, bizarre Steinsäulen, die wie Spieße zu Hunderten aus der Küstenwüste ragen. Weiter geht's über Geraldton (Lunch mit fangfrischem Hummer) zum Kalbarri-Nationalpark mit seinen bunten Steinschichten, seinen Adlern, Emus und Kängurus. Nach etwa 350 Kilometern zweigt vom Highway 1, der sich um ganz Australien legt, eine schmale Straße ab zur Shark Bay, wo in der Bucht von Mon-

key Mia fast täglich Delfine zur Fütterung durch die Ranger heranschwimmen. Nicht weit von diesem inzwischen weltweit bekannten Strand wachsen in einer anderen Bucht gut sichtbar unscheinbare winzige Lebewesen, die Wissenschaftler aus aller Welt anlocken: 3,4 Milliarden Jahre alte Stromatoliten.

Fast 700 Kilometer sind es noch bis Exmouth, dem Ausgangspunkt zum Ningalo Reef, einem 250 Kilometer langen Korallengarten. Hier treffen sich zwischen April und Juni zahlreiche Walhaie, die größten Fische der Welt, die sich von den – aus ihrer Sicht – winzigen Schnorchlern und Tauchern nicht stören lassen. Zurück geht es nur auf derselben Route, bis der Highway 1 wieder erreicht ist. Weiter um den Kontinent herum oder zurück in die westaustralische Hauptstadt? Die Entscheidung fällt heute für Perth, mit einem Abstecher, zum Great Northern Highway und nach New Norcia. Australiens einzige Klostersiedlung wurde 1846 von spanischen Benediktinern gegründet, was die überraschende Architektur erklärt. Hier ist man sichtbar dem Himmel nah. Kein Wunder, dass die Europäische Weltraumagentur nahebei eine Bodenstation installierte. Nach 130 Kilometern ist Perth wieder erreicht.

Die Highlights

 Perth ist gesegnet mit dem King's Park, der noch ursprüngliches Buschland birgt. In der Mint werden Münzen geschlagen und man kann sehen, wie Goldbarren gegossen werden.

 Fremantles Schifffahrtsmuseen faszinieren, der Markt (Fr.–So.) und die Cafés am »Capuccino Strip« sind beliebt. Im Hafen starten die Fähren zur autofreien Insel Rottnest.

 Die *Pinnacles* sind das Schaustück des Nambung National Park: Kalksteinsäulen, die bestehen blieben, als Erosion die Erde ringsum abtrug.

 Geraldton – Das Museum erinnert an die »Batavia«, die 1629 vor der Küste sank. Ein Monument gedenkt der Opfer, die 1941 mit dem Kriegsschiff »Sydney« untergingen.

 Der *Kalbarri-Nationalpark* mit seiner Steilküste, Gesteinsschichten in unterschiedlichen Farben und vom Wind ungewöhnlich geformten Felsen. Ranger siedeln Tiere wieder an, die in der Region ausgestorben waren.

 Die *Shark Bay* ist eine von zwei Halbinseln gebildete Doppelbucht mit Nationalpark zu Wasser wie zu Land. Bekannt sind die Delfine von Monkey Mia.

 Exmouth entstand parallel zu Militärcamps am Nordwestkap Australiens. Es dient heute als touristische Basis für die Nationalparks des Ningaloo-Korallenriffs und die Hügel der Cape Range.

Die beste Reisezeit

Die Walhaie versammeln sich jeweils zwischen **April** und **Juni** am Ningalo Reef, dann herrscht im tropischen Norden die Trockenzeit (April–September). Weiter im Süden, in Perth, herbstet es dann, dies aber mit reichlich Sonnenschein und mit Temperaturen, die zumindest im März und April meist noch hochsommerlich sind. Eine Alternative ohne Walhaie ist die Wildblumensaison, die im Juni an der Nordküste beginnt und im November an der Südküste endet.

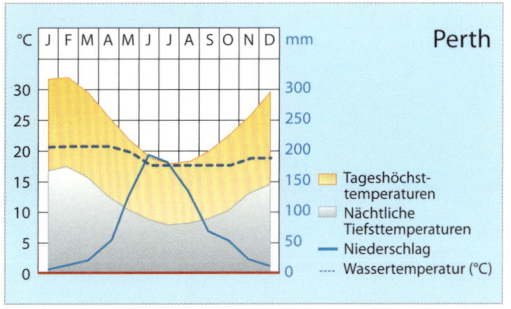

Besondere Tipps

Literatur: »Batavia's Graveyard: The True Story of the Mad Heretic Who Led History's Bloodiest Mutiny« (2003) – Geschichte der Meuterei auf der »Batavia« von 1629 vor Westaustralien.

Ausflug: Rottnest Island ist eine Urlaubsinsel vor Fremantle mit Minikängurus. Die ersten Europäer hielten sie für Ratten, daher der Name.

Souvenir: In der Perth Mint kann man sich blitzschnell Medaillen mit Namenszügen oder anderen individuellen Texten gravieren lassen.

Info: www.westernaustralia.com

← Die eindrucksvolle Skyline von Perth
← Ein Allrad-Camper fährt zwischen den bizarren Pinnacles im Nambung-Nationalpark.
↑ Wilde Delfine an einem Strand von Monkey Mia
↑ Wahlhai am Ningaloo Reef

Sydney, Uluru, Riff – Australien im Dreisprung

Sydney/Rock/Reef – der klassische »Aussie-Dreisprung« für viele, die zum ersten Mal auf den Fünften Kontinent reisen. Keine schlechte Wahl, auch wenn »down under« viel mehr zu bieten hat. Aber die Erfahrung lehrt, dass die meisten, die einmal den langen Flug auf sich genommen haben, wiederkommen. Achtung: Australien kann süchtig machen!

Schon die erste Station, die größte Stadt des Landes, birgt erhebliches Suchtpotenzial. Sydney liegt an einer ausgedehnten Naturbucht, ein wunderbarer Hafen, gesäumt von den Ikonen Opera House und Harbour Bridge (mit Tour über den Stahlbogen), aber auch von Nationalparks. Wildnis mit Skyline-Blick. Kaum jemand verlässt Sydney ohne Hafenrundfahrt oder Touren mit den Fähren. Ausgangspunkt ist der Circular Quay, die touristische Drehscheibe, auf der auch der »Sydney Explorer Bus« seine Rundfahrten zu fast allen Attraktionen starten.

Zu den »Rocks« sind es nur ein paar Schritte. Die älteste Stadt des Landes, 1788 als britische Häftlingskolonie gegründet, hat ihr ältestes Quartier einigermaßen erhalten. Heute sind seine Restaurants bei Sydneysiders wie Touristen geschätzt. Das gilt auch für den Botanischen Garten, das modern wiederbelebte Viertel Darling Harbour und das Queen Victoria Building, einer der schönsten Einkaufstempel der Welt.

Rock, das ist natürlich der Ayers Rock, der Uluru, wie er nun genannt wird. 348 Meter ragt der Inselberg im »Roten Zentrum« aus der Ebene. Er kann bestiegen werden, aber das ist zum einen nicht ganz ungefährlich, zum zweiten sehen es die Aborigines nicht gerne. Für sie ist der Fels eine spirituelle Stätte, einschließlich einiger Höhlen. Viele Nationalpark-Ranger sind Aborigines, die bei Führungen rund um den Uluru (9,4 km) ihr Wissen preisgeben. Ähnlich ist es in Katatjuta, wo sich der aus der Steppe ragende Sandstein in 36 Felsdome aufgeteilt hat – ein faszinierendes Wanderrevier.

Der nächste Luftsprung landet in Cairns, dem Ausgangspunkt zum Great Barrier Reef. Das 2300 km lange Korallenriff ist der größte lebende Organismus der Welt. Eine Vorstellung von diesem Ausmaß erhält man allerdings nur bei einem Flug über die Barriere im Pazifik. Die Bootstouren zu verankerten Touristenplattformen am Riff liefern immerhin einen Schnorchel-Eindruck von der bunten Welt unter Wasser.

Das tropische Cairns hat noch mehr zu bieten. Der klassische Ausflug mit der historischen Eisenbahn hinauf nach Kuranda und die Rückfahrt mit der Gondelbahn über den Regenwald ist eine Empfehlung. Das gilt aber auch für den Daintree Rainforest nördlich der Stadt und für viele schöne Strände in der Umgebung – Achtung vor giftigen Quallen vor der Küste: zuerst Einheimische fragen.

Die beste Reisezeit

Überall auf der Südhalbkugel sind die Jahreszeiten »umgekehrt«: Wenn in Europa Sommer ist, herrscht in Australien Winter. Aber Kontinente haben überdies verschiedene Klimazonen. Da Australiens Norden relativ nahe am Äquator liegt, ist dort das Klima tropisch, etwa am oberen Teil des Great Barrier Reef. Sydney, das eher mediterranes Klima hat, genießt im **März/April** den ausklingenden Sommer und Frühherbst. Am Uluru sind in diesen Monaten die Tage noch sehr warm, aber die Nächte schon etwas kühler.

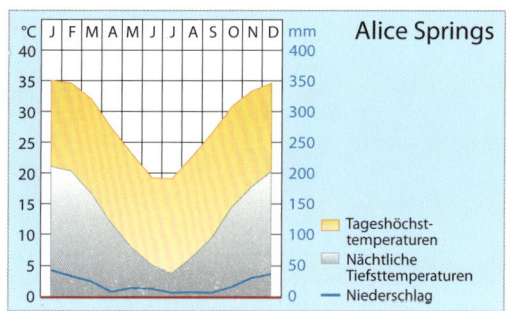

Die Highlights

Sydney Tower, auch *Centrepoint Tower* genannt. Die Aussichtsplattform in 251 m Höhe bietet den besten Überblick vom Pazifik bis zu den Blue Mountains.

Bondi Beach, der bekannteste unter den – je nach Zählweise bis zu – 170 Stränden in Sydney. Die schönste Anreise bietet *Manly Beach* mit der Fähre.

Blue Mountains, Bergkette im Westen Sydneys, beliebtes Ausflugsziel, aber teilweise auch noch echte Busch-Wildnis.

Alice Springs, oft Startort für *Uluru-Touren*. Mit Besucher-Station der »Royal Flying Doctors«, die Menschen im Outback per Flugzeug versorgen.

Kings Canyon ist eine Schlucht mit bis zu 300 m hohen Steilwänden. Der *Mereenie Loop* verbindet den Canyon mit Uluru und Alice Springs (Allradwagen).

Tjapukai Aboriginal Cultural Park bei *Cairns*, gutes Aboriginal-Programm mit Tänzen, Zeremonien und Boomerang-Wurf für Gäste. Auch die Kuranda Railway und den Daintree Forest sollte man nicht versäumen.

Lizard Island, Luxus-Insel-Hotel am *Great Barrier Reef*, gilt als eines der besten der Welt. 60 Minuten Flug über das Great Barrier Reef.

Besondere Tipps

Literatur: Bruce Chatwin: »Traumpfade«. Umstrittener Kultroman zur Kultur der Aborigines in Australien.
Verkehr: Im Outback werden Waren aller Art in »Road Trains« transportiert, in bis zu 53 m langen Lkw-Kombinationen, die bis zu vier Anhänger haben. Begegnet man den Giganten im Busch, rührt man sich besser nicht vom Fleck, bis sich der Staub gelegt hat.
Souvenir: Bierdosen-Kühler aus Schaumstoff mit Pub-Aufdruck, billig und leicht für den Rückflug sind ein typisches Outback-Accessoire.
Info: www.australia.com/de

← Die Oper und die Harbour Bridge von Sydney wurden zu Symbolen für ganz Australien.
← Auch ein Nationalsymbol: der Uluru
← Aborigine-Junge mit Ritual-Bemalung
↑ Fischschwarm am Great Barrier Reef

Sylt – Brandung, Dünen und Champagnerlaune

Inseln sind wie schwimmende Träume. Für ganz viele Norddeutsche, speziell für Hamburger, gibt es seit Generationen keinen schöneren als ihr Refugium vor der nordfriesischen Küste. Wenn es um Sylt geht, bekommen die Stammgäste, die ihr Lieblingsziel meist nur »die Insel« nennen, leuchtende Augen. Nüchternen Kaufleuten und erst recht den Dichtern vieler Epochen schwimmen die Metaphern dahin, und selbst Nobelpreisträgern galoppiert auf Sylt der Pegasus davon: »An diesem erschütternden Meer habe ich tief gelebt …«, seufzte einst Thomas Mann. Es geht um knapp 100 Quadratkilometer Dünen, Heide und Sandstrand, nach Westen von der Nordsee, nach Osten vom Wattenmeer begrenzt.

Sylt von Nord nach Süd, ein 38,5 Kilometer langer und maximal zwölf Kilometer breiter Streifen. Und doch liegen gleich mehrere Welten zwischen den Fischbuden am Hafen von List und dem »Rostigen Anker« im Blanken Tälchen im tiefen Süden bei Hörnum. Nicht einmal überall flach wie ein Brett ist die Insel. Die Uwe-Düne zum Beispiel bringt es immerhin auf 52,50 Meter Höhe. Das noch viel berühmtere Rote Kliff hingegen ist zwar nicht einmal 30 Meter hoch, aber dafür vier Kilometer lang.

Und auch der Promifaktor ist ganz unterschiedlich verteilt: in Kampen extrem hoch, auch in Rantum und sogar im ruhigen Munkmarsch trifft man in den entsprechenden Lokalen jene, die sich gern zur Bussi-Bussi-Gesellschaft zählen lassen. Westerland hingegen, das stets vom Verkehrsinfarkt bedrohte Hauptstädtchen, beherbergt eher biederes Publikum. Die wahren Kenner und Liebhaber zieht es ohnehin in Orte, in denen die Kirche sprichwörtlich im Dorf geblieben ist, nach Keitum, nach Hörnum oder in die beschaulichen Wattendörfer im Osten.

An Geologie Interessierte werden gern am Morsum-Kliff die Erdgeschichte studieren, Birdwatcher die artenreiche Vogelwelt am Rantum-Becken beobachten. Naturliebhaber zieht es in die Braderuper Heide, im Sommer ein Blütenmeer. Romantiker genießen den Sonnenuntergang am Roten Kliff. Und wer unbedingt etwas vom Glamour der Reichen und Schönen mitbekommen will, setzt sich halt ins »Go-Gärtchen«, seit 60 Jahren eine Institution in Kampen, oder besucht die »Sansibar«, Herbert Secklers inzwischen auch schon legendäre »Hütte« in den Dünen von Rantum.

Die Highlights

Hindenburgdamm – Ohne den Eisenbahndamm, der am 1. Juni 1927 von Reichspräsident von Hindenburg eingeweiht wurde, wäre die touristische Entwicklung der Insel kaum möglich gewesen.

Die *Schutzstation Wattenmeer* in Hörnum erklärt anschaulich Rhythmus und Lebenswelten von Meer und Watt. Das Infozentrum veranstaltet auch Wattwanderungen.

»Naturgewalten« heißt das familienfreundliche Erlebniszentrum in List – spannend, lehrreich und mit gutbürgerlicher Küche im angeschlossenen Restaurant.

Kampen – Vor allem die Natur in der Umgebung zog schon früh Künstler aller Richtungen an, zuerst Maler, später Literaten, noch später folgten dann die Prominenten.

Ellenbogen – Nördlichster Punkt der Insel; die Straße bis zum Leuchtturm von List ist mautpflichtig, die Halbinsel selbst ein Vogelschutzgebiet.

Hörnum Odde – ein lohnendes Wanderrevier; einmal um die Südspitze der Insel laufen – stets den besonders schönen Leuchtturm von 1907 im Blick – dauert etwa anderthalb Stunden.

Rotes Kliff – Auf dem steilen Kliff baut sich die Uwe-Düne auf. Eine Treppe führt auf den Berg, der den schönsten Panoramablick der Insel bietet.

Die beste Reisezeit

Im *Juni* und in der ersten Septemberhälfte sind Hotels und Strände nicht so überlaufen wie in der Zeit der Schulferien. Dann herrschen auch ideale Temperaturen für Wanderungen und Radtouren. Das Meeresklima (Reizklima) regt den Stoffwechsel an, mit der Folge, dass sich viele Besucher, vor allem aus dem Binnenland, in den ersten Urlaubstagen müde fühlen – und ständig Hunger haben. Nicht jeder verträgt dieses Klima, im Zweifel vorher den Arzt fragen.

Besondere Tipps

Kulturgenuss: In der schönen alten Kirche von Keitum finden ganzjährig mittwochabends Orgelkonzerte statt.

Gemütlich essen: Im Gasthof »Zur Eiche« im Rantumer Ortsteil Tinnum treffen sich Insulaner und ihre Gäste bei bodenständiger Küche in urigem Ambiente.

Tierpark: Die Gehege Tinnums beherbergen über 300 Tiere aus aller Welt; der liebenswerte Streichelzoo bietet vor allem Kindern viele Anregungen, nicht zuletzt dank seines großen Spielplatzes.

Info: www.sylt.de

← So lieben Syltfans ihre Insel: sanfte Brandung, schöner Strand und grasbewachsene Dünen, darüber der weite, leicht bewölkte Himmel.

↑ Spaß für die Kleinen verspricht eine Piratenfahrt.

↑ Noble Karossen vor einer exquisiten Boutique in Kampen

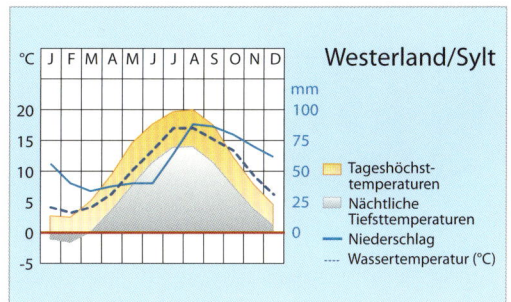

Fjord-Abenteuer mit dem Postschiff

Zweimal im Jahr leuchtet der Norden auf geradezu magische Weise. Zum einen im Winter, wenn das Polarlicht die Dunkelheit bricht. Grün, gelb, rot, blauviolett fluoreszieren da die elektrisch geladenen Teilchen: Elektronen, Protonen und Sauerstoffionen. Von Göttern und Geistern erzählen dann auch die Reiseleiter, vom Herdfeuer der Unsterblichen, von Walküren, die einst über den Himmel ritten, um würdige Helden für Wotans Tafel zu suchen …

Ein ganz anderer, aber auch unwiderstehlicher Zauber geht von den weißen Nächten im Sommer aus, wenn die Sonne nicht mehr untergehen mag.

Je näher die Dampfer der berühmten Hurtigruten dem Nordkap kommen, desto länger stehen die Reisenden bis in die Nacht an Deck und schauen gebannt auf die Küste. Es ist die Zeit der Trolle, der Kobolde des Nordens. Und es ist die Zeit, alle Facetten dieses wildschönen Landes zu entdecken.

Sie werden noch immer gern Postschiffe genannt, weil sie einst die Briefzustellung zwischen Trondheim und Hammerfest von drei Wochen und im Winter gar von drei Monaten auf ein paar Tage reduzierten. Aber die Post hat sich längst andere Wege, schnellere, gesucht. Doch noch immer bringen die Hurtigdampfer Ladung in so winzige Häfen wie Brønnøysund, Finnsnes oder Kjøllefjord.

Viel Zeit an Land bleibt nicht, selten mehr als drei Stunden. Ladung löschen, Ladung aufnehmen, Passagiere ein- und aussteigen lassen, das geht alles ziemlich flott, hurtig halt. Und wer so reizvolle Städte wie Tromsø oder Ålesund nicht verpassen will, muss hin- und zurückfahren. Dann erlebt er jene Häfen, die auf dem einen Weg tagsüber angesteuert werden, auf der Rückreise in der Nacht – aber die ist ja von Mitte Juni bis Mitte Juli fast genauso hell wie der Tag.

Norwegen ist auch als Wanderparadies bekannt. Und es ist, neben der Schweiz, Europas Lieblingsziel für Eisenbahnfreunde aus aller Welt. Sie durchmessen das Land komfortabel und genießerisch zum Beispiel mit der Bergenbahn. Sieben Stunden dauert diese Fahrt, es sei denn, man unterbricht sie in Myrdal, um mit der Flåmbahn auf der spektakulärsten Strecke Skandinaviens zum Sognefjord zu schaukeln. Und dann wären da noch die Raumabahn, die Dovrebahn und andere feine Züge …

Die beste Reisezeit

Der kurze Sommer – Mitte Juni bis Mitte August – ist geprägt von sonnigen Tagen, hellen Nächten und nicht selten, vor allem an der Südwestküste, auch von Regen. Außerdem von vollen Zügen, Museen und Restaurants. Auch die Hurtigruten sind in dieser Zeit gut gebucht (oft schon ein Jahr im Voraus!). Ideal sind die letzten Sommerwochen: Schon **Ende August** zieht das Land sein Herbstkleid an, das sich mit dem des Indian Summer in Neuengland durchaus messen kann.

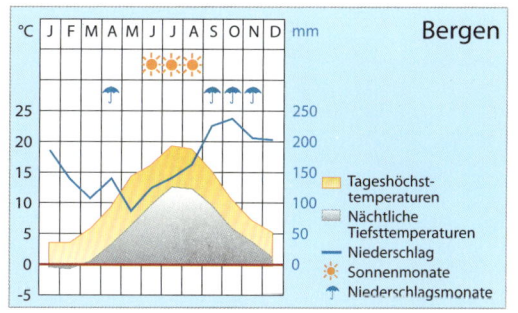

Die Highlights

Bryggen – In die Holzhäuser am Hafen von Bergen, einst Lager- und Wohnquartiere deutscher Kaufleute, ist buntes Leben eingezogen: Restaurants, anspruchsvolle Geschäfte und direkt daneben ein Markt, auf dem frische Meeresfrüchte angeboten werden.

Bergenbahn – Bahnbrechend im wahrsten Sinne des Wortes war die 500 km lange Route zwischen Oslo und Bergen, als sie 1909 eingeweiht wurde. Sie überquert das Hardangervidda, Europas größte Hochebene, und bietet beste Aussichten.

Flåmbahn – Die weltweit steilste Eisenbahnstrecke auf Normalspur – 20 km von Myrdal (886 m Höhe) zum Dörfchen Flåm am Sognefjord – auf null!

Trondheim – Für Nordlandpilger auf dem Olavsweg ist der Nidaros-Dom das Ziel, Norwegens nationales Heiligtum. Für alle anderen die lebhafte Szene in der Altstadt.

Lofoten – Norwegisches Sommermärchen: bizarre Berge, bunte Häuschen an Häfen und auf Felsen. Wer in Rorbuer übernachtet, kommt der Natur am nächsten.

Nordkap – Unbedingt das Infozentrum in der Nordkaphalle besuchen.

Kirkenes – Die Stadt, 10 km von der russischen Grenze, ist Wendepunkt der Hurtigschiffe.

Besondere Tipps

Souvenir: Strickwaren im Norwegerstil kauft man gut in Kunstgewerbeläden (Husfliden genannt) – zum Beispiel im Hinterhof der Bryggenhäuser in Bergen.
Kultur: Das Grieg-Haus bei Bergen ist das ehemalige Wohnhaus des Komponisten, heute ein liebenswertes Museum mit kleiner Konzerthalle.
Küche: In Norwegen wird bodenständig gegessen, viel Fisch (Lachs!), Fleisch vom Rentier und vom Elch. Wer tapfer ist, probiert den Braunkäse aus Ziegenmolke.
Info: www.visitnorway.de

← Die Felsen der Lofoten sind eine Herausforderung für wagemutige Kletterer.
← Durch die Inseln und Schären steuern die erfahrenen Kapitäne der Hurtigruten ihre Schiffe.
← Das Nordkap mit seiner Weltkugel auf der Felsnase
↑ Das Polarlicht bezaubert alle Nordlandfahrer.

Bornholm – Kindersommer auf der Märcheninsel

Wer vor 30 Jahren zuletzt auf dieser kleinen Ostseeinsel war, die näher an Schweden liegt als am Mutterland Dänemark, wird keine Mühe haben, sich zurechtzufinden: Alles – fast alles – bleibt auf dem Granitfelsen voller kleiner Wunder verlässlich, wie es immer war: die bunten Häuser in den Gassen der Bilderbuchstädtchen an der Ostküste, der Kuchen in den Dorfbäckereien, der Inselkobold Krølle-Bølle, der Eisbuden ziert und in der Inselzeitung auf der Titelseite das Wetter voraussagt. Die Touren zu Keramikern und Malern, zu Bildhauern und Glasbläsern, die auf ihren »hyggeligen«, das heißt gemütlichen Höfen werkeln, die Konzerte in den Rundkirchen. Die Radtouren auf den Trassen der ehemaligen Kleinbahn, von denen aus die Segelboote plötzlich über den Wiesen zu schweben scheinen, wo »das Meer zur zweiten Landschaft wird, es liegt tief unter den Hügeln«, wie der Dichter Hans Henny Jahnn gesagt hat, der hier im Exil lebte.

Ein paar Änderungen wird man aber doch in Kauf nehmen müssen: Die Heringe, frisch aus der Hand gegessen vor den weiß geschlämmten Räuchereien, sie kommen kaum noch aus den Gewässern vor der Haustür. Die sind weitgehend leer gefischt. Und im nach wie vor kuscheligen Hauptstädtchen Rönne gibt es nun sogar McDonald's. An der Südküste hat sich, sozusagen zum Ausgleich, ein Feinschmeckerrestaurant, das »Kadeau«, etabliert. Und das erste große Wellness-Spa (im Hotel »Griffen« zu Rönne) erfreut sich munteren Zuspruchs.

Noch mehr Neumodisches? Nicht, dass ich wüsste … Die alte Pferdestraßenbahn zuckelt samstags wie eh und je durch Svanekes Gassen. Am langen Strand von Dueodde, einem der feinsandigsten und schönsten in ganz Europa, staunen die Premierenurlauber immer noch, wie viel Platz hier jeder hat, sogar in der Hochsaison.

Bornholm hat es geschafft, bei sich zu bleiben, die Massen außen vor zu lassen, die Ferienhausfamilien und die Urlauber in den vorwiegend kleineren Pensionen jeweils nach ihrer Fasson selig werden zu lassen. Die Insel bietet ein abwechslungsreiches Programm in Kirchen und Museen, das der vielgestaltigen Natur und den unterschiedlichen Neigungen der Urlauber entspricht. Kein Wunder, dass aus staunenden Neubornholmern häufig Stammgäste werden.

Die Highlights

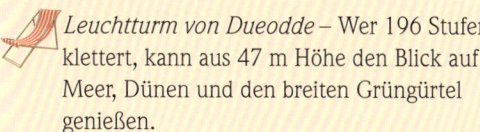

Leuchtturm von Dueodde – Wer 196 Stufen klettert, kann aus 47 m Höhe den Blick auf Meer, Dünen und den breiten Grüngürtel genießen.

Rundkirchen – Die vier stammen aus dem Mittelalter und sind Symbole der Insel. Die Österlarskirke im Osten ist die größte, die Nykirke im Süden die kleinste, die Olskirke im Norden hat einen besonders schönen Taufstein und die Nylarskirke im Inselinnern die beste Akustik.

Rønne – Wie Küken um die Glucke scharen sich die Häuser in der Altstadt um die »Hauptstadtkirche« Sct. Nicolai. Das kleinste Haus: Vimmelskaftet 11.

Svaneke – Vielen gilt das östlichste Städtchen Dänemarks als schönstes der Insel. Im Mittelpunkt: der Hafen und der Marktplatz mit kleiner Bonbonmanufaktur, Glasbläserei und urigem Brauereilokal.

»NaturBornholm« heißt ein spannendes Museum im Herzen der Insel: ein lehrreiches Erlebniszentrum, geleitet von Biologen und Botanikern.

Hammershus – Einst Machtzentrum von Erzbischöfen, Königen und Lübecker Handelsherren, heute Skandinaviens größte Burgruine.

Helligdommen Kunstmuseum – Nordische Kunst, vorwiegend von Bornholmer Kreativen, zeigt dieses Haus an der nördlichen Ostküste.

Die beste Reisezeit

Die Kenner schwören eigentlich auf die Vorsaison, wenn sich die Insel in leuchtendem Rapsgelb und frischem Grün zeigt. Aber wer auf Schulferien angewiesen ist, muss in der Hochsaison weder Massen noch Hitze fürchten, nur hohe Preise für Ferienhäuser und Fährfahrten. Die Tagestemperaturen im *Juli/August* liegen um die 21/22 °C, Wind ist die Regel. Auf höhere Wassertemperaturen als 17 bis 19 °C darf man auch im Hochsommer nicht hoffen.

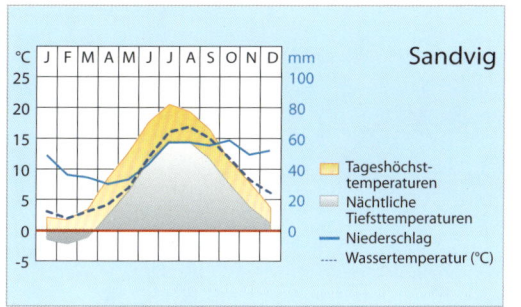

Besondere Tipps

Christiansø und Frederiksø: zwei Inselchen östlich von Bornholm, ein oder zwei Stunden mit dem Schiff entfernt. Die Insulaner sind stolz auf ihre Autonomie und ihre fröhlich-eigenwilligen Marotten.

Aarsdale: Hafendorf bei Nexø mit »arbeitender« Windmühle und gleich drei guten Räuchereien.

Literatur: Die Bücher von Martin Andersen Nexö, etwa »Pelle der Eroberer« (verfilmt), handeln vom früheren harten Leben der Fischer und Bauern auf Bornholm.

Info: www.bornholm.info

← Der Strand der Dünen von Dueodde im Süden der Ostseeinsel ist so fein, dass er früher für Sanduhren benutzt wurde.

↑ Niedliche rote Häuser und viel Platz für Kinder – ideal für Familienferien

↑ Frisch geräucherter Hering, eine Spezialität Bornholms

der Süden – Puppenstuben am Golfstrom

Das wahre England liegt in der Provinz. *Countryside* sagen die Briten. Und meinen damit, dass dort alles konservativ, betulich und beschaulich ist. Vor den Bauernhöfen weisen handgeschriebene Tafeln auf »Eier von freilaufenden Hühnern«, »Kartoffeln aus neuer Ernte« und »saftige Äpfel« hin. Die Pferde spielen auf ihrer Koppel, Schafe und Kühe grasen auf sattgrünen Weiden. Und die Menschen tragen Kleidung nach Art des britischen *bad taste*: giftgrüne Trainingsjacken aus Glitzerpolyester zu grauen(vollen) Hosen. Man bleibt ja unter sich. Lebt sein Leben auf dem Land. In Cornwall hat keine Gemeinde mehr als 20 000 Einwohner.

Aber es gibt natürlich auch Grafschaften mit Großstädten wie Bristol, Southampton oder Bournemouth. Und es gibt Bath, eine Thermenstadt wie ein bewohntes Freilichtmuseum mit dem architektonischen Glanzlicht Royal Crescent.

Stonehenge lockt dagegen die Esoterikgemeinden aller Länder an. War es schon vor 5000 Jahren ein energetischer Kultplatz oder ein Observatorium, wie mancher aufgrund der Ausrichtung der Steine meint? Die genaue Nutzung ist bis heute ungeklärt.

Devon hat Städte wie Exeter und Plymouth mit starker Wirtschaftskraft und Industrie. Während die Ortschaften im Dartmoor wie aus einer anderen Welt wirken. Schieferfassaden, Reetdächer, alles ein bisschen windschief, kennzeichnen Weiler mit Namen wie Hexworthy. Einspurige Wege schlängeln sich durch die unwirtliche und zugleich sanfte Moorlandschaft. Und nur zwei größere Straßen kreuzen dieses neblig-kühle Feuchtgebiet. Sie treffen sich bei Two Bridges. Die kleinen Brücken überspannen den West Dart River, der südlich nach Dartmouth fließt und in den Ärmelkanal mündet. Dort, wo der Golfstrom die Heizung ist, die dem Leben an der südenglischen Küste Wärme und Wonne gibt. Dort, wo schroffe Klippen aufragen, wie um Land's End und bei den Bedruthan Steps oder an jener sagenumwobenen Tintagel-Festung von König Artus.

Gleich daneben pfeifen hoch über dem Meer riesige Windräder, vermengen sich mit dem schrillen Geschrei der Möwen, die in kleinen Häfen wie Mousehole um jeden Fischkopf streiten. Dort spürt man: In dieser Region ist eine Gesellschaft zu Hause, die in der Seefahrt Geschichte geschrieben hat.

Die Highlights

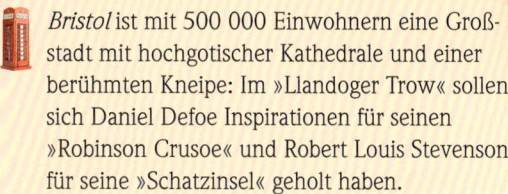

Bristol ist mit 500 000 Einwohnern eine Großstadt mit hochgotischer Kathedrale und einer berühmten Kneipe: Im »Llandoger Trow« sollen sich Daniel Defoe Inspirationen für seinen »Robinson Crusoe« und Robert Louis Stevenson für seine »Schatzinsel« geholt haben.

Bath, seit 1987 UNESCO-Weltkulturerbe, gehört zu den Höhepunkten in Großbritannien. Herausragend sind die klassizistische Reihenhausstraße Royal Crescent, die Abbey und die römischen Bäder.

Stonehenge gehört zu den berühmtesten Kultstätten weltweit. Das Weltkulturerbe wird auf rund 3000 v. Chr. datiert.

Glastonbury – Am letzten Juniwochenende findet jährlich das Glastonbury Festival of Contemporary Performing Arts statt, eines der größten Open-Air-Festivals mit bis zu 200 000 Besuchern.

Bournemouth bietet Englands besten feinsandigen Strand.

Torquay ist vielleicht das berühmteste Seebad, umrahmt von steilen roten Klippen, an die sich schnuckelige Häuschen schmiegen, die von üppigem Grün umgeben sind.

Cornwall mit Land's End und König Artus' Tintagel Castle ist landschaftlich eine der schönsten Gegenden der Insel und Schauplatz fast aller Rosamunde-Pilcher-Romane.

Die beste Reisezeit

Bis Mai ist das Wetter noch unsicher, ab Juli beginnen die großen Sommerferien, und die kilometerlangen Kieselstrände von Sussex, Dorset und auf der Isle of Wight füllen sich genauso wie die kleinen Buchten von Devon und Cornwall. Also erweist sich die goldene Mitte *Juni* als praktischer Reisemonat mit für britische Verhältnisse angenehmen 17 °C Luft-, aber immer noch 13 °C Wassertemperatur. Dafür bietet der Juni mit nur zwölf Regentagen und durchschnittlich sieben Stunden Sonne Jahresbestwerte.

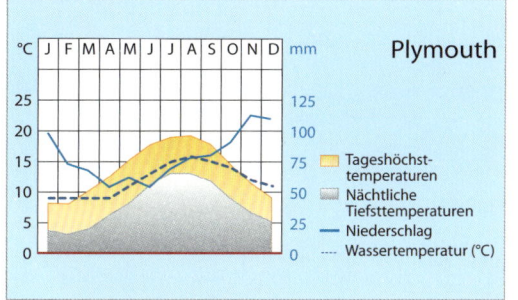

Besondere Tipps

Unbedingt probieren: Pasties, nicht zu verwechseln mit Pastries aus der Konditorei. Die Teigtaschen sind mit Gemüse, Kartoffeln und Rindfleischstückchen gefüllt. Vorteil: kann man ohne Teller und Besteck essen!

Literatur: Ein Rosamunde-Pilcher-Roman und ein Agatha-Christie-Krimi mit Miss Marple vermitteln Romantik- oder Grusellaune, in jedem Fall aber echte Südenglandatmosphäre.

Souvenir: In Craft Shops wird man schnell fündig, wenn man Krimskrams liebt.

Info: www.visitbritain.com

← Blühendes Heidekraut auf den Klippen und ein paar Felsen im Meer – das ist Englands Südwesten!

↑ Cottages am Gold Hill

↑ Ebenfalls typisch für Südengland ist der Fünf-Uhr-Tee mit ein paar leckeren Scones.

Königsburgen und Whisky-Brennereien

Von wegen kleines Karo. Die Schotten lieben die großen Karos, ihre »Tartans«, in möglichst vielen individuellen Farbkombinationen. Sie verarbeiten ihre Schottenmuster vorzugsweise zu Männerröcken, diese Kilts sind nahezu Pflicht für jeden Dudelsack-Spieler. Tartan, Kilt, Bagpipe – nur ein paar Begriffe, die aber zeigen: Schotten geizen nicht mit Wahrzeichen. Eins fehlt noch: der Whisky. Der rauchige Gerstenbrand, der von den Torfmooren der »Highlands & Islands« einen Siegeszug um die Welt antrat.

Für Schotten ist Whisky eine Glaubenssache, und in Edinburghs Pubs findet sich immer jemand, der den Gast in die Geheimnisse des *uisge beatha*, des Lebenswassers einführt. Aber zuvor steht ein Tagesprogramm – die schottische Hauptstadt ist reich an Sehenswertem. Um ganz oben anzufangen: Auf einem Felsen mitten in der Stadt thront Edinburgh Castle, einst Sitz der Könige, heute Heim mehrerer Museen. Und Kulisse für das »Edinburgh Tattoo« im August, ein prächtiges, schnell ausverkauftes Spektakel mit Militär-Bands aus aller Welt. Die Queen residiert nicht mehr im Castle, sondern im Holyrood House am Fuß des Felsen. Beide Paläste sind verbun-

den durch die Royal Mile, die zugleich die touristische Schlagader des »Athen im Norden« ist.

Darf es noch eine Königsburg sein auf der Reise durch die Highlands? Stirling Castle, fast 1000 Jahre alt, war bis Ende des 17. Jh. Sitz der Monarchen, heute ist es ein Kronjuwel der Denkmalschützer von Scottish Heritage und ein Aussichtspunkt weit hinein ins Hochland. Ein Tagestrip von Edinburgh, der sich gut mit dem Besuch einer Whisky-Brennerei verbinden lässt. Wo sich dann das Geheimnis des »Angel's Share«, des Anteils der Engel, klärt. Und ein *wee dram* fehlt auch nicht, ein Gläschen des feinen Destillats. Manchmal gibt's sogar die Königsklasse, Single Malt.

Typisch schottisch ist natürlich auch die Fahrt zu einem Wettbewerb der vielen Highland Games im Sommer und Frühherbst. Starke Männer treten dabei, natürlich im Kilt, gegeneinander an, um beispielsweise Steine zu stemmen, beim Tauziehen in der stärkeren Mannschaft zu stehen oder als Einzelkämpfer ausgewachsene Baumstämme möglichst weit zu stoßen. Alle schottischen Touristikbüros haben Listen zu den Games oder mit den Whisky-Adressen.

Die nobelste Art, Großbritanniens Norden zu erkunden, ist eine Fahrt im Royal Scotsman, ein Luxuszug mit modernisierten historischen Pullman-Waggons. Zwei bis sieben Nächte rollt der Zug mit maximal 36 Passagieren durch die viel gerühmte Landschaft, mit Stopps für Ausflüge. An Bord geht es an jedem zweiten Abend »formal« zu, das heißt in edlem Tuch, also für Herren im Smoking. Aber selbstverständlich wäre ein Kilt eine allseits akzeptierte Alternative.

Die Highlights

 National Museum of Scotland – eine außergewöhnliche Sammlung, die u. a. erklärt, wie das Klonschaf »Dolly« zu seinem Namen kam und wie es sich anfühlt, wenn ein viktorianisches Korsett drückt.

 Mary Queen of Scots Trail – Für alle, die in und um Edinburgh auf den Spuren von Maria Stuart wandeln wollen, hat die Stadt eine Route entwickelt, die auf www.edinburgh.org kostenlos herunter geladen werden kann.

 Forth Bridge – Edinburghs Eisenbahnbrücke über den Firth of Forth ist ein Wahrzeichen der Insel, gut zu fotografieren bei Bootstouren auf der Mündung des Forth River.

 Glasgow – Edinburghs Rivalin, das westschottische Glasgow, ist nur 45 Bahnminuten entfernt. Hauptsehenswürdigkeiten sind die Kathedrale und der Botanische Garten.

 Loch Ness – Der tiefe dunkle See, angeblich »Nessies« Heimat, ist Teil des Caledonian Canal zwischen Nordsee und Atlantik, auf dem kleine Schiffe und Hausboote unterwegs sind.

 Die Fahrt mit dem *Royal Scotsman,* dem luxuriösen Nostalgiezug durch die Highlands, ist ein Muss für alle Eisenbahnfans.

 Highland Games mit Baumstammweitwurf, Steinewuchten, Dudelsackmusik und Tanz finden vielerorts statt. Legendär sind die von Braemar.

Die beste Reisezeit

Im **Sommer** zeigt sich Schottlands Wetter von seiner besten Seite, auch September und Oktober können noch sehr angenehm sein. Aber im Norden der Britischen Inseln sollte man immer ein Pulli und eine Regenjacke im Gepäck haben. Im Sommer und Herbst gehört auf dem Land Mückenspray zur Ausrüstung, die *Midgets* können lästig werden. Der Winter und das feuchte Frühjahr sind für Hardcore-Fans – ausgenommen Hogmanay, die letzte Nacht des Jahres, die z. B. in Edinburgh mit großen Feuern zelebriert wird.

Besondere Tipps

Literatur: Theodor Fontane: »Jenseit des Tweed«. Der 1860 erschienene Bericht über des Dichters Schottland-Tour ist ein Klassiker der Reiseliteratur.

Küche: Eine Warnung: Schottlands Nationalgericht, der »Haggis«, ist nicht jedermanns Sache – Schafsmagen, gefüllt mit Innereien, Hafermehl und Nierenfett, ein Verwandter des pfälzischen Saumagens.

Souvenir: Natürlich Whisky, und zwar Single Malt einer Marke, die in Deutschland nicht in jedem Regal steht.

Info: http://international.visitscotland.com/de

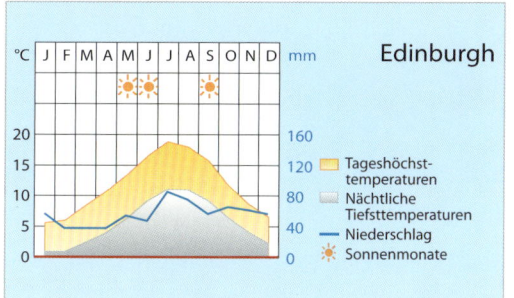

← Stattlicher Tambourmajor einer Dudelsack-Band bei den Highland Games in Birnam

↑ Der berühmte See Loch Ness: Ist das Ungeheuer »Nessie« abgetaucht?

Provence – Lavendelland am Mittelmeer

Lavendel ist ein blau blühender aromatisch duftender Lippenblütler und ein Symbol für die Provence im Süden Frankreichs. Kein Wunder, nur wenige Pflanzen vereinen gleichermaßen Schönheit und Nutzen, etwa als Heilkraut, Grundstoff für Duftwasser, Nahrung für Honigbienen oder als Gewürz und Teil der beliebten Mischung »Herbes de Provence«. Überdies mauserte sich die Blüte der Lavendelfelder zu einer veritablen Touristenattraktion.

Dabei ist diese von Fruchtbarkeit gesegnete Landschaft ohnehin nicht arm an Attraktionen, seien es Werke der Natur wie die Verdon-Schluchten oder die Camargue mit ihren rosa Flamingos, weißen Pferden und schwarzen Stieren.

Die Römer hinterließen große Zeugnisse ihrer Baukunst, etwa in Orange, Arles, Pont-du-Gard oder Nîmes, um nur drei Beispiele zu nennen. Einige Jahrhunderte später machte die Päpste Avignon zu ihrem Sitz. In Les Stes-Maries-de-la-Mer an der Camargue-Küste, ein Marienwallfahrtsort, in dem auch Sara, die Schutzheilige der Gitans, verehrt wird. Deshalb streben alljährlich Hunderte Sinti und Roma in den kleinen Ort.

Schließlich Marseille, Frankreichs zweitgrößte Stadt und wichtigster Hafen. Hier trieben schon die antiken Griechen einen lebhaften Handel. Während der Französischen Revolution zogen Aufständische aus Marseille mit einem Lied durch Paris, das als Marseillaise zur Nationalhymne wurde. Offiziell gehören auch Cannes und Nizza zur Provence, doch die Küstenlandschaft firmiert lieber als Côte d'Azur und bezeichnet ihr bergiges Hinterland als Provence.

Die fruchtbaren Böden der Provence eignen sich besonders gut zum Obst- und Gemüseanbau, Produkte, die in der eher einfachen, aber schmackhaften Küche verwendet werden. Das provenzalische Nationalgericht Ratatouille, ein Gemüsegericht im Schmortopf, ist ein gutes Beispiel. Selbst die heute meist recht teure Bouillabaisse, eine Gemüsesuppe mit getrennten Fisch- und Krustentier-Beilagen, war einst ein einfaches Gericht in Marseille. Keine Bouillabaisse ohne Rouille, eine scharfe Knoblauch-Mayonnaise. Dazu passt ein weißer Côtes du Provence, während das Kräuterlamm der Region ein kräftiger roter Châteauneuf-du-Pape ideal ergänzt.

Die Highlights

 Orange gilt dank seines römischen Portals als das »schönste Tor zur Provence« und das römische Amphitheater als eines der besterhaltenen im einstigen Imperium Romanum.

 Avignon, die »Stadt der Päpste«, wird dominiert vom mittelalterlichen Palast der Kirchenfürsten. Im Juli findet hier das Kulturfestival statt.

 Sénanque – Die 1148 gegründete Zisterzienserabtei im gleichnamigen Tal verdankt ihre Popularität auch dem viel fotografierten Lavendelfeld vor der Fassade.

 Aix-en-Provence – Die Kathedrale erlaubt dank vieler Umbauten einen Gang durch die Architekturgeschichte. Der Flanierboulevard Cours Mirabeau ist seit 1649 die schönste Straße der Stadt.

 Schlucht von Verdon, ein bis zu 700 m tiefes, gut 20 km langes Tal mit steilen bewaldeten Flanken. An der Ringstraße um Frankreichs »Grand Canyon« liegen mehrere Aussichtspunkte.

 Marseille – Notre Dame de la Garde bietet einen Prachtblick auf Stadt und Hafen. Die Canebière ist die Flaniermeile der Mittelmeermetropole, der Alte Hafen ein beliebter Treffpunkt am Meer.

 Pont-du-Gard – Die dreistöckige Aquädukt-Brücke aus 52 Bögen ist eines der berühmtesten römischen Bauwerke in Frankreich und UNESCO-Weltkulturerbe.

Die beste Reisezeit

Mitte Juni bis Mitte August blüht – je nach Region – der Lavendel in der Provence. Touristisch gesehen ist das nicht die beste Reisezeit, denn zum einen kann es, vor allem im Juli und August, sehr heiß werden, zum anderen teilt man sich in der Hochsaison alle Sehenswürdigkeiten mit Tausenden anderer Touristen. Wer am Lavendel weniger interessiert ist, sollte Mai, September oder Oktober als Reisezeit erwägen. Im Herbst steigen allerdings die Regenmengen.

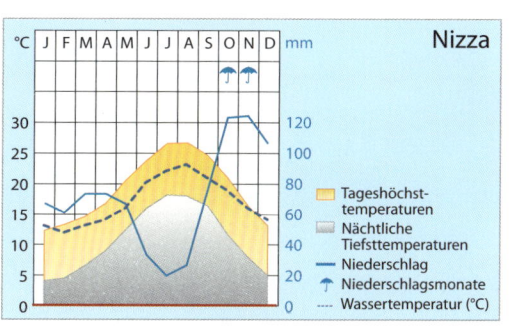

Besondere Tipps

Literatur: »Toujours Provence« von Peter Mayle. Der britische Bestsellerautor lebte in der Provence.

Küche: Die »Callisons« sind eine süße Spezialität aus Aix-en-Provence. Das Gebäck enthält Mandeln sowie kandierte Orangen und Melonen.

Souvenir: Die Fayencen aus dem hübschen Bergdorf Moustiers Ste Marie am Eingang zu den Schluchten von Verdon sind über Frankreich hinaus bekannt.

Info: www.decouverte-paca.fr/de/provence.html

← Wogendes Lila: Lavendelblüte vor der Zisterzienser-Abtei Sénanque

↑ Das Aquädukt Pont-du-Gard in Gard ist eine Hinterlassenschaft der Römer.

↑ Kulinarischer Stolz in einem Restaurant in St. Jurs

Loiretal – Prächtige Schlösser und feiner Wein

»Einer der wunderbarsten Flüsse der Welt«, schrieb Oscar Wilde. Und der scharfzüngige Spötter meinte es diesmal ernst: Die Loire hatte es ihm angetan. Kein Wunder, reihen sich doch an keinem Strom der Welt so viele Schlösser aneinander. Warum gerade hier? Der Grund ist heute noch zu sehen, vor allem am Unterlauf, wo nicht durch Staustufen reguliert wird. Es war die Schönheit dieser Landschaft, die den französischen Adel mit der Renaissance im 16. Jh. in das Tal lockte. Es war selbstverständlich, sich im neuen Ambiente fürstliche Paläste zu errichten; zeitweise lag das politische und kulturelle Zentrum Frankreichs nicht mehr an der Seine,

sondern an der Loire, da auch die Monarchen umzogen. Als »Loire-Könige« schrieben sie ein eigenes Kapitel in der Geschichte der französischen Krone.

Mehr als 400 Schlösser entstanden damals an der Loire und einigen ihrer Nebenflüsse. Viele der architektonisch und historisch wichtigsten Adelssitze konzentrieren sich auf den Abschnitt zwischen Orleans und Angers. Weshalb die UNESCO das Tal zwischen Sully-sur-Loire und Chalonnes im Jahr 2000 zum Weltkulturerbe erklärte. Amboise, Azay-le-Rideau, Blois, Chambord, Chenonceaux zählen zu den bedeutendsten Adressen. Die Schlösser sind natürlich auch motorisiert anzusteuern, aber nachdem immer mehr Touristen auf Fahrrädern im – naturgemäß einigermaßen steigungsfreien – Tal unterwegs waren, bauten die Franzosen den Loire-Radweg, der auch Abstecher in die Nebentäler einbezieht. Gut 600 Kilometer sind fertig, die Arbeiten gehen zügig voran. Die Piste im Tal der Loire soll Teil eines umfassenderen Projekts werden: Ein Radweg entlang großer Flüsse, der von der Loiremündung am Atlantik über 3600 Kilometer bis zur Donaumündung am Schwarzen Meer reichen soll.

Nicht nur Schlösser säumen den Fluss, auch an Reben und renommierten Lagen mangelt es nicht. Namen wie Pouilly Fumé oder Sancerre belegen es. Die meistangebaute Rebe ist Chenin Blanc. Der Wein daraus passt gut zum etwas kühleren Loiretal. Entlang dem Fluss sind die Weinbauern übrigens überzeugt, dass Sankt Martin höchstpersönlich den Chenin Blanc hierherbrachte. Nur Legende? Das Kloster Marmoutier begann mit dem Weinbau in diesem Teil des Loiretals. Und der Gründer von Marmoutier war der heilige Martin.

Die Highlights

👑 *Schloss Amboise* ließ König Karl VIII. ab 1490 bauen. Franz I. holte 1516 Leonardo da Vinci nach Amboise.

👑 *Azay-le-Rideau*, ein zweiflügeliges Renaissance-Schloss, ist an drei Seiten von Wasser umgeben und in einen Park eingebettet.

👑 *Schloss Blois* diente im 15./16. Jh. für fast 100 Jahre als Residenz der Könige. Die Anlage, die nach den Plünderungen der Revolution als erste restauriert wurde, birgt heute drei Museen.

👑 *Chambord*, das größte und prächtigste Schloss an der Loire, wurde zum Wahrzeichen der Region. Bauherr Franz I. wollte ein Symbol der Macht Frankreichs schaffen.

👑 *Chenonceaux* ist wie eine Brücke über einem Nebenfluss der Loire gebaut. Es gilt als das – nach Versailles – meistbesuchte Schloss Frankreichs mit jährlich etwa einer Million Touristen.

👑 *Orléans* wird von seiner Heiligkreuz-Kathedrale überragt. Viele Besucher empfängt das Haus der Nationalheiligen Jeanne d'Arc, die als Jungfrau von Orléans die Stadt von englischer Belagerung befreite.

👑 *Fontevraud* gilt als Europas größter Klosterkomplex. Er birgt die Gräber Eleonores von Aquitanien, Heinrichs II. von England und von Richard Löwenherz.

Die beste Reisezeit

Die wärmsten Monate an der Loire sind **Juni**, **Juli** und **August**, wobei selbst im August die durchschnittliche Höchsttemperatur unter 30 °C bleibt. Mit Regen muss ganzjährig gerechnet werden, der regenärmste Monat ist der Juli, der regenreichste der Mai. Zur Zeit der Weinernte im Herbst liegen die Temperaturen meist um 20 °C (September) oder darunter (Oktober). Hauptferienmonat der Franzosen ist der August – mit dem größten Andrang in den Schlössern.

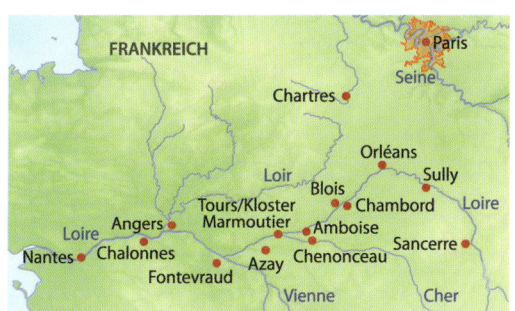

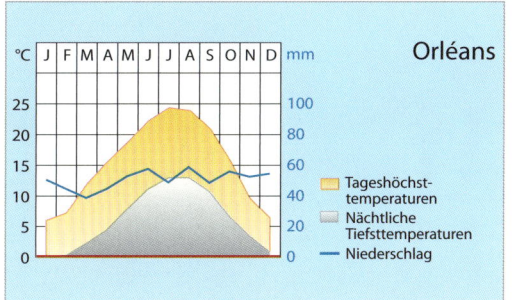

Besondere Tipps

Literatur: »Die Herrinnen der Loire-Schlösser: Königinnen und Mätressen um den Lilienthron« von Sylvia Jurewitz-Freischmidt erzählt faktentreu die Geschichte des Hofes an der Loire.

Ausflug: Nantes am Unterlauf der Loire ist dank Kathedrale und Schloss ein attraktives Ziel. Tipp: »La Cigale« gilt als eines der schönsten Restaurants Frankreichs.

Fototipp: Im Sommer tragen die Fremdenführer in einigen der Schlösser historische Tracht.

Info: www.schlosser-der-loire.com, www.loire-radweg.org, www.vinsvaldeloire.fr/de

← Das Château Chambord ist das größte und prächtigste Schloss an der Loire.
← Das Château Valençay
← Chenoncenaux ist wie eine Brücke gebaut.
↑ Die schön angelegten Gärten von Château Villandry

Der Westen – Wild Coast

Auf dem Weg von Shannon Airport Richtung Westen, wo Ortschaften wie Connemara, Achill und Mullet auf zerklüfteten Ausbuchtungen wild in den Atlantik hineinragen, kommt dem Reisenden Heinrich Bölls »Irisches Tagebuch« zügig entgegen. Die Hafenstadt Galway liegt im Regen, dann reißt der Himmel urplötzlich auf. Lichtverhältnisse, und zwar traumhafte, wechseln hier innerhalb von Sekunden. Wer mit der Kamera nur einen Moment zögert, verliert sein Motiv. Allerdings gibt es davon Unmengen, hinter jeder Ecke. Wer vom irischen Seebad Clifden der Küstenstraße folgt, steht aus diesem Grund eher mehr auf der Bremse als auf dem Gas.

Für Claire, die Wirtin vom »Hoban's« im hübschen Küstenstädtchen Westport, ist deutsches Pils vom Fass einsame Spitze, und Guinness, *the black stuff*, nur dicke Suppe. 53 Kneipen gebe es hier für 4500 Einwohner, sagt sie. Nördlich von Westport malt das Dubliner Großstadtgewächs Jimmy Lawlor, was der Künstler »The Irish Feel« nennt, irische Landschaftsmelancholie vermischt mit surrealem Touch.

Anderthalb Fahrstunden nordwestlich biegt hinter der Brücke, die Achill Island mit dem Festland verbindet, der legendäre Atlantic Drive ab. Das folgende Szenario könnte dem Fahrer leicht ins Lenkrad greifen: Zerklüftete Steilwände und himmelwärts strebende Felssäulen stehen, umspült von grünlich-brodelnden Strudeln und weißtosender Brandung, im Stahlblau der See. Ein einsamer Fischtrawler dort draußen und blökende Schafe auf sattgrünen Wiesen.

Um die nächste Kurve erinnert die Achill Life Boat Station, welche Dramen sich draußen abspielen können, wenn der Himmel nicht blau, sondern schwarz ist. Böll schreibt: »An diesem Punkt der Küste, dessen Schönheit weh tut, weil man an sonnigen Tagen dreißig, vierzig Kilometer weit blicken kann, ohne eines Menschen Haus zu sehen: nur Bläue, Inseln, die nicht wahr sind, und die See.« Touristen, so der Autor, würden die kurvige Fahrt an sonnigen Tagen mit einem Schaudern genießen: Eine Unachtsamkeit auf der schmalen Fahrstraße, und das Auto erleide Schiffbruch an den Klippen tief unten, wo manches Schiff schon zerschellt sei.

Die Orte heißen hier draußen Polrunni, Dooega oder Geesala. In Doogort, zu Füßen des Slieve More (700 Meter), der wie ein Vulkankegel aus der schäumenden See sticht, wohnt Böll heute irgendwie noch. Nicht wirklich, natürlich, aber sein Geist schwebt ganz sicher über seinem reetgedeckten Cottage auf Achill Island, das durch die Heinrich-Böll-Stiftung in Köln an junge Künstler auf Zeit vermittelt wird. Bei wem sich in dieser wildschönen Umgebung die Inspiration dennoch nicht einstellen mag, dem ist nicht mehr zu helfen.

Die Highlights

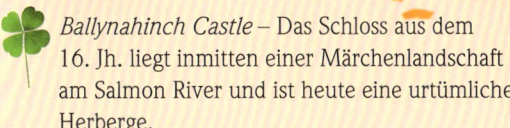

Ballynahinch Castle – Das Schloss aus dem 16. Jh. liegt inmitten einer Märchenlandschaft am Salmon River und ist heute eine urtümliche Herberge.

Kylemore Abbey – Das Benediktinerkloster am Kylemore Lake, Connemara, beeindruckt mit antikem Interieur, Bildergalerien sowie dem kunstvollen Victorian Walled Garden.

Im *Connemara National Park* ist der Benbaun mit knapp 1000 m der höchste Gipfel der Twelve Pins.

Clifden – Das entzückend romantische Seebad liegt gleich neben den Twelve Pins und ist Ausgangspunkt für Touren in die Umgebung.

West-Coast-Inseln – Bildschön, aber rau: Inishbofin, Clare Island, Inishturk, Inishmore, Inishmaan, Inisheer und Caher Island warten auf abgehärtete Naturwalker.

Deserted Village – Seine Ruinen erinnern an schwierige Zeiten, die viele Iren zu Auswanderern machten. Das Dorf liegt nur einen Steinwurf von Doogort auf Achill Island entfernt.

Mullet – Wer auf dem Friedhof der Halbinsel, an der Saint-Deribles-Quelle, sitzt und auf die mächtigen Felswände Achills jenseits der Bucht und die vorgelagerten Eilande Duvillaun More, Black Rock und Inishkea blickt, findet nur schwer den Weg nach Hause zurück.

Die beste Reisezeit

Zwischen Mai und September kann man mit dem Wetter Glück haben in Irland, aber Regenschauer und frische Windböen gehen, besonders an der rauen Westküste, fast immer über das Land. Ab *Mitte Mai bis Ende Juni* lässt sich der Wettergott am erfolgreichsten herausfordern, wenn sich Irlands traumhafte Landschaften in ihrer reinsten Erscheinungsform zeigen: weitgehend leer. Wer zu einem späteren Zeitpunkt die Schulferien erwischt, läuft Gefahr, auch hier im stockenden Blech viel Zeit zu vergeuden.

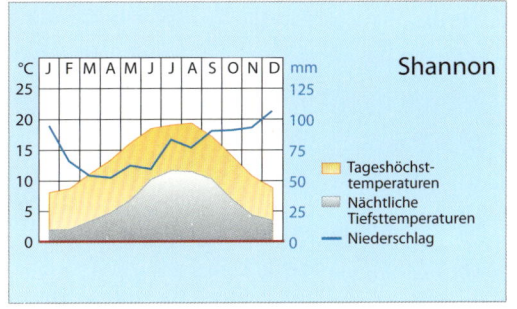

Besondere Tipps

Übernachtung: Empfehlenswert sind Irlands Bed & Breakfast-Herbergen, die bei einem opulenten irischen Frühstück auch noch die besten Reisetipps liefern.
Im Schloss: Ballynahinch Castle, www.ballynahinch-castle.com.
Literatur: Heinrich Bölls »Irisches Tagebuch«.
Für Kunstschaffende: Heinrich-Böll-Cottage im Künstlerprogramm der Heinrich-Böll-Stiftung Köln, www.heinrich-boell.de.
Info: www.irland-ferien.de und www.irland-urlaub.de

← Heinrich Bölls Achill Island in der Provinz Mayo
← O'Neill's Restaurant & The Bull Rock Pub in Allihies auf der Beara Peninsula
← Reiterinnen auf der Küstenstraße Ring of Kerry
↑ Eine der Attraktionen von Connemara ist die Kylemore Abbey am Kylemore Lake.

Stockholm – Helsinki – St. Petersburg

Diese Seeroute haben zahlreiche Kreuzfahrt-Reedereien im Angebot. Sie verbindet drei Ostsee-Metropolen, von denen jede allein schon eine Reise wert ist, von den Åland-Inseln ganz zu schweigen. Dieser Archipel zwischen Schweden und Finnland ist außerhalb Skandinaviens fast noch ein Geheimtipp: etwa 6750 Inseln, von denen 60 bewohnt sind. Es können noch ein paar Eilande mehr werden, denn der Archipel steigt langsam aus der Ostsee – mit etwa sieben Millimeter pro Jahr.

Politisch gehören die Inseln zwar zu Finnland (und damit zur Euro-Zone), sie sind aber weitgehend autonom, etwa im Steuerrecht. Deshalb dürfen auf den Fähren zwischen Ålands Hauptstadt Mariehamn und Finnland oder Schweden zollfreie Waren verkauft werden – was angesichts der hohen Alkoholpreise in Skandinavien nicht unwichtig ist.

Beide Fährreedereien, Tallink Silja und Viking Line, gestalten die etwa 16-stündige Überfahrt zwischen Stockholm und Helsinki zu Minikreuzfahrten mit viel Programm für Kinder und Erwachsene. Tallink Silja hat seine Schiffe entsprechend gestaltet, mit einer Restaurant- und Laden-»Straße«, die sich fast von Bug bis Heck zieht. Touristen werden aber mehr Zeit an Deck verbringen, um die schöne Fahrt durch Stockholms Schärengarten oder die Åland-Inseln zu genießen. Oft scheinen die großen Schiffe nur Zentimeter vom Land entfernt zu sein. Der Stopp in Mariehamn findet zwar nächtens statt, aber im Sommer ist die maritime Szenerie wegen der langen Tage gut zu sehen.

Für die Weiterreise von der finnischen Hauptstadt Helsinki ins russische St. Petersburg gibt es zwei Möglichkeiten: auf einem Fährschiff der St.-Peter-Line oder mit dem Hochgeschwindigkeitszug »Allegro«. Die nächtliche Fährüberfahrt dauert etwa 13 Stunden, bei manchen Abfahrten benötigen EU-Bürger kein Visum, wenn sie sich höchstens 72 Stunden in Russland aufhalten.

Diese Regelung streben auch die Manager des 2010 an den Start gegangenen »Allegro«-Zugs an. Er rauscht mit bis zu 220 Stundenkilometern durch die Wälder und ist nach dreieinhalb Stunden in St. Petersburg. Wer mag, kann über den Ostsee-Trip hinaus in St. Petersburg umsteigen in einen – von Siemens gebauten – Sapsan-Zug, der mit 200 Stundenkilometern unterwegs ist und nach 3:45 Stunden in Moskau ausrollt.

Die Highlights

 Stockholms Altstadt, Gamla Stan, und das benachbarte königliche Schloss sind ein »Muss«, genau wie das Vasa-Museum mit dem Kriegsschiff »Vasa« aus dem 17. Jh.

 Das *Stadshuset*, Stockholms Rathaus, ist ein Klinkerbau von 1923. Beim Rundgang besichtigt man die Räume, in der die Nobelpreisträger feiern.

 In *Mariehamn* erinnert der Viermaster »Pommern« an die Windjammer-Epoche, als auf den Åland-Inseln einer der größten Segelreeder lebte.

 Der *Dom von Helsinki* thront über dem Hafen und symbolisiert den Klassizismus, der die Stadt prägt. In der Alten Markthalle am Hafen sind finnische Spezialitäten erhältlich.

 Savonlinna – Die historische Festung, ein Weltkulturerbe der UNESCO, erstreckt sich über mehrere Inseln vor Helsinki.

 St. Petersburgs wichtigste Sehenswürdigkeiten: Schlossplatz, Isaakskathedrale, Peter-und-Paul-Festung, Eremitage-Museum.

 Peterhof – Das »Versailles« Zar Peters I. mit Wasserspielen und vergoldeten Statuen im Park, 30 km vor St. Petersburg an der Ostsee.

 Der *Katharinenpalast* in Puschkin bei St. Petersburg ist einer der schönsten Zarenbauten. Berühmt sind sein Ballsaal und die Nachbildung des Bernsteinzimmers.

Die beste Reisezeit

Die **Sommermonate** sind die beste Reisezeit für den Ostseeraum, einschließlich St. Petersburg. Allerdings kann im Hochsommer die russische Inlandshitze auch bis an den Finnischen Meerbusen vordringen. Im Juli und August steigen von Stockholm bis St. Petersburg auch die Regenmengen, oft durch Sommergewitter. Trockener und nur wenig kühler ist der Juni, der überdies vor der Hauptreisezeit liegt. Ausnahme: die Mittsommernacht um den 21. Juni in Schweden.

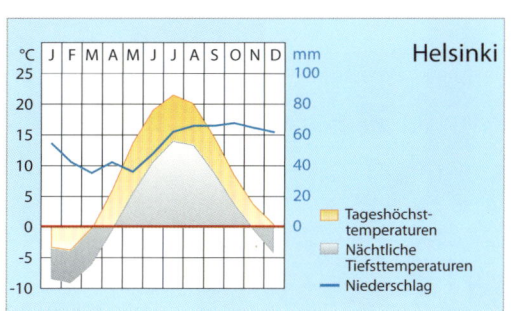

Besondere Tipps

Literatur: Die »Millennium«-Trilogie von Stieg Larssen passt zu Stockholm. Dort gibt es spezielle Stadtrundgänge für Fans des Autors.

Einkaufen: Finnisches Design ist ein Welterfolg. In Helsinki hat sich um das Design Forum (Erottajankatu 7) ein attraktives Boutiquenviertel entwickelt.

Kulinarisches: St. Petersburgs Restaurants eignen sich für einen Streifzug durch die Küche der einstigen Sowjetunion.

Info: http://beta.stockholmtown.com, www.visitaland.com, www.petersburg.aktuell.ru

← Das historische Zentrum von Stockholm im Abendrot
← Vasa-Museum in Stockholm
← Helsinkis Hafen mit der imposanten Kathedrale
↑ Die hübschen Türme des Katharinenpalasts in Puschkin

Transsib – Die Eisenbahn der Superlative

Mit der Transsib von Moskau nach Wladiwostok zum Nulltarif. Gibt's nicht? Doch, gibt es! Google Russland hat die Strecke im Netz, in Echtzeit. Sechs Tage insgesamt ist man unterwegs, wie mit der richtigen Transsib, der Transsibirischen Eisenbahn. Google erweist einer russischen Ikone seine Reverenz. Die Fahrt von der Moskwa an den Pazifik ist eine der großen Eisenbahnreisen, egal, ob man in der Standardversion ohne touristische Stopps unterwegs ist oder in der noblen »Zarengold«-Variante, die einer Kreuzfahrt auf Schienen gleicht, in modernen Kabinen oder in Nostalgiewaggons, mit denen einst die Sowjetelite unterwegs war. Auch der Speisewagen ist im Stil der guten alten Zeit gehalten – ein passendes Ambiente, wenn der eine oder andere Reiseveranstalter seine Gäste zu Wodka und Kaviar einlädt.

9288 Kilometer misst die längste durchgehende Eisenbahnverbindung der Welt. 1891 begann ihr Bau, 1916 vollendete eine Brücke über den Amur die Strecke. Er ist einer von 16 großen Flüssen und Strömen, die von der Eisenbahn überquert werden, darunter Wolga, Jenissei und Ussuri sowie die kreuzworträtsel-notorischen Ob und Oka. 2002 war die Verbindung durchgehend elektrifiziert. Abschnittsweise verlaufen einige Alternativrouten, die wichtigste ist die Baikal-Amur-Magistrale. Überdies gibt es eine Reihe von Abzweigungen, die unter anderem nach China, Nordkorea und in die Mongolei führen. Neben den transkontinentalen Zügen sind einige nur auf Teilabschnitten unterwegs.

Zwei Kontinente, sieben Zeitzonen, 87 Städte, das sind die Eckdaten dieser Bahnlinie. Die normalen Züge halten jeweils nur zum Ein- oder Aussteigen, aber touristische Sonderzüge wie der »Zarengold« fahren in interessanten Stationen aufs Abstellgleis, damit die Passagiere Zeit haben für organisierte Ausflüge oder für Erkundungen auf eigene Faust. Jaroslaw, eine Stadt im Goldenen Ring rings um Moskau, ist der erste Stopp. Es folgen etwa Jekaterinburg, Novosibirsk, Krasnojarsk, Irkutsk und schließlich Wladiwostok, die ferne Stadt irgendwo hinter dem Horizont. Nicht zu vergessen der Startort aller Transsib-Fahrten, Russlands Hauptstadt Moskau, so reich an Sehenswürdigkeiten, dass man glatt die Abfahrt des Zuges verpassen könnte.

Die Highlights

 Moskaus Hauptattraktionen sind der Rote Platz mit Basilius-Kathedrale, Kreml, Lenin-Mausoleum, Historischem Museum und Ex-Kaufhaus GUM, das heute als Shopping Center dient.

 Jaroslaw, 1000 Jahre alt und an der Wolga gelegen, ist UNESCO-Kulturerbe und reich an Kirchen und Klöstern, das bekannteste das Christi-Verklärungs-Kloster.

 Die *»Kathedrale auf dem Blut«* in Jekaterinburg. Sie entstand an dem Ort, an dem die Zarenfamilie ermordet wurde, und ist ein Wallfahrtsort der Royalisten.

 Novosibirsk – Die aus Ziegeln errichtete Alexander-Newski-Kathedrale ist meist das erste Ziel. Beliebtes Fotomotiv ist auch die pompöse Bahnhofsfassade.

 »Swjatitel Nikolai« – Das restaurierte Dampfschiff liegt heute in Krasnojarsk am Ufer des Jenissei. Auf ihm fuhr 1897 Lenin zu seinem Verbannungsort Schuschenskoje in Sibirien.

 Irkutsk besitzt mehrere schöne Kirchen; sehenswert etwas außerhalb das Freilichtmuseum Talzy mit 40 alten Gebäuden aus dem alten Sibirien, darunter eine Holzfestung von 1667.

 Wladiwostok – Auf seinem Bahnhof steht ein großer Kilometerstein mit der Aufschrift 9288, der Länge der Transsib. Kein Reisender verzichtet auf dieses Fotomotiv.

Die beste Reisezeit

Der *Juni* ist ein guter Monat für die Transsib-Tour, insbesondere für Stopps unterwegs. Es ist noch nicht so heiß, die Mücken zählen nicht nach Heerscharen, und es regnet weniger als im Juli und August. Die Landschaft bietet kaum Gründe für bestimmte Jahreszeiten, da die meist flache Taiga über weite Strecken von Nadelbäumen bewachsen ist, die im Herbst keine Laubfärbung bieten. Der landschaftlich attraktivste Teil der Reise verläuft am Baikal-See.

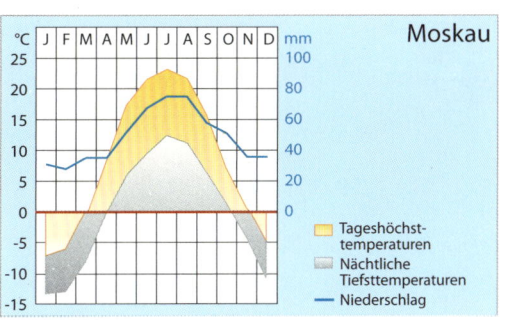

Besondere Tipps

Musik: Der Soundtrack des Musicals »Starlight Express« ist idealer Reisebegleiter. Eine Bühnenfigur, Turnov, repräsentiert die Transsib.
Literatur: Heinz G. Konsaliks »Transsibirien-Express«.
Kleidung: Im Linienzug wechseln die Russen sofort in bequeme Trainingsanzüge, die sie erst am Ende der Reise wieder ablegen. Im Sonderzug »Zarengold« geht's modisch vielfältiger zu.
Info: www.transsibirische-eisenbahn.de, www.trans-sib.de

← Der Transsib-Express am Baikalsee
← Kilometerstein im Bahnhof von Wladiwostok und ein Transsib-Speisewagen
↑ Die Zwiebeltürme der Basilius-Kathedrale in Moskau
↑ Tundra-Landschaft im Frühsommer

Grönland – Weite Wildnis und etwas Zivilisation

Die Arktis, ein riesiges Gebiet, das rund um den Pol von Alaska, Nunavut, Grönland, Spitzbergen bis zu den russischen Inseln im Nordpolarmeer reicht, symbolisiert den Zauber des Nordens, des Lands der Mitternachtssonne und der langen Polarnächte. Spektakulär präsentieren sich turmhohe Eisberge und zerklüftete Gletscherzungen. Unvergesslich ist das Schauspiel der Farben, wenn der Himmel von gelborange über dunkelrot bis tief violett glüht.

Die Arktis ist Wildnis pur; Eisbären, Polarfüchse und Walrosse mussten sich an die extremen Bedingungen anpassen. Die Tundravegetation, kleine Pflanzen, die im kurzen Sommer als bunte Farbtupfer zwischen Geröll leuchten, ist vielfältig.

Da das Verkehrsnetz dürftig ist, reisen mehr als 90 Prozent der Touristen mit einem Expeditionskreuzfahrtschiff – bis heute ein Abenteuer, denn keine Fahrt gleicht der anderen. Wem es neben ganz viel Natur auch nach Kultur verlangt, der entscheidet sich am besten für Grönland.

Auf einer Kreuzfahrt entlang der Westküste der größten Insel der Welt passiert man bisweilen kleine Siedlungen. Das Nachbardorf indes liegt oft hundert Kilometer entfernt. Es existiert keine Straße, im Hafen lediglich ein schmaler Steg, sodass nur mit einem Zodiak, einem Schlauchboot, angelandet werden kann.

Je weiter man nach Norden vordringt, auf desto mehr Grönländer stößt man, die noch als traditionelle Jäger und Fischer leben. Die kleinen Wohnhütten stehen auf Stelzen. Zwischen den Häusern liegen die Schlittenhunde an der Leine und warten schon auf ihren nächsten Einsatz im Winter. Robben- oder Eisbärenfelle sind zum Trocknen in Holzrahmen gespannt. Kein Grundrauschen der Zivilisation ist zu hören, kein hektisches Treiben.

Das Gefühl breitet sich aus, immer wieder in verschiedene Zeitepochen versetzt zu werden. Althergebrachtes und Modernes fließen im Alltag zusammen. Einen Tag tragen die Grönländer ihre farbenreiche Nationaltracht, am nächsten wieder bedruckte T-Shirts, Fleece und Gore-Tex; sie essen Robbenfleisch und Matac, den Walspeck, aber auch Tiefkühlpizza; sie singen alte Weisen, hören aber auch Rock-CDs. Viele Haushalte haben kein fließendes Wasser, Stromanschluss und Fernwärme sind jedoch Standard.

Die beste Reisezeit

Kreuzfahrten in die Arktis werden von Juni bis September angeboten. Mitte Juni bis Ende Juli brüten die Seevögel, die farbenfrohe, arktische Vegetation blüht unter der gleißenden Mitternachtssonne. **Mitte August** beginnt schon die Herbstverfärbung, ein schöner Kontrast zu den weißen Eisbergen. Die wieder unter den Horizont sinkende Sonne zeichnet ein sanfteres Licht mit farbenprächtigen Abendstimmungen. Bei klarem Nachthimmel ist schon das erste Polarlicht, die »Aurora borealis«, zu sehen.

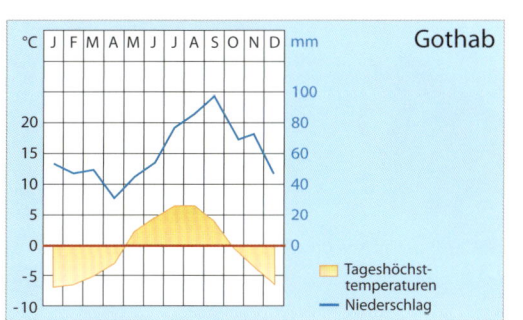

Die Highlights

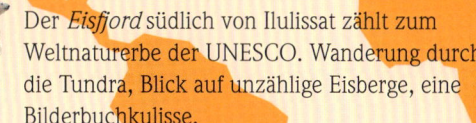

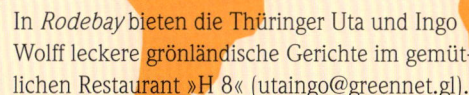

Der *Eisfjord* südlich von Ilulissat zählt zum Weltnaturerbe der UNESCO. Wanderung durch die Tundra, Blick auf unzählige Eisberge, eine Bilderbuchkulisse.

In *Rodebay* bieten die Thüringer Uta und Ingo Wolff leckere grönländische Gerichte im gemütlichen Restaurant »H 8« (utaingo@greennet.gl).

Uummannaq, der 1175 m hohe, herzförmige Berg liegt am Fuß der gleichnamigen Stadt. Die typischen farbig angestrichenen Häuser rahmen den Hafen ein. Im kleinen Museum sind eine Alfred-Wegener-Abteilung und Repliken der Mumien von Qilakitsoq.

Siorapaluk ist die nördlichste Siedlung Grönlands. Hier lebt der erfolgreichste Jäger, der Japaner Ikou Oshima, der auch gerne Gäste empfängt.

Auf jedem *Brædtet* (Fischmarkt) werden fangfrische Waren angeboten. Außerdem verkaufen die Einheimischen Robbenfleisch, Walspeck und Rentierfleisch.

Longyearbyen, die Hauptstadt am Eisfjord mit ihrem See- und Flughafen, gilt als Tor nach Spitzbergen.

Ny Ålesund am Kongsfjord ist seit Roald Amundsen (1926) das Zentrum der Arktisforschung. Hier liegen alle wichtigen Forschungseinrichtungen und das nördlichste Postamt der Welt.

Besondere Tipps

Literatur: Renate & Achim Kostrzewa: »Abenteuer Arktis. Die spektakulärsten Kreuzfahrten«, C. J. Bucher, München 2009. Natur und Kultur von Grönland, Spitzbergen und Franz-Joseph-Land werden vorgestellt. Daneben gibt es Kurzporträts von ausgewählten Expeditionsschiffen.

Info: Eine Bootstour mit Skipper Dieter Zillmann und seiner Frau Elke Meissner (greenland.tours@greennet.gl) auf dem Kutter M/S Smilla von Ilulissat zu den Eisbergen ist ein unvergessliches Erlebnis.

← Auf kleinen Kuttern erlebt man den weltberühmten Eisfjord hautnah.

↑ Auch in Grönland gehören Mobiltelefone inzwischen zum Standard.

↑ Fische werden auf solchen Gestellen an der Luft getrocknet.

Yellowstone – Im Herzen der Rocky Mountains

Noch einmal schnuppert man in Denvers quirligem Zentrum echte Stadtluft, bummelt durch die Kneipen der »Lower Downtown«, besucht vielleicht eines der interessanten Museen und überprüft ein letztes Mal die Ausrüstung – dann geht es los in das Herz der Rocky Mountains.

Denver liegt ziemlich genau eine Meile über dem Meeresspiegel, nur eine gute Stunde weiter westlich hat man in den alten Goldgräberstädten Idaho Springs und Georgetown fast 1000 Meter Höhe gewonnen und ist in den Bergen angekommen. Etwas weiter südlich führt der Mount Evans Scenic Byway als höchste asphaltierte Bergstraße der USA auf rund 4300 Meter hinauf, atemberaubend ist auch die bis zu 3700 Meter hohe Trail Ridge Road im Rocky Mountains National Park. Dort erlebt man im alten Jagdgebiet der Ute eine faszinierende Naturlandschaft mit dichten Wäldern, klaren Flüssen und Seen und über 100 Dreitausendern. In diesem rauen Reich des 4345 Meter hohen Longs Peak leben Wapitis, Schwarzbären und Dickhornschafe.

Richtung Norden erreicht man Cheyenne, die mit knapp 60 000 Einwohnern winzige Hauptstadt des menschenleeren Bundesstaats Wyoming. Nur in Alaska sind die USA noch einsamer. Weiter geht es auf der Strecke des Oregon Trail, der historischen Siedlerroute über die Rocky Mountains, nach Guernsey und Casper. Die Spuren der Planwagenräder sieht man noch heute im weichen Sandstein. Bei Guernsey wurde im Gebiet der Cheyenne und Arapaho mit Fort Laramie 1834 die erste weiße Siedlung in Wyoming gegründet. Dennoch führt die Straße weiter durch fast unbesiedeltes Land und direkt zum Grand Teton National Park, dessen granitene Bergriesen unvermittelt aus den weiten Ebenen ansteigen. Das eindrucksvolle Gesicht der über 4000 Meter hohen Bergkette ist in den USA so bekannt wie in Europa das Matterhorn. Im Nationalpark leben Bären und Bisons.

Der größten frei lebenden Bisonherde der USA begegnet man jedoch im Yellowstone National Park im Dreiländereck von Wyoming, Montana und Idaho. Dieser älteste Nationalpark der USA schützt atemberaubende Naturwunder: Berge, Wälder, Bisons, Grizzlybären … und über 10 000 heiße, mineralhaltige Quellen. Die berühmteste Fontäne heißt bezeichnenderweise Old Faithful Geyser: Pünktlich wie ein Uhrwerk schießt sie alle 90 Minuten Zehntausende Liter heißes Wasser über 50 Meter in die Luft.

Der Rückweg führt über die Rodeostadt Cody, die 1896 von dem legendären William Cody alias Buffalo Bill gegründet wurde, und zu den rund 4000 Meter hohen Bighorn Mountains. Hier liegt bei Lovell auf gut 3000 Metern Höhe ein jahrhundertealtes, großes *medicine wheel*, das Cheyenne und Sioux noch heute als zeremonielle Stätte nutzen.

Die beste Reisezeit

Die Rocky Mountains sind ein Hochgebirge mit langen, bitterkalten und schneereichen Wintern. Wer nicht zum Wintersport kommt, für den ist die beste Reisezeit in den wärmsten Monaten **Juli** und **August**, wenn die Bergstraßen mit größter Wahrscheinlichkeit frei sind. Doch auch dann sollte man stets auf einen plötzlichen Kälteeinbruch eingestellt und mit warmer, wind- und wasserabweisender Funktionskleidung ausgerüstet sein. Zum Wandern eignen sich auch die Herbstmonate, wenn sich das Laub dramatisch verfärbt.

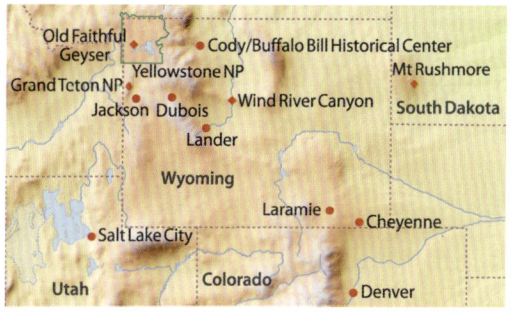

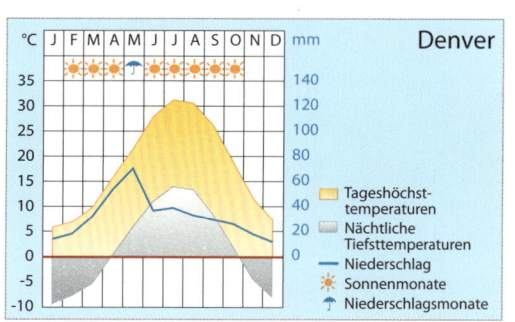

Die Highlights

Colorado History Museum und *Denver Art Museum* mit Wildwest- und indianischen Exponaten lohnen einen Besuch. Beste Unterhaltung und Lokale findet man in Denver am Larimer Square und in der Lower Downtown.

Beim *Night Rodeo* in Cody erlebt man täglich Cowboykultur.

Das *Buffalo Bill Historical Center* in Cody vermittelt ebenso Frontier-Atmosphäre wie das Fort Caspar Museum in Casper, die Oregon Trail Ruts und Fort Laramie Historic Site in Guernsey und das Frontier Days Old West Museum in Cheyenne.

In *Idaho Springs* und *Georgetown*, beides Bergbaustädte, wandelt man auf den Spuren des Goldrauschs in Colorado.

Der *Mount Evans Scenic Byway* (4300 m) ist eine traumhafte Panoramastraße, außerdem der Bighorn Scenic Highway (ca. 3000 m), im Yellowstone National Park die Grand Loop Road und im Rocky Mountain National Park die Trail Ridge Road (ca. 3700 m).

Geysire im Yellowstone National Park, darunter Old Faithful Geyser, die Mammoth Hot Springs, die regenbogenfarbige Grand Prismatic Spring und der Grand Canyon.

Im *Grand Trenton National Park* zieht es Kanuten, Kajakfahrer und Rafter zu den Seen und zum Snake River und Arkansas River.

Besondere Tipps

Literatur und Film: »Brokeback Mountain«. Buch von Annie Proulx, 2006 verfilmt von Ang Lee; die Geschichte einer Liebe in Wyoming.

Planung: Eine Fahrt durch die Rockies erfordert ein gewisses Maß an Planung, da die Saison nur sehr kurz ist. In den Nationalparks, vor allem im Yellowstone, sollte man Campingplätze und Unterkünfte auf jeden Fall lange vorab buchen. Infos gibt es auf www.nps.gov.

Info: www.colorado.com; www.wyomingtourism.com

← Die riesige Thermalquelle Grand Prismatic Spring im Yellowstone National Park
← Mit Planwagen überqueren auch die Mormonenpioniere die Rocky Mountains.
← Auch der Nachwuchs tanzt bei indianischen Kulturtreffen.
↑ Werbefahrt für das Nite Rodeo in Cody.

Der Westen – Der Lockruf der Wildnis

Die große Freiheit. Das ist es, was die Kanadaurlauber im Westen des riesigen Landes suchen. Viele von ihnen sind mit Campmobil oder Mietwagen unterwegs, nur wenige schließen sich einer Gruppentour mit dem Bus an. Aber sie alle bekommen schnell einen Eindruck, was die Natur in den Staaten British Columbia, Alberta und im Yukon-Territorium vor allem prägt: Wald, dichter Wald. Es ist ein Wald, wie er seit den Büchern von Jack London die Fantasie und die Sehnsucht anregt. Stundenlang, tagelang rollt der Wagen durchs Grün und Blau der Wald- und Wassereinsamkeit.

Am Wegesrand: umgestürzte und verfilzte Baumriesen, Seen und Flüsse, Sumpfwüsten, Wasserfälle, Gletscher, die bis an die Fahrbahn reichen. Unterkünfte auf der Suche nach Bär und Biber, nach heiler Natur und der Romantik des Lagerfeuers sind urige Lodges oder hervorragend ausgestattete Campingplätze. Sie sind oft so großzügig angelegt, dass man nur durch die Büsche das Feuer des Nachbarn sieht. Der aber ist nie so weit entfernt, dass man sich nicht abends gern auf ein Bier oder ein Steak zusammensetzt, Erfahrungen austauscht und Tipps für die nächsten Tage sammelt. Wer fern der Zivilisation unterwegs ist, gewöhnt sich schnell an das hilfsbereite Miteinander, das Kanadier und ihre Gäste gleichermaßen auszeichnet.

Das Abenteuer beginnt in der Regel in einer der beiden großen Städte des Westen, in Calgary, Provinz Alberta, oder – spannender und abwechslungsreicher – in Vancouver. Die Zwei-Millionen-Stadt, erst vor 150 Jahren im Zuge des Goldrausches gegründet, gehört zu den schönsten der Welt. Die Skyline spiegelt sich in den Fjorden, die bis ins Zentrum reichen. Die Kette der Nordküstenberge rahmt die grandiose Kulisse ein. Ein buntes Völkergemisch mit einem sehr hohen Anteil an Asiaten gibt der Stadt ein multikulturelles Gepräge.

Nach spätestens drei Tagen aber wollen die kanadischen Urlaubsnomaden raus, zum Beispiel auf den Icefield Parkway, eine der Traumstraßen in Nordamerika, wo schon bald der erste Bär den Weg kreuzt. Immer weiter nach Norden, in den Wells Gray National Park bis nach Whitehorse, eine der legendären Goldgräbersiedlungen an der Grenz zu Alaska. Der Ruf der Wildnis kann weit tragen.

Die Highlights

Vancouver Island – Küstenregenwald prägt die Landschaft, ein Paradies für Bären, Wölfe, Elche und Kojoten, das allerdings durch die Holzindustrie gefährdet ist.

Vancouver – Zum Sonnenuntergang am Sunset Beach ins Westend fahren: Es ist fast immer voll dort, aber die Stimmung bleibt locker, und die Sonne geht oft genug postkartenmäßig unter.

Wells Gray Provincial Park – Auf 5000 km², doppelt so groß wie das Saarland, bietet dieser Park alles, was Westkanada ausmacht: Wald, Wasserfälle, Seen und Unterkünfte.

Icefield Parkway heißt die schönste Straße Kanadas. Sie verbindet Banff mit Jasper, beides Zentren gleichnamiger Nationalparks in Alberta.

Stewart – Kanadas nördlichster eisfreier Hafen liegt unmittelbar an der Grenze zu Alaska. Im Nachbarort Hyder (USA) kann man Bären beim Lachsfangen beobachten.

Whitehorse – Die Hauptstadt des Yukon-Lands liegt bei Kilometer 1476 des Alaska Highways. Schon der Name weckt Erinnerungen an die Pionierzeiten. Einige Bars halten den Geist jener Tage wach.

Dawson City – Noch immer wird in Gertie's Gambling Hall gezockt wie damals, als die Goldgräber ihre letzten Nuggets verspielten.

Die beste Reisezeit

Der kanadische Norden ist im *Sommer* keine Region von Eis und Schnee. Zwar kann es Anfang Juni vorkommen, dass an den Rändern der großen Straßen noch Schneereste liegen. Am besten, man fliegt Mitte Mai nach Vancouver, macht einen Abstecher auf die gleichnamige (regenreiche) Insel und startet dann nach Norden. Ab Mitte Juni sind Tagestemperaturen von 25 °C keine Seltenheit, Schneefälle aber schon im September möglich, je nördlicher, desto früher.

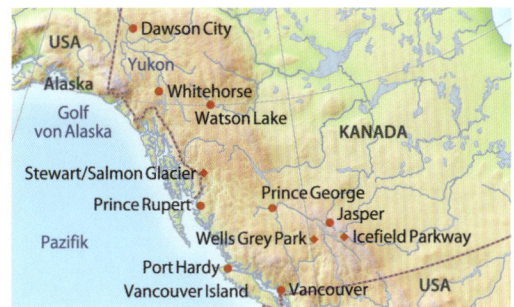

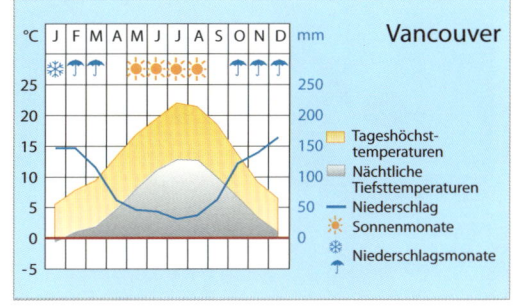

Besondere Tipps

Ausgehen in Vancouver: Granville Island im Meeresarm False Creek gilt als coolstes Szeneviertel dieser beliebten Stadt: Galerien reihen sich an »verrückte« Läden, Theater an angesagte Klubs.

Camping: Die Campgrounds, die von der amerikanischen KOA-Organisation betreiben werden, sind besonders großzügig ausgestattet.

Souvenir: Beim Ausflug von Stewart nach Hyder in Alaska Grüße aus dem kleinsten Postamt der USA versenden.

Info: www.meinkanada.com, www.britishcolumbia.travel

← Wald, Wasser und schneebedeckte Gipfel im Jasper National Park in der Provinz Alberta

← Zu den Bewohnern des kanadischen Westens gehören Wapiti-Hirsche genauso wie Schwarzbären.

↑ Mammutbäume, hier ein 800 Jahre altes Prachtexemplar, ragen auf Vancouver Island auf.

In der Mitte des Dreiecks

Im berüchtigten Bermudadreieck ist schon eine Menge verschwunden: wertvolle Gold-, Waffen- und Diamantenladungen, ganze Schiffsbesatzungen, sogar Flugzeuge. Möglicherweise sind die versunkenen Schätze längst wieder aufgetaucht: Die reichste Insel der Welt rangiert auf Augenhöhe mit Luxemburg und der Schweiz, und die VIP-Liste ist lang. Bekannte Größen wie Silvio Berlusconi, Gert Rudolph Flick, Rupert Murdoch und Georg Soros stehen darauf, aber auch ganz »normale« VIP-Bermudianer wie Robert De Niro, David Bowie oder Michael Douglas.

Der geldschwere Mikrokosmos schwimmt auf dem Rand eines erloschenen Vulkankraters, um den sich prospektreife Korallenriffe aufs Schönste gruppierten. Das Inselparadies samt seiner geschäftigen Hauptstadt Hamilton liefert noch andere Superlative: Die älteste englische Kolonie (seit 1614) hat neben der größten Golfplatzdichte auch die größte Dichte an Regenwasserzisternen, weil es

kein Grundwasser und deshalb auch kein reguläres Leitungsnetz gibt. Und die größte Dichte winzigster Zugbrücken verbindet den Archipel aus sieben Haupt- und 131 kleineren Inseln zu einer 35 Kilometer langen, kaum handtuchbreiten Miniaturwelt, die an ihrer höchsten Stelle weniger als 100 Meter aus dem Ozean ragt.

Wäre noch der erstaunliche Einfallsreichtum anzumerken: Wer 1000 Kilometer vom Festland entfernt auf einer Hälfte von Sylt ohne Trinkwasser eine Nachfrage schafft, die Milch und Honig zum Fließen bringt (was sich auch in den Preisen niederschlägt: Falschparken 50 Dollar, Überschreiten der Höchstgeschwindigkeit 150 Dollar, Krankenhausbett 530 Dollar, Präsidentensuite 4000 Dollar), kann nicht auf den Kopf gefallen sein. Wobei jedem Haushalt strikt nur ein Automobil zusteht, was auch den Multimilliardär von nebenan zuweilen auf die Vespa bringt. Während früher Kapital in Form von Schiffsladungen auf den gefährlichen Riffen ganz von allein anlandete, sind die Überlebensstrategien der Bermudianer, deren Vorfahren vielfach als Piraten ihr Auskommen hatten, heute subtiler gestaltet. Hauptsächlich das Know-how einer hocheffizienten Finanzwelt schafft Wirtschaftskraft durch eine interessante Offshore-Gesetzgebung, über 10 000 Firmen sind auf Bermuda registriert. Im Banken- und Versicherungssektor arbeiten mit mehr als 5000 Angestellten ebenso viele wie in den Hotels und Restaurants. Und: An Stränden verwandelt sich viel Kapital in Traumbesitz. Da wundert es niemanden, wenn die Immobilienanzeigen mit »Schnäppchen« zwischen zwei und 20 Millionen locken.

Die Highlights

- *Gibbs Hill Lighthouse* ist mit einer 35 m hohen Aussichtsplattform ausgestattet, von der aus sich Bermuda beinahe komplett überblicken lässt.

- *Royal Naval Dockyard*, einst ein bedeutsamer Kriegshafen, lädt heute zum Besuch des dortigen Maritim Museum ein. Es lohnt sich.

- *Front Street* und *Walker Arcade* – hier unbedingt im Arcade Restaurant vorbeischauen – bieten erstklassiges Shopping.

- *Gosling's, Bluck's, Trimingham's* und *Smith's*, Hamiltons altehrwürdige Geschäfte aus dem frühen 19. Jh. bieten Rum, Porzellan, Kaschmir und allerlei Kolonialwaren feil.

- *Albuoy's Point* – Zur Lunch-Zeit ein lebendiger Treffpunkt für Städter, abends versammeln sich Romantiker hier gerne zum Sonnenuntergang.

- *Golfplätze* – Die weltweit meisten pro Quadratkilometer machen die Bermudas zu einem herausragenden Abschlagspektakel auf landschaftlich spektakulären Anlagen.

- Die *Strände der Südküste* mit ihrem rosafarbenen Sand und dem türkisblauen Wasser sind ein absolutes Muss für jeden Besucher, nur zum Schauen schon ein Traum!

Die beste Reisezeit

Der Golfstrom bestimmt das subtropische Klima, karibische Verhältnisse gibt es hier nicht: Die Hochsaison liegt in unserem Sommer, während sich die Wintermonate unbeständig gestalten, vor allem dann kann der Atlantik etwas frisch sein. Frühjahr und Herbst hingegen bieten sehr angenehme 22 °C. Der **Juni** ist deshalb eine wunderbare Zeit, weil die Schulferien noch nicht begonnen haben und wohlige Sommerwärme mit bis zu 30 °C und angenehmer Brise das Strandleben erleichtert.

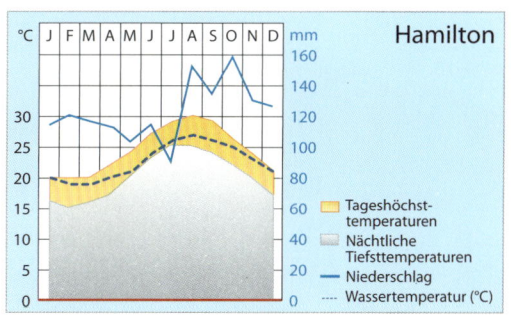

Besondere Tipps

Wandern: In Somerset Village beginnt der 23 km lange Railway Trail auf einer stillgelegten Eisenbahnstrecke.
Verkehr: Der öffentliche Nahverkehr ist hervorragend ausgebaut, die überaus pünktlichen Busse erreichen die schönsten Winkel ebenso wie die auf Bermuda beliebten Scooter, die preiswert gemietet werden können.
Literatur: Darwin Portera »Frommer's Bermuda 2011«
Musik: Bermuda Music Festival im Oktober
Info: www.bermudatourism.com, www.traveltobermuda.com, www.bermudagolf.org

← Jobson's Cove in Bermudas Warwick Parish bleibt im Gedächtnis.
← 1620 kam Bermudas erstes Parlament in der St. Peter's Church in St. George zusammen.
← Top Spot: Terrasse des Waterloo House in Hamilton
↑ Abschlag auf Hamiltons Ocean View Golf Course

Im Reich der Inka

Lima trägt viele Beinamen. Nicht alle schmücken, aber alle spiegeln einen Teil der Realität wider: Die »Stadt der Könige« und »das goldstrahlende Lima« machen sich gut in den Empfehlungen der Reisebranche. Aber auch das Etikett »La Horrible«, die Schreckliche, klebt nicht zu Unrecht an der Hauptstadt Perus. Von den »Serros«, den Hügeln der Armen, streben jeden Tag Heerscharen in die City: Schuhputzer, Hausmädchen, Taxifahrer, Tagelöhner, die meisten von ihnen Indios und Mestizen. Sie alle tragen dazu bei, dass die glänzende Seite der Acht-Millionen-Metropole funktioniert.

Wer als Tourist diese Stadt besucht, will sich auf die nächsten Tage im Reich der Inka vorberei-

ten oder auf den Spuren der Conquistadores, der spanischen Eroberer, durch die Altstadt bummeln. An der Plaza Mayor schlägt das Herz des kolonial geprägten Limas: Der Platz wird flankiert von der Kathedrale, dem Regierungspalast, dem Palast des Erzbischofs, dem Rathaus und, bis in die Seitengassen, von Straßencafés und den *balcones y rincones*, den charakteristischen Balkonen.

Nirgendwo lässt ich die Gier der Spanier, die das Land über Jahrhunderte ausgebeutet haben, so beklemmend nachvollziehen wie im Museo de Oro, dem eindrucksvollen Goldmuseum. Ebenso wichtig für die Vorbereitung einer kulturhistorischen Reise durchs Land ist das Anthropologische Museum. Dort läuft man über alle Stufen der vorkolumbianischen Epochen: Chavin, Mochica, Nazca, Chimú und natürlich Inka, die Ära, die als einzige bei uns berühmt geworden ist. Auf ihren Wegen wird man in den nächsten Tagen staunen: vielleicht auf dem Inka-Trail, einer Art historischer Pilgerroute, bestimmt aber in den Ruinen von Machu Picchu, das seit hundert Jahren zu den neuen Weltwundern gehört.

Peru spricht alle Sinne an: in der herben Natur des Andenhochlands, im dampfenden Regenwald bei Iquitos, auf den bunten Märkten und bei den Relikten versunkener Kulturen, von den Pyramiden bei Tucumè im Norden bis zu den rätselhaften Linien von Nazca an der Südküste. Es ist – allen möglichen Beschwernissen zum Trotz – ein unglaublich vielfältiges Reiseland, in dem sich Bildungsreisende und Abenteurer, Naturliebhaber und Individualisten auf der Suche nach dem Ursprünglichen leicht in einer Person wiederfinden.

Die Highlights

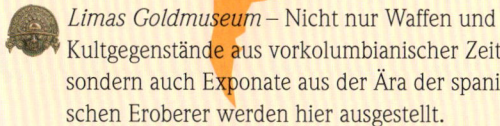

Limas Goldmuseum – Nicht nur Waffen und Kultgegenstände aus vorkolumbianischer Zeit, sondern auch Exponate aus der Ära der spanischen Eroberer werden hier ausgestellt.

Inka-Trail – Nur Trekker mit guter Kondition sollten sich die 40-Kilometer-Tour zutrauen. Sie führt über vier heiße Tage und drei kalte Zeltnächte bis auf 4200 m. Ohnehin muss man sich einer geführten Gruppe anschließen.

Machu Picchu – Höhepunkt jeder Südamerikareise. Noch immer liegt ein Geheimnis über den Ruinen, das macht den Besuch spannend.

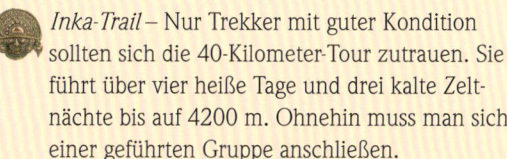

Cuzco – Vom goldenen Glanz der Inka ist wenig geblieben. Dafür aber prächtige Kirchen, zum Beispiel Santo Domingo und ein Dominikanerkloster, die mit den Resten des Sonnentempels einen Komplex bilden.

Nazca – Seltsame Linien und Kreise, vor 2000 Jahren als Botschaften an Außerirdische entstanden? Die Gebilde in Pampa Colorado lassen Touristen und Wissenschaftler weiterhin rätseln.

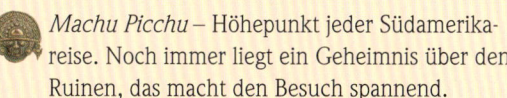

Ayacucho – schöne Kolonialstadt im Hochland mit sehr entspannter Atmosphäre.

Titicacasee – Peru und Bolivien teilen sich den höchstgelegenen schiffbaren See der Welt. Er wird im Osten von den Schneegipfeln der Königskordillere begrenzt.

Die beste Reisezeit

Die **Sommermonate**, das sind die nördlichen Wintermonate, sind die ideale Saison für Andentouren. Dann ist im Hochland nur selten mit Regen zu rechnen. Die Tage sind meist sonnig und klar bei Temperaturen um die 20 °C, die Nächte aber oft sehr kalt, nicht selten unter 0 °C. An der Küste, also auch in Lima, herrscht dann häufig neblig-feuchtes Klima mit Tagestemperaturen um 16 °C – ideal für Museumsbesuche und Stadtbesichtigungen.

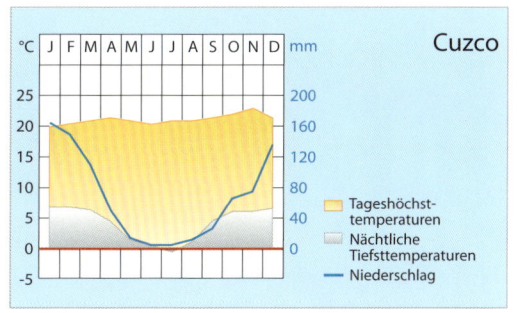

Besondere Tipps

Souvenir: Ein ebenso lustiges wie nützliches Mitbringsel sind die farbigen Wollmützen der Indios, die überall auf der Welt gut vor Kälte schützen.

Pisco Sour: Das Nationalgetränk wird aus Muskateller-Weinmost, Limonensaft, Zucker, Eiweiß und gestoßenem Eis gemixt.

Literatur: Die Werke des Nobelpreisträgers von 2010, Mario Vargas Llosa, etwa »Der Tod in den Anden«.

Info: www.peru.info

← Machu Pichhu, die geheimnisvolle Ruinenstadt, besteht aus mehr als 200 Bauten in über 2300 m Höhe.

← Am 28. Juli, dem Nationalfeiertag, wird auf dem Hauptplatz von Cuzco gefeiert.

← Eine farbenfroh gekleidete Indiofrau mit ihrem Lama.

↑ Eines der typischen Schilfboote, hier auf der peruanischen Seite des Titicacasees

Ein Ozean mitten im Land

Malawis riesiger See bedeckt eine Fläche 55 Mal so groß wie der Bodensee, und ist mit durchschnittlich 292 Metern Tiefe, glasklaren Wassern und einem frappierenden Fischreichtum ein Süßwassereldorado für Schnorchler und Taucher. Zudem mit zahlreichen idyllischen Inseln, imposanten Bergketten rings um die Ufer und einem beeindruckenden Wildlife in Malawis Nationalparks ein Ziel allererster Güte für Reisende auf der Suche nach dem ganz besonderen Kick.

In Cape Maclear wartet das Boot. Es geht hinaus in die Weite der spiegelglatten Fläche. Wer am nächsten Morgen auf Mumbo Island erwacht, findet den Weg zur Hängematte auf der hölzernen Zeltplattform ganz automatisch. Zwischen rund geschliffene, mächtige Felsblöcke auf Stelzen in schwindelnde Höhen gesetzt, kleben sechs Domizile in Traumlage wie Schwalbennester über dem See. Das einzigartig atmosphärische Ambiente des kleinen Camps bringt mit seinem Naturparadies ein beinahe unwirkliches Seemärchen auf die Bühne.

Einen Archipel weiter, dessen knapp 20 Inseln sich auf eine Fläche kleiner als Amrum verteilen,

schwimmt Likoma Island, das der britische Forschungsreisende Dr. David Livingstone bei seinem Vorstoß ins Herz Schwarzafrikas 1859 entdeckt hatte. 1885 wurde die Likoma Mission gegründet, und schon 1903 begannen Anglikaner, auf dem abgelegenen Eiland eine gewaltige Kathedrale zu bauen, die sich an Größe mit Londons Westminster Abbey messen kann.

Wie ein spannender Abenteuerroman liest sich die Geschichte von St. Peter's Cathedral, wobei die Protagonisten wegstarben wie die Fliegen, bevor ihr Kapitel richtig begann, was zahllose Inschriften auf hölzernen Wandtafeln im neugotischen Gotteshaus bezeugen: Edwards Drayton, 1870, Ormsby Handcock, 1872, Richard Pennellp, 1874, Arthur West, 1875. Zweimal pro Monat reist der Bischof von Mzuzu über den See nach Likoma. Dann setzt sich das mechanische Läutwerk im Glockenturm hinter den bleiverglasten Fenstermalereien in Gang, blau-weiß gekleidete Nonnen wandeln im Kirchhof. Einen Steinwurf von der Kathedrale entfernt haben die Briten Andrew Came und William Sutton Likomas erste und einzige Herberge, die Luxuslodge »Kaya Mawa« errichtet – mit handfester Unterstützung der 6000 Einwohner zählenden Inselgemeinde und dem unausweichlich notwendigen Segen St. Peter's. Das architektonisch besondere Inselresort zählt ein knappes Dutzend Suiten, verteilt auf Mini-Inseln und Landzungen, durch Hängebrücken und Stege mit der Hauptlodge verbunden. Aus geschmackvoller Natursteinarchitektur zwischen mächtige Baobab-Bäume, Fels- und Sandbuchten gesetzt, bietet die Lodge eine ganz unglaubliche Robinsonade.

Die beste Reisezeit

Entlang dem Malawisee wird es weitaus wärmer als im Hochland, wo auch im Sommer (unserem Winter) sehr frische Temperaturen vorherrschen können. Für die Seeregion gilt: Ab November setzt bis April eine wenig vergnügliche Regenzeit ein, dann geht nichts mehr. Die Reisezeit zwischen **Juni und August** ist trocken und warm und bestens geeignet zum Schwimmen, Schnorcheln und Tauchen. Besuche von Nationalparks auf dem Festland sind während der Trockenzeit ideal, aber je nach Höhenlage auch sehr kühl.

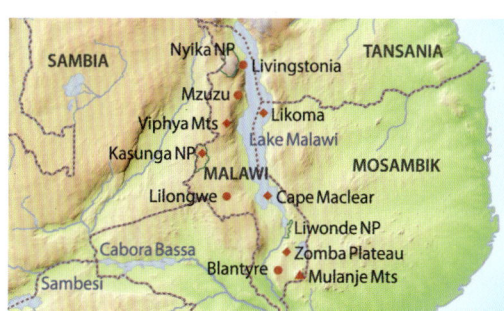

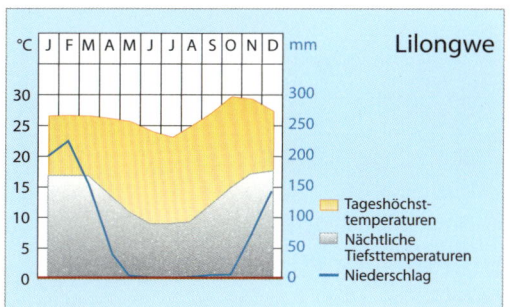

Die Highlights

 Nyika National Park liegt auf einem über 2000 m hohen Plateau mit einer aufregenden Tierwelt. Hier pirschen nicht nur Leoparden um die rustikale Mountain Lodge Chelinda.

 Im *Liwonde National Park* am südlichen Seeende umzingeln Krokodile, Elefanten, Flusspferde und Nashörner die Mvuu Lodge.

 Bootsafari auf dem Shire River – Sie gehört zu den unschlagbaren Erlebnissen wie auch ein Segeltörn durch den Likoma-Archipel.

 St. Peter's Cathedral ist die drittgrößte Kirche Zentralafrikas. Sie wurde 1903 erbaut und hat architektonische wie kulturelle Bedeutung. Ihr Inneres wird dominiert von kunstvoll behauenem Speckstein und wunderbarer Glasmalerei.

 Schnorcheln & Tauchen wird im Malawisee zur Hauptbeschäftigung bei Hunderten schützenswerter tropischen Süßwasserfischarten. Die glasklare Unterwasserwelt des Lake Malawi National Park steht seit 1984 auf der UNESCO-Liste des Weltnaturerbes.

 Mit dem Schiff rund um den Malawisee – Nach Fahrplan bedient die »MV Ilala« den See und seine Inseln als preisgünstigste Verkehrsverbindung.

 Malawi von oben – Der Flug mit dem Air-Charter über die Inselwelten mit Blick auf die Bergketten Mosambiks bleibt einem in Erinnerung.

Besondere Tipps

Air-Charter: Nyassa Air Taxi gehört dem Österreicher Bruno Kloser, der organisierte Fly-in-Safaris anbietet mit den schönsten Lodges im Programm, www.nyassa.mw
Rundreise per Schiff: Alle Infos zu Fahrplänen, Preisen, Buchungen sowie Routenkarte und Länderinfos unter www.malawi-travel.com oder www.abendsonneafrika.de, Malawi/Länderinfos.
Für schmale Geldbeutel: In der nächsten Bucht betreiben die Eigner von »Kaya Mawa« die Backpacker-Herberge »Mango Drift«; www.kayamawa.com

← Das Luxus-Resort »Kaya Mawa« auf Likoma Island.

← Das gewaltige Kirchenschiff von St. Peter's Cathedral inmitten des Malawisees.

← Markttag auf Likoma, der Insel der riesigen Baobab-Bäume

↑ Badezimmer in der Mvuu-Lodge am Shire River

Wo Elefanten und Flusspferde planschen

Weil das botswanische Maun die Eintrittskarten zum vielbegehrten Okavango-Delta sowie zu den Tierparadiesen Chobe National Park, Moremi National Park, die Makgarikgari Pans und die Kalahari verteilt, hat sich das stetig wachsende Provinzstädtchen zum quirligsten touristischen Zentrum Botswanas entwickelt. Weshalb sich Übernachtungsherbergen, Reiseagenturen, Charter-Airlines und Safarianbieter, Supermärkte sowie Outlets von Fast-Food-Ketten inmitten eines kuriosen Mixes aus modernen Betonbauten, baufälligen Baracken und traditionellen Rundhütten aus Lehm wiederfinden.

Die meisten Reisenden werden Maun kaum zu sehen bekommen, weil sie auf der 2000 Meter langen Runway zwar landen, aber im nächstmöglichen Moment schon wieder abheben. Dutzende Ein- und Zweimotorige starten von hier zu den Lodges da draußen, was den emsigem Flugbetrieb zwischen den Zapfsäulen und den Pisten der Wildnis erklärt.

30 Flugminuten sind es von hier bis zum Wildcamp »Xigera«. Unten ziehen endlos glitzernde Wasserflächen vorbei, unterbrochen von Bauminseln. Dann weite trockene Flächen, die aus der Vogelperspektive wie herrlich gepflegte Golfplätze aussehen, aber hier und dort dick durchzogen von Hufspuren sind. Der Anflug ist schon die reinste Safari: Würdevoll stolzieren Giraffen über die Ebene, Elefantenherden durchziehen planschend das Nass, Flusspferdfamilien dümpeln wie dicke Klöpse im Wasser, und sicher lauern überall gefräßige Krokodile.

Versteckt auf einer Bauminsel residiert die Lodge inmitten der Moremi Game Reserve. Das nach dem Batawana-König Moremi III. benannte Naturschutzgebiet im Herzen des Okavango-Deltas umfasst mit 5000 Quadratkilometern Fläche ein Drittel des gesamten Deltas und zählt mit seinen Feuchtgebieten, Trockeninseln, bewaldeten Flussauen, Marschen, Lagunen und Wasserstraßen zu den Top-Destinationen Botswanas. Denn die bezaubernde Wildtieroase wartet mit der dichtesten Population aller Dschungelbuchkollegen auf, Schwarzes Nashorn und seltene Wildhunde inklusive.

Fischadler und Reiher steigen mit klatschenden Flügelschlägen auf, riesige Krokodile tauchen lautlos ab, wenn ihnen das Boot zu nahe kommt, wild blühende Seerosen bedecken beinahe die gesamten Wasserflächen. Meist sind es nur wenige Flugminuten bis zu den nächstfolgenden Naturreservaten wie dem Jao Game Reserve mit der luxuriösen Jao-Lodge, einem balinesisch inspirierten Prachttempel, der aus feinsten Hölzern und mit handverlesenen südostasiatischen Interieurs zweistöckig zwischen gewaltigen Baumriesen thront.

Die Highlights

Mombo Camp – In neun luxuriös ausgestatteten Zelten logieren die Gäste; verbunden sind Unterkünfte und Hauptcamp mit 2 m hohen Stegen, unter denen die Tiere freien Durchgang haben.

Little Mombo (drei Zelte) liegt wie Mombo Camp an der nordwestlichen Spitze von Chief's Island. Hier findet das anerkannt beste *game viewing* Botswanas statt.

Kwetsani Camp – Das ausladende Plankendeck ist auf Höhen einer Bauminsel errichtet. Mit Blick auf weite Wasserflächen und kleinere Inseln lassen sich die Raubtiere bei der Jagd mit bloßem Auge beobachten.

Tubu Tree Camp führt ein animalisches Bühnenstück im Programm mit prickelnden Walking Safaris; aber weil Tubu privat ist, beruhigenderweise mit bewaffneten Guides. *Nxabega Okavango Safari Camp* westlich von Chief's Island bietet Nachtsafaris an, mit den besten Chancen, ein jagendes Löwenrudel zu beobachten.

»Mokoro« – In dem traditionellen Einbaum aus afrikanischem Ebenholz auf Augenhöhe mit Krokodilen und Flusspferden lautlos durch ein Gewirr von Kanälen zu fahren, lässt die Adrenalinproduktion auf Hochtouren laufen.

Viktoriafälle – Ein Abstecher per Air-Charter von Maun aus zu den nahen Wasserfällen gehört zu jedem Botswana-Besuch.

Die beste Reisezeit

Am schönsten präsentiert sich das Okavango-Delta im *Juli und August*, wenn der Wasserstand hoch und das Delta nur noch mit Booten zu erkunden ist. Die beste Zeit zur Tierbeobachtung ist aber gegen Ende der Trockenzeit zwischen September und Oktober, den heißesten Monaten, wenn sich die Wildtiere an den Wasserlöchern versammeln. Im Winter versinkt das Delta im Morast, und einige der Lodges müssen schließen. Der Sommer ist mit gemäßigten Temperaturen auch die beste Zeit für die botswanische Kalahari.

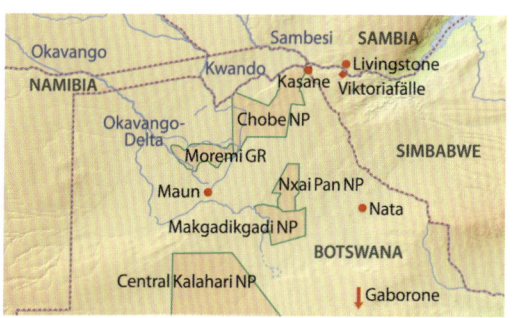

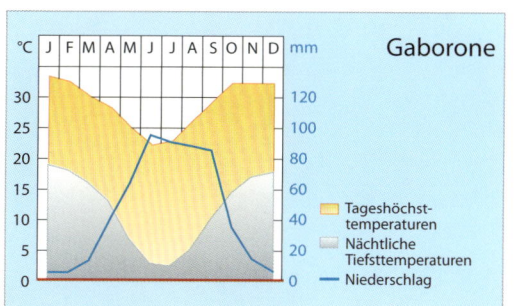

Besondere Tipps

Anreise: Anderthalb Flugstunden sind es von Johannesburg oder Windhoek bis nach Maun.

Kombi mit Viktoriafällen: South African Airways fliegt nach Livingstone in Sambia, Air Namibia nach Victoria Falls in Simbabwe.

Reiselektüre: »Namibia & Botsuana« von Lonely Planet, »Zeit für Safari«, Bruckmann Verlag.

Lodge-Info im Okavango-Delta: www.kwetsani.com; www.jacanacamp.com; www.xigera.com; www.jaocamp.com; www.mombo.co.za

← Im Okavango-Delta scheint die beste Perspektive jene von oben zu sein, doch nur Überfliegen reicht nicht.

← Der *mokoro*, der traditionelle Einbaum, gleitet lautlos durch das Reich der wilden Tiere.

← Elefanten lieben Schlammbäder.

↑ Der Schein trügt: Niedlich, aber eben doch ein Löwe!

Einmal im Leben Robinson sein

Geografisch teilen sich die Seychellen in die Gruppe der Inner Islands, die mit über 30 Inseln fast die Hälfte der gesamten Landfläche ausmachen. Zu ihnen gehören die Hauptinsel Mahé, die direkt benachbarten Perlen Praslin und La Digue sowie die etwas entfernter liegenden Inseln Silhouette, Île du Nord und Frégate. Sie stellen die am dichtesten bevölkerten Gebiete der Inselnation.

Berühmt sind sie alle für ihre gewaltigen Granitblöcke, die wie riesige rundgeschliffene Skulpturen feinsandige Strände markieren. Zu den sogenannten Outer Islands zählen die Amiranten, die Alphonse-Gruppe, Aldabra Island, außerdem noch einige weit abgelegene Atolle.

Filmreife Traumstrände, eingebettet in eine verschwenderische Vegetation, umspült von glasklaren Wassern, gekrönt von pittoresken Berggipfeln, an denen der grün wuchernde Regenwald emporklettert, das ist wahrlich ein Traum – und zwar einer, der seinen Preis hat. Trotzdem steigen die Besucherzahlen ständig, wobei die Bundesdeutschen in Sachen Luxusreisen kräftig mitbieten. Einer Gesamtzahl von knapp 100 000 Einwohnern stehen jedes Jahr rund 150 000 Touristen gegenüber – mehr als 20 000 davon kommen aus Deutschland.

Die Einnahmen bringt man weitgehend wohltätig unters Volk gebracht: Es gibt ein kostenfreies Schulsystem, freie Kranken- und Altersversorgung sowie sozialen Wohnungsbau. Arbeitskräfte sind im gastronomischen Bereich kaum zu bekommen, eine Planungsbehörde betreibt einen eindrucksvollen Landschaftsschutz, Kläranlagen sind Bedingung selbst für kleine Hütten im Busch, strenge Bauvorschriften und Kontrollen verhindern den Aufkauf von Grundstücken und somit ungewollte, schnelle Veränderung. Und natürlich sind auch die Hotelbauten sanft der Natur angepasst.

Die meisten Insulaner haben es längst erkannt: *Paradise is here*. Die traumhaften Eilande sind inzwischen zu einem beliebten Heiratsparadies für junge Paare geworden. Was man dazu braucht, sind ein Pass, eine beglaubigte Ledigkeitsbescheinigung und eine Geburtsurkunde. Ihren Heiratsantrag stellen die Paare dann im Independence House in Victoria, der Hauptstadt des Archipels auf Mahé, und schon nach wenigen Tagen kann die Trauung stattfinden. Das Beste kommt gleich danach: Die Flitterwochen können sofort beginnen!

Die Highlights

 Frégate Island ist eine echte Robinson-Insel: Nur die Angestellten des »Plantation House« leben auf dem winzigen Eiland, die sich um den Anbau von Vanille, Zimt, Papaya, Tabak, Zuckerrohr, Bananen und Süßkartoffeln kümmern und um die wenigen auserwählten Gäste des Inselresorts.

 La Digues werbewirksame Ochsenkarre und die bekannten riesigen Granitbrocken, die die bekannt exotischen Traumstrände umrahmen, finden sich auf jeder Werbebroschüre.

 Silhouette entspricht flächenmäßig gerade einmal dem winzigen Pellworm, ist aber die drittgrößte(!) Insel des Archipels.

 Auf *Praslin* präsentiert sich die Natur in einer unglaublichen Exotik: Flora und Fauna weisen zahllose Arten auf, die ausschließlich hier auf den Inseln beheimatet sind.

 Mahé, die Hauptinsel, ist die Drehscheibe für internationale Besucher des Archipels.

 Victoria, die einzige Stadt (30 000 Einwohner), präsentiert den Clocktower, der Big Ben in London nachempfunden ist, sowie eine Handvoll weiterer Insignien aus der Kolonialzeit.

 Seychelles International Carnival of Victoria – Der Karneval der Inselhauptstadt wird Anfang März drei Tage lang mit farbenprächtigen Umzügen gefeiert.

Die beste Reisezeit

Das gleichbleibende Klima zeigt eine geringfügige Wetterveränderung nur beim Wechsel der Monsunwinde: Zwischen Mai und September bläst es kräftig, was Segler und Surfer erfreut sowie ein kühleres Temperaturgefühl produziert, zwischen Oktober und März gibt es weniger frische Brisen. Wind und Wasserbewegung sind wichtig für Schwimmer, Schnorchler und Taucher: Die beste Zeit liegt zwishen **April/Mai** und **Oktober/November**, wenn die Wassertemperatur bis zu 29 °C und die Unterwassersicht mehr als 30 m beträgt.

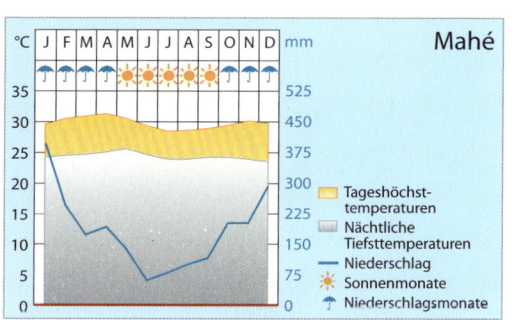

Besondere Tipps

Wandern: Über ein Dutzend »Walks and Trails« führen auf Mahé und Praslin durch Tropenlandschaften.
Island-Hopping: Fähren zwischen Mahé und Praslin verkehren vier Mal täglich, zwischen Praslin und La Digue bis zu acht Mal.
Übernachten: Very charming und eine gute Alternative zu luxuriösen Resorts sind die kreolischen Gästehäuser.
Für Luxusverwöhnte: Das Fünf-Sterne-Resort »Labriz« auf Silhouette, www.labriz-seychelles.com.
Info: www.seychelles.travel

← Selbst Mahé birgt immer noch Traumbuchten, hier der Takamaka Beach.
← Nicht nur Pralins »Vallée de Mai Nature Reserve« ist toll für Ornithologen: Feenseeschwalben etwa …
← … trifft man auch auf Bird Island.
↑ Seychellen-Schönheit »made in La Digue«

Der Krüger-Nationalpark – Visite bei den Big Five

Exakt 173 Säugetierarten leben im Krüger-Nationalpark, aber alle Safaritouristen warten auf die Big Five: Elefant, Nashorn, Büffel, Löwe und Leopard. Großwildjäger haben einst die »Großen Fünf« erfunden, aber heute dürfen die Besucher natürlich nur noch mit ihren Zoomobjektiven auf die Herrscher des Parks zielen. Bei rund 29 000 Büffeln, 12 000 Elefanten, mehr als 7000 Nashörnern, 1500 Löwen und 1000 Leoparden sind auch die Chancen nicht schlecht, alle fünf vor die Linse zu bekommen. Allerdings sind die Leoparden Meister der Tarnung – noch schwerer ist es allerdings, auf Geparden zu stoßen. Die schnellsten Landtiere der Welt (von 0 auf 100 km/h in drei Sekunden) sind die seltensten Großkatzen im Park.

Sehr selten sind auch die Wildhunde, während Zebras und Antilopen fast überall anzutreffen sind. Das gilt auch für die zahlreichen und naturgemäß unübersehbaren Giraffen. In den Wasserläufen sind die Flusspferde zahlreich vertreten, an Nilkrokodilen mangelt es zwar auch nicht, aber die oft nur mit den Augen aus dem Wasser ragenden Reptilien sind schwer auszumachen.

Mit nahezu zwei Millionen Hektar Fläche ist »Kruger«, wie der südafrikanische Park in der englischsprachigen Welt genannt wird, einer der größten Afrikas. Er zieht sich am Limpopo hin, dem Grenzfluss zu Mosambik, und soll noch größer werden: Mosambik und Simbabwe, der Nachbar im Norden, wollen ihre grenznahen Nationalparks in das Gemeinschaftsunternehmen »Great Limpopo Transfrontier Park« einbringen. Es gibt auch bereits Übergänge nach Mosambik, aber ansonsten gilt die Devise: Gut Ding will Weile haben …

Die meisten Touristen konzentrieren sich in dem rund 350 Kilometer lang gestreckten Park auf den Süden, er ist wasserreich und hat dadurch mehr Tiere, einschließlich der Big Five. Der Norden ist ruhiger, hat aber auch eine weniger dichte Infrastruktur. Insgesamt verteilen sich auf den knapp 20 000 Quadratkilometern mehr als 30 Camps und Lodges, vom einfachen Zeltlager bis zum Hauptcamp mit 9-Loch-Golfplatz oder zu Luxus-Herbergen. Die meisten Besucher sind zwar in Autos unterwegs, aber es gibt auch sieben Trails, auf denen man die Wildnis zu Fuß erkunden kann – unter Führung bewaffneter Ranger, versteht sich.

Die Highlights

 Nachtsafaris im Geländewagen, die Ranger in manchen Camps des Krüger-Parks (Provinz Limpopo) anbieten, zeigen den Teilnehmern tagsüber verborgen bleibende, nachtaktive Tiere.

 Skukuza ist das größte Camp im Park und hat die beste Infrastruktur. Im Amphitheater werden unter freiem Himmel Tierfilme gezeigt.

 Golf spielen in Skukuza – Hier lädt ein 9-Loch-Platz zum Verbessern des eigenen Handicaps ein.

 Mapungubwe ist ebenfalls ein Nationalpark in der Provinz Limpopo an der Grenze zu Botswana und Simbabwe. Hier wurde eine Königssiedlung aus den Jahren 900 bis 1400 freigelegt.

 Massingir-Stausee – Hier beginnen Kanu- und Wandertouren in eine nahezu unberührte Wildnis. Wer es etwas weniger anstrengend mag, kann sich in einen der Allrad-Jeeps setzen und zu Ausflügen in die Umgebung starten.

 Pretoria, mit Kapstadt die Hauptstadt Südafrikas, ist ein Ausgangspunkt für Limpopo-Reisen. Die Millionen-Stadt birgt viele historische Bauten, berühmt ist sie für ihre Jakaranda-Alleen.

 Sabi Sand – Das private Wildreservat grenzt im Westen an den Krüger Nationalpark und bietet Safarifahrenden mit außergewöhnlichen Tierbegegnungen und der Unterbringung in exklusiven Camps und Lodges ein ganz besonderes Erlebnis. Vogelliebhaber kommen hier voll auf ihre Kosten.

Die beste Reisezeit

Im **September** geht im Krüger-Nationalpark normalerweise der Winter zu Ende – und damit auch die Trockenzeit. Die Vegetation im Park ist dann – abgesehen von den größeren Flussläufen – ziemlich ausgedörrt. Das Gras der Savanne liegt dann trocken danieder. Das heißt, die Tiere sind leichter zu beobachten, zumal sie sich auch an die verbliebenen Wasserlöcher begeben müssen, um ihren Durst zu stillen. Ein weiterer Vorteil ist das geringere Malaria-Risiko, das mit den ersten Regenfällen stark ansteigt.

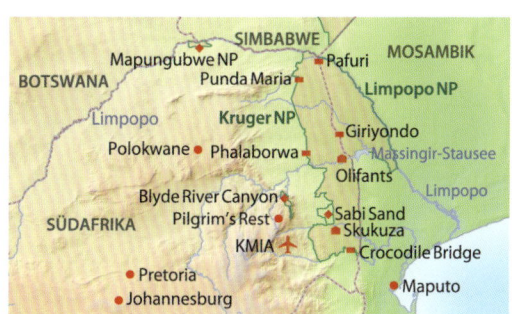

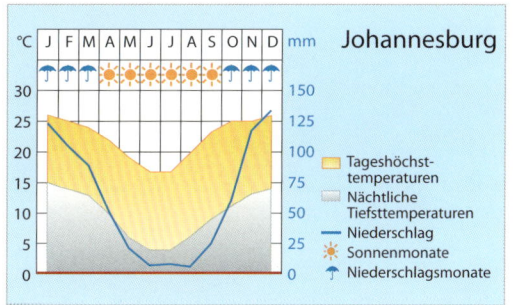

Besondere Tipps

Literatur: Kobie Krüger: »Ich trage Afrika im Herzen: Unser Leben im Krüger-Nationalpark«. Bericht über die Jahre einer Ranger-Familie in der Park-Wildnis.

Küche: Kein Camp im Krüger-Park (und in Südafrika) ohne Braaistand (Grill). »Braaivleis«, »gebratenes Fleisch«, ist ein Barbecue mit Steaks und »Boerewors« (Bauernwurst).

Souvenir: Eine Flasche Monkeyland-Soße, die in Südafrika zu jedem Fleisch gehört. Die Soße hat mit Monkeys (Affen) nichts zu tun.

Info: www.sanparks.org/parks/kruger (auf Englisch)

← Die Welt aus unterschiedlichen Perspektiven: Giraffen und Touristen im Krüger-Park
← Weitere tierische Bewohner des berühmten Wildparks in Südafrika: Leoparden, Flusspferde …
↑ … Büffel und Nashörner.

Jenseits von Afrika

Landung in Antananarivo, der Hauptstadt einer sehr großen, sehr fernen Insel, die wohl die meisten nur aus dem alten Seemannslied »Wir lagen vor Madagaskar …« kennen. Es war ein langer Flug durch die Nacht, von Nord nach Süd über Afrika hinweg. Die Sonne war über dem Kilimandscharo aufgegangen, und irgendwann war die Küste Madagaskars am Horizont aus dem Meer aufgestiegen, wie eine Schatzinsel aus alten Geschichten.

Madagaskar, das riecht nach Pfeffer und Vanille. Es ist ein Kontinent zwischen den Kontinenten, einige hundert Kilometer jenseits von Afrika, viele tausend Kilometer weit entfernt von Asien und Australien. Eine Welt am Rande der Welt: viele Kli-mazonen, viele Landschaftsbilder – Seen, die wie Spiegel im Hochland funkeln, breite Ströme, die sich durch Mangrovenwälder wälzen, ein Hochplateau, auf das sich die madagassischen Könige schon in alter Zeit und die französischen Beamten und Pflanzer noch vor 50 Jahren zurückzogen, wenn sie das Fieber und die Hitze der tropischen Küsten abschütteln wollten.

Madagaskar, ein Puzzle aus sehr unterschiedlichen Völkern: hellhäutige Merina und Betsileo, die nach Millionen zählenden Menschen des Hochlandes. Indische Händler allerorten und muslimische Fischer auf den vorgelagerten Inseln in der Straße von Mosambik. Negroide Stämme im Westen und Süden. Viele Chinesen, Nachfahren jener Kulis, die vor dem Ersten Weltkrieg unter Strapazen und Opfern eine Eisenbahn durch den Dschungel bauten.

Diese Insel voller Überraschungen ist ein Land zum Herumreisen. Seine Menschen, obwohl mehrheitlich bitterarm, erleichtern mit ihrer Liebenswürdigkeit, ihrer natürlichen Offenheit die Annäherung an das Fremde, das zuweilen sogar etwas befremdlich wirkt. Da werden Feste zelebriert, bei denen die Toten nach Jahren wieder ins Leben zurückgeholt werden. Die Gebeine der Ahnen werden bei solchen Ritualen aus ihren Gräbern gegraben und durchs Dorf getragen, um ihnen alles Neue zu zeigen …

Bunte Märkte, wunderschöne Inseln weitab von ausgeprägter touristischer Infrastruktur, Bahnfahrten voller fröhlicher Begegnungen, Naturschutzgebiete mit Tieren, die nur hier und nirgendwo sonst auf der Welt leben: Madagaskar, eine Insel für Entdecker, gibt dem Staunen noch sehr viele Möglichkeiten.

Die beste Reisezeit

Der weitaus größte Teil der Insel liegt innerhalb des Tropengürtels. Die zerklüftete Oberfläche und verschiedene Luftströmungen sorgen für unterschiedliche Klimazonen. Im Hochland herrschen ganzjährig gemäßigte Temperaturen vor, mit viel Regen zwischen November und April. An der Ostküste ist es im Winter heiß und feucht. Wer die Vielfalt der Insel kennenlernen will, muss im *Sommer* reisen. Dann ist es nahezu überall nicht zu heiß und nicht zu nass.

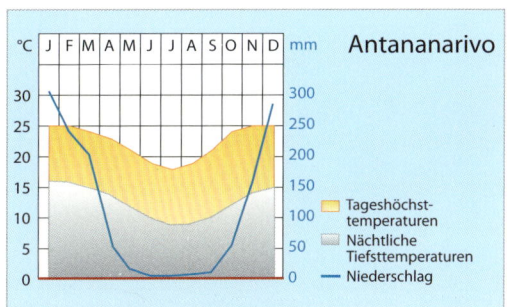

Die Highlights

Antananarivo – Der Botanische und Zoologische Garten am Rande der Hauptstadt bietet eine hervorragende Einstimmung auf die sehr besondere Flora und Fauna mit ihren vielen endemischen Vertretern.

Zoma heißt der exotische Freitagsmarkt im Stadtteil Analakely von Tana, wie die Metropole von ihren Einwohnern genannt wird.

Ranomafana – Nationalpark im dschungelgrünen Osten der Insel, erst 1989 eingerichtet und bevölkert unter anderem von bambusfressenden Lemuren, die es nur hier gibt, und von verschiedenen Makis, beides Primatenarten.

Eisenbahn-Abenteuer – Sehr empfehlenswert ist die Reise von Tana nach Tamatave an der Ostküste.

Ambohimanga – Alte Königliche Residenz und danach Grabstätte madagassischer Könige, seit 2001 UNESCO-Weltkulturerbe, 30 Autominuten von Tana entfernt.

Nosy Boraha, mit kolonialem Namen Ste. Marie, ist eine Insel mit sehr schönen Stränden. Der einstige Piratenschlupfwinkel liegt vor der nördlichen Ostküste und ist ideal zum Ausspannen.

Nosy Bé – Die Insel im äußersten Nordwesten ist landschaftlich abwechslungsreich und bietet an ihren gepflegten Stränden einige Hotels aller Kategorien.

Besondere Tipps

Fortbewegung: »Pousse-Pousse« heißen die Rikschas, die einst von Chinesen hergebracht wurden. Wen es nicht stört, sich von Menschen ziehen zu lassen, setzt sich in so ein Gefährt, das die Einheimischen gern benutzen.
Souvenir: Vanilleschoten, aber man darf nicht mehr als 100 g ausführen.
Literatur: Die historische »Reise nach Madagaskar. Die Verschwörung im Regenwald« von Ida Pfeiffer (1856).
Info: www.madainfo.de

← Lemuren, eine Primatenart, trifft man auf Madagaskar häufig an.
← Bemalte Mädchen vom halbnomadischen Volk der Vezo
← Gewaltige Baobab-Bäume findet man vielerorts auf dieser Trauminsel.
↑ *Beauty in Green:* eine madagassische Echse

Die ungleichen Schwestern

»Mauritius was made first«, schrieb ein begeisterter Mark Twain 1897 in sein Reisetagebuch, »and heaven was copied after it!« So wird der Schriftsteller zitiert auf dem Label lokaler Rumflaschen, Marke Green Island, und ein Bild vom Paradies wird gleich mitgeliefert: Bizarre Berge umschließen eine malerische Bucht, in der eine Dreimastbark vor Anker liegt, nicht weit davon lockt ein pittoreskes Hafenstädtchen.

Die Holländer und Franzosen waren von britischen Kolonialherren abgelöst, die sich mit einem Theater, der größten Pferderennbahn außerhalb Europas und einem sehenswerten Regierungspalast verewigten. Feste wurden gefeiert wie im fernen London, die berühmten Mauritius-Briefmarken waren bereits gedruckt und erzielten auf Auktionen sensationelle Preise.

Mauritius war und ist eine Schatzkiste, heute vor allem seiner Traumstrände wegen, die sich um die gesamte Insel ziehen. Mit luxuriösen Beachresorts, einer erstklassigen kreolischen, indischen und internationalen Küche sowie einem hohen Dienst-

leistungsstandard kann Mark Twains tropischer Garten Eden heute nur so protzen, was die bildschöne Zuckerrohrinsel zu einem der beliebtesten Reisedestinationen weltweit macht.

Ganz speziell auch in Kombination mit ihrer ungleichen Schwester: Ein kurzer Island-Hopper nur ist es bis nach Reunion hinüber, das sich mit seinen Vulkangebirgen wie eine Fata Morgana aus dem Indischen Ozean erhebt. Was sich da über dem Meeresspiegel auftürmt, ist feuerspeiend vor drei Millionen Jahren entstanden: bizarre Canyons, senkrechte Felswände, schwindelerregende Höhen, grün überwucherte Hochplateaus, liebliche Almen, herausragende Berggipfel. Und ganz oben: qualmende Krater in einer Mondlandschaft aus schwarzen Lavafeldern und feinem Staub. Die Hexenküche des Piton de la Fournaise brodelt auf 2650 Metern Höhe. Glühende Lava dringt in feurigen Rinnsalen über den äußeren Kraterrand und ergießt sich nach einer zäh fließenden Reise abwärts zischend ins Meer. Immer wieder kommt es zu heftigen Ausbrüchen, aber Bergwanderern, Bergsteigern und Extremsportlern aller Couleur kommt solch ein Naturspektakel gerade recht.

Die bildhübsche Gebirgsinsel hat auch sonst noch einiges zu bieten: In der Hauptstadt Saint Denis pulsiert das Leben in frankophiler Intensität, schließlich ist das französische Staatsgebiet auch flugtechnisch direkt mit Paris verbunden. Stattliche Kolonialbauten bezaubern durch die Vielzahl verspielter Architekturelemente, weitläufige Parks und Boulevards prägen das urbane Bild ebenso wie historische Gassen und romantische Innenhöfe, die mit flotten Bistros besetzt sind.

Die Highlights

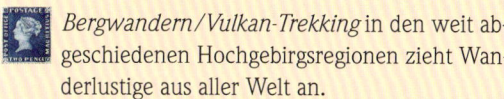 *Bergwandern/Vulkan-Trekking* in den weit abgeschiedenen Hochgebirgsregionen zieht Wanderlustige aus aller Welt an.

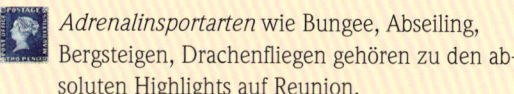 *Adrenalinsportarten* wie Bungee, Abseiling, Bergsteigen, Drachenfliegen gehören zu den absoluten Highlights auf Reunion.

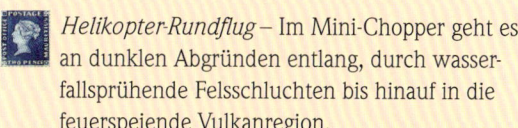 *Helikopter-Rundflug* – Im Mini-Chopper geht es an dunklen Abgründen entlang, durch wasserfallsprühende Felsschluchten bis hinauf in die feuerspeiende Vulkanregion.

Royal Palm Hotel – In der legendären Luxusherberge logierten VIPs wie Yves Montand, Rajiv Gandhi, Nabila Khashoggi und Prinzessin Stephanie. Doch es geht auch ohne Luxus. Mit seinen grün wogenden Zuckerrohrfeldern und einer Landschaft zum Malen kommt auf Mauritius die Entspannung wie von selbst.

Waterfront – die beliebteste und umtriebigste Flaniermeile in der pulsierenden Hauptstadt Port Louis mit Blue Penny Museum, zahllosen Shops, Boutiquen und Restaurants.

Sightseeing-Segeltörn – Die Katamarane für den Bootsausflug entlang der Küste legen von der Hafenmole ab.

Markthallen – Unabdingbar ist ein Besuch der vier großen Märkte, auf denen Berge tropischer Früchte, Obst und Gemüse, Gewürze, Fleisch und frische Meeresfrüchte angeboten werden.

Die beste Reisezeit

Während des *europäischen Sommers* findet jahreszeitenverdreht der insulare Winter statt, mit erfrischenden Passatwinden und Temperaturen um 25 °C, was ideale Verhältnisse für Aktivurlauber schafft. Zumindest Mauritius ist dann angenehm leer und zu günstigen Konditionen zu haben. Auf Reunion sollte man den französischen Ferienmonat August tunlichst meiden. Das schwül-heiße Tropenklima beginnt ab Oktober, wenn die ersten kurzen Regengüsse einsetzen. Trotzdem diktiert der europäische Winter dann die Hauptsaison.

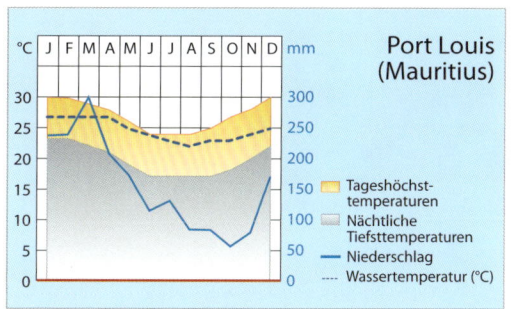

Besondere Tipps

The Royal Palm: Sonnenuntergang auf Mauritius bei einem Cocktail zu Chopin »live« am Klavier, www.royalpalm-hotel.com.

Übernachten: Von der einfachen Berg- und Wanderhütte über einfache kreolische Gästehäuser bis zum Luxusresort ist auf Reunion alles möglich.

Gourmet-Tipp: Original kreolisch schlemmen bei »Escale Créole«, hoch oben in der zauberhaften Bergwelt von Moka, www.escalecreole.net

Info: www.tourism-mauritius.mu; www.mauritius.net, www.reunion.fr

← Die Luftaufnahme vom 556 m hohen Le Morne Brabant zeigt traumhafte Natur.

← Der feuerspeiende Vulkan Piton de la Fournaise ragt 2631 m aus der bizarren Bergwelt Reunions.

↑ Sega-Tanz im luxuriösen »Trou aux Biches Resort«

Auf Marco Polos Spuren

Sie war der älteste, der längste und der legendärste Handelsweg aller Zeiten. Sie war die berühmteste Kulturbrücke zwischen Abend- und Morgenland. Sie ist bis heute ein Mythos geblieben. Aber ihren Namen – die Seidenstraße – hat sie erst 1877 bekommen. Da prägte der deutsche Forschungsreisende Ferdinand Freiherr von Richthofen diesen Begriff, der seither für jegliche Magie des abenteuerlichen Reisens, für Gefahren und kulturelle Glanzlichter steht. Es war freilich nie nur ein einziger Weg, sondern schon zu Zeiten Alexanders des Großen und später Marco Polos und noch später Sven Hedins, die alle auf Teilstrecken dieser »Straße« gereist sind, ein verbindendes Geflecht zwischen Ost und West.

Nie haben die Karawanen nur Seide transportiert, nie nur Gewürze, seltene Hölzer, Naturlacke, Medizin, Tee oder – in umgekehrter Richtung – Weihrauch und Rohrzucker aus Indien und Persien nach China. Zu allen Zeiten gelangten über die Seidenstraße auch Weltanschauungen von einem Kulturkreis in den anderen, die heiligen Schriften und die großen Lehren des Buddhismus, Christentums und Islams. Ihre Gedankengebäude

und sagenhaft gewordenen Denkmäler sind bis heute zu bewundern.

Und ebenfalls bis heute gehören die beiden wichtigsten Etappen zu den Sehnsuchtszielen aller Reisenden mit ausgeprägtem Fernweh: Da sind die magischen Orte Zentralasiens mit Samarkand und Buchara in Usbekistan, deren zauberischer Klang auch nach Jahrzehnten kommunistischer Herrschaft nachhallt. Und da sind die — nicht zuletzt durch die Berichte der frühen Reisenden – bekannt gewordenen Orte im fernen Westen Chinas, »am seidenen Faden« aufgereiht an den Rändern der Wüste Taklamakan, zum Beispiel Kashgar, Turfan, Dunhuang mit seinen Höhlentempeln und natürlich Xian, die alte Hauptstadt im Reich der Mitte.

Aber auch die westliche Fortsetzung der Seidenstraße mit Palmyra und Aleppo in der Nähe der Mittelmeerhäfen, von denen die begehrten Güter einst nach Rom verschifft wurden, kommt mehr und mehr ins Bewusstsein der modernen Seidenstraßen-Pilger. Ebenso die fernöstlichen Ausläufer, die über Korea letztendlich bis nach Japan führten. Und dazwischen – »nächste Ausfahrt: 1001 Nacht« – die Abzweigungen durch das Karakorumgebirge, nach Indien, bis ins heutige Pakistan.

Die beste Reisezeit

Mindestens 10 000 km umfasst das »Streckennetz« der Seidenstraße und ihrer Nebenwege. Eine einheitliche Idealsaison lässt sich also nicht empfehlen. Generell gilt für Usbekistan, die anderen Länder Zentralasiens und die Ost- und Westränder der chinesischen Seidenstraße der **Frühsommer** (Juni) als gute Reisezeit mit erträglichen Temperaturen und wenig Regen. Juli und August sind extrem heiße Monate, ganz besonders in der und um die Taklamakanwüste.

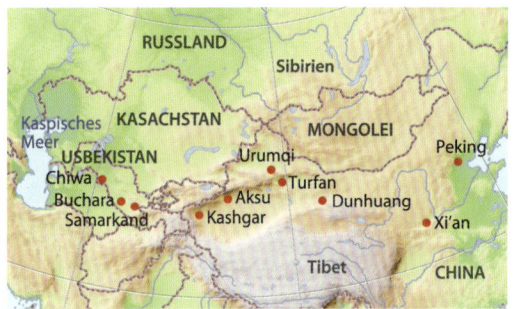

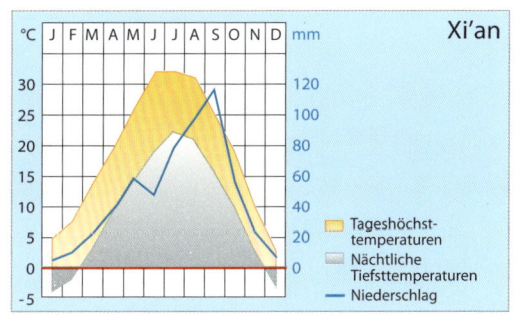

Die Highlights

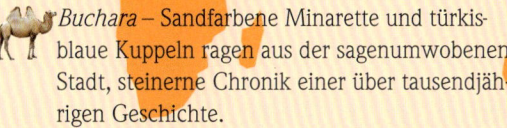

Buchara – Sandfarbene Minarette und türkisblaue Kuppeln ragen aus der sagenumwobenen Stadt, steinerne Chronik einer über tausendjährigen Geschichte.

Samarkand – Der Registanplatz, der schönste in Zentralasien, ist mit seinen Meisterwerken islamischer Architektur das Topziel aller Besucher.

Kashgar – Ohne Rücksicht auf historische Dimensionen und touristische Interessen sind die Chinesen dabei, die Altstadt dieses legendären Handelsorts zu zerstören. Nur der Sonntagsmarkt hat sich noch die Atmosphäre vergangener Zeiten bewahren können.

Urumqi – Als Vorbereitung einer Reise durch die Uiguren-Provinz Xinjiang lohnt hier vor allem das Provinzmuseum einen Besuch.

Turfan – Sehr orientalisch wirkende Stadt am Rand der Turfansenke, der tiefsten und wohl heißesten Region der Welt.

Dunhuang – Zwei herausragende Sehenswürdigkeiten: die Sanddünen mit der Oase am Mondsichelsee und die Mogao-Grotten, die weltgrößte Schatzkammer buddhistischer Wandmalereien.

Xi'an – Absolutes Muss: die Terrakotta-Armee des Kaisers Quin Shi Huangdi, etwa 2200 Jahre alt, aber erst 1974 durch Zufall entdeckt.

Besondere Tipps

Große Mauer: Fast so eindrucksvoll wie die restaurierten Abschnitte bei Peking sind die Relikte bei Jiayuguan, wo einst für die Chinesen die Welt zu Ende war.
Literatur: Marco Polo beschreibt im Buch »Die Wunder der Welt« seine Reise nach China.
Souvenir: Wohl nirgendwo lässt sich Seide nicht nur bester Qualität, sondern auch mit so hohem »Legendenfaktor« kaufen wie an der Seidenstraße selbst, zum Beispiel in den Basaren von Kashgar und Buchara.
Info: www.abenteuer-seidenstrasse.de

← Oase am Mondsichelsee in der Wüste Gobi, nahe der buddhistischen Höhlentempel von Dunhuang
← Usbekische Volkstänze in farbenfrohen Trachten im Zentrum von Samarkand
↑ Seidenhändler im Basar von Kashgar
↑ Seidenraupen am Rande des uralten Handelswegs

Wo das Gras singt und der Sand strömt

Abenteuerreise in das Land des weiten Himmels. Das bedeutet halbwilde Kamele in der Wüste Gobi, große Herden edler Pferde in der Steppe und Yaks an der Grenze zu Sibirien, lange Fahrten im Geländewagen, Besuche in den Jurten, den typischen Rundzelten der einheimischen Nomaden, Begegnungen mit buddhistischen Mönchen in Klöstern, in die nach dem Ende der kommunistischen Herrschaft wieder religiöses Leben zurückgekehrt ist.

Die Mongolei, ein noch längst nicht alltägliches Reiseziel, von dem auch fortgeschrittene Globetrotter nicht allzu viel wissen – ein Ziel mit hohem Sehnsuchtsfaktor für alle, die es auf den Spuren des legendären Dschingis Khan und seiner Nachfolger in die Steppe drängt. Das Land ist fast fünfmal so groß wie Deutschland. Mehr als eine Million Mongolen leben in der Hauptstadt Ulan Bator, die täglich ein paar Meter weiter in die Steppe wuchert, die restlichen anderthalb Millionen verlieren sich mit ihren Tieren in der Einsamkeit zwischen der russischen Grenze und der Inneren Mongolei, die zu China gehört.

Und so gestaltet sich eine Tour durch dieses gewaltige Land: Übernachtet wird in Jurtencamps, einfach und doch komfortabel eingerichtet, mit Holzbetten, ein, zwei Stühlen und einem Bullerofen, wie ihn die Einheimischen benutzen. Zwei schmale Holzsäulen tragen das Dachgestänge aus 64 Latten, das mit einer dicken Plane belegt ist. Holzscheite und Briketts aus getrocknetem Kameldung liegen in Kartons bereit. Duschen und Toiletten sind in einem Holzhaus untergebracht, ein paar Schritte von den Zelten entfernt. Den Strom liefert ein Generator.

Mittags kreisen Milane und Falken über den Picknickplätzen. Springmäuse schauen in der Wüste beim Essen zu, und am Hüvsgül-See im Norden, eine Tagesreise mit Flugzeug und Auto von Ulan Bator entfernt, trampeln schon mal Yaks durchs Camp. Die blumenreichen Wiesen, krasser Gegensatz zum nahezu vegetationslosen Süden, duften im kurzen Sommer nach Wermut und Thymian.

Am Lagerfeuer wird die charakteristische Pferdekopfgeige gespielt. Legenden von großen Schamanen, deren geheimnisvolles Wissen bei den einfachen Menschen wieder gefragt ist, machen die Runde. Die Mongolei ist ein sehr armes Land. Aber Zeit und Raum sind im Überfluss vorhanden.

Die beste Reisezeit

Die sonnige Saison, geprägt durch das Kontinentalklima Zentralasiens, dauert von Ende Mai bis Ende September. Im *Juli*, wenn an vielen Orten das Naadam-Fest gefeiert wird, ist es am schönsten, in der Gobi aber auch tagsüber extrem heiß. Gleich danach beginnt die regenreiche Zeit, die die Landschaft, sogar die Wüste, lindgrün färbt. Dann sind viele Pisten verschlammt, und im Norden, rund um den Hüvsgül-See muss mit reichlich Mücken gerechnet werden.

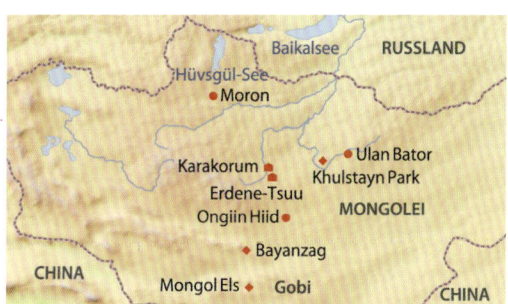

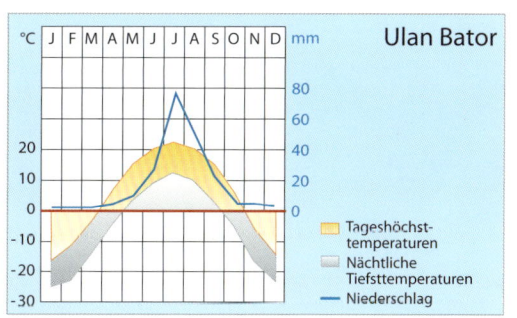

Die Highlights

Transsibirische Eisenbahn – Die meisten werden mit dem Flugzeug anreisen. Wer dem Abenteuer die Krone aufsetzen will, benutzt die Transsibirische Eisenbahn, deren Nebenlinie von Irkutsk aus nach Ulan Bator fährt.

Ulan Bator – Schnell wachsende Hauptstadt, die sich heute Ulan Bataar nennt, mit überraschend vielen sehenswerten Museen, etwa dem Nationalmuseum für Mongolische Geschichte und dem Klostermuseum des Chojin-Lama.

Die *Dünen von Mongol Els* gehören mit über 250 m zu den höchsten der Welt. Sie ziehen sich über 80 km durch eine Region, 250 km südwestlich von Ulan Bator.

Karakorum – Zwei große steinerne Schildkröten erinnern hier an die einstige Residenz des Dschingis Khan. Sie sollen vor fast 800 Jahren die Stützpfeiler seiner Jurte getragen haben.

Im *Naturpark Khulstayn*, im Zentrum des Landes, sind die Nachfahren des mongolischen Urpferds geschützt. Außerdem leben hier Wölfe und Luchse.

Erdene-Tsuu – Ältestes buddhistisches Kloster (1586). In der kommunistischen Zeit Museum, heute wieder Wohnort einiger Dutzend Mönche.

Der *Hüvsgül-See* ist der größte See in traumhafter Landschaft, umrahmt von Taigawald und schneebedeckten Bergen.

Besondere Tipps

Essen und Trinken: »Khorkhog« (Schaf in der Milchkanne), Lieblingsspeise der Nomaden: eine Schicht Fleisch, eine Schicht glühend heißer Steine, eine Schicht Hammel, wieder eine Schicht Steine. Nach einer Stunde in der Glut wird das Fleisch in Fetzen geschnitten, verteilt und mit Wodka heruntergespült.
Feste: Das Naadam-Fest, Reiterspiele aus der Zeit der großen Khane, findet alljährlich im Juli statt, am spektakulärsten in Ulan Bator.
Info: www.mongolei.de

← Pferde sichern den Nomaden die Existenz.
← Das buddhistische Kloster Erdene-Tsuu
← Am traditionellen Nomadenleben, zu dem tragbare Jurten gehören, halten die Mongolen fest.
↑ Reitkünste prägen die Nadaamfeste, deren größtes im Juli in Ulan Bator gefeiert wird.

Wunderwelten zwischen Nias und Neuguinea

Was für ein Land: Das größte Inselreich der Erde – es sollen 13 677 Eilande sein, die da über und unter dem Äquator auf touristische Erweckung warten. So große wie Sumatra, Kalimantan – das frühere Borneo – oder Neuguinea, von dem Indonesien den westlichen Teil besetzt hält. So dicht besiedelte wie Java, so spannende wie Sulawesi, in den alten Büchern als Celebes beschrieben. So geheimnisvolle wie Kodi, so unbekannte wie Bandaneira oder die Luciparas. Nur Bali hat einen festen Platz in den Katalogen und im Kopf aller Inselträumer, doch diese Heimat so vieler Götter gilt eher als eigener Mikrokosmos denn als Teil Indonesiens.

Entdeckerland also, über drei Zeitzonen und 5000 Kilometer weit reicht es von der Insel Nias im Westen, wo seit Generationen die jungen Männer über hohe Steinpyramiden springen, um sich und ihren Gegnern die Kraft des Kriegers zu beweisen, bis ins Hinterland von Jayapura, der Hauptstadt von Indonesisch-Neuguinea. Dazwischen reizvolle Städte mit großer Vergangenheit wie Yogyakarta, Kulturdenkmäler von Weltrang wie das buddhistischen Heiligtum Borobodur auf Java und, ganz in

der Nähe, Prambanan, der hinduistische Tempelkomplex. Naturattraktionen wie den Toba-See auf Sumatra, die Riesenwarane auf Komodo, Vulkanlandschaften wie das Dieng-Plateau oder den großen Nationalpark rund um den Bromo, beides auf Java.

Fast 350 Jahre lang behaupteten die Holländer ihren Einfluss in der Region. Erst 1945 wurde aus Niederländisch-Ostindien, von Schriftstellern und den frühen Reisenden auch gern Insulinde genannt, der Staat Indonesien. Er gilt als größtes islamisches Land der Welt. Die Muslime folgen mehrheitlich einer sunnitisch-moderaten Richtung. Je weiter östlich von Java der Reisende in entlegene Welten vordringt, desto häufiger wird er auf Völker stoßen, die Naturreligionen anhängen, und auf große christliche Gemeinden, die schon vor langer Zeit missioniert wurden.

Nirgendwo – von Balis Südstränden abgesehen – hat sich in diesem Archipel der großen und kleinen Wunder bislang ein Tourismus der großen Zahl etablieren können. Eine vielerorts überwältigend schöne Natur, Zeugnisse große Kultur und überaus freundliche Menschen warten auf Reisende, die das Staunen noch nicht verlernt haben.

Die beste Reisezeit

Vereinfachend lassen sich zwei »Jahreszeiten« unterscheiden: die Regenzeit des Winter- oder Westmonsuns mit ergiebigen Niederschlägen zwischen Oktober und April und die »trockene« Zeit des Sommermonsuns zwischen *Mai* und *September*. Letztere kann als ideale Reisezeit für die meisten Teile Indonesiens gelten. Es versteht sich, dass bei der riesigen Ausdehnung des Archipels sehr viele Kleinklimazonen von dieser Einteilung zum Teil erheblich abweichen.

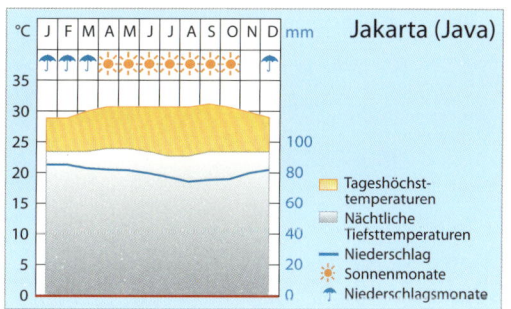

Die Highlights

Besondere Tipps

Souvenir: Handgemalte und aufwendig gefärbte Batikstoffe sind ein hochwertiges Mitbringsel; ihre Motive sind oftmals Figuren aus dem Wayang Kulit (Schattenspieltheater).

Zeitreise: Nostalgisch veranlagte Reisende werden gern im legendären »Café Batavia« im Kolonialviertel von Jakarta einkehren.

Wandern: Trekkingtouren in der abwechslungsreichen Vulkanlandschaft des Bromo-Tengger-Semeru-Nationalparks in Ostjava.

Info: www.tourismus-indonesien.de

← Der Tempelberg von Borobodur Java gilt als größtes buddhistisches Sakralbauwerk.

↑ Toraja-Kinder auf Sulawesi

↑ Makaber, aber wahr: Totenkulte und Beerdigungszeremonien gehören zu den Attraktionen Sulawesis.

Französisch-Polynesien – Archipel der Sehnsucht

Auf der Suche nach dem Paradies landen die meisten sehr rasch in der Südsee, auf Tahiti, Bora-Bora, auf Moorea, Hiva Oa und den anderen Inseln Polynesiens – jedenfalls im Traum. Die Südsee, das ist weniger ein geografisch korrekter Begriff als ein Mythos. Es ist schlicht die Metapher für die Sehnsucht nach immer währender Sonne, nach weißen Stränden, über die sich Palmen biegen, nach schönen, unverbildeten Menschen, die sich vorwiegend der Musik und der Liebe hingeben, nach einem Garten Eden mit tropischen Früchten, die Einheimischen wie Gästen einfach in den Mund wachsen.

Solche Träume haben schon vor Jahrhunderten Seefahrer und Dichter, Maler und Lebenskünstler auf die Atolle des Südpazifiks geführt. Robert Louis Stevenson, der Autor der »Schatzinsel«, hat behauptet: »Kein anderer Erdteil übt einen ähnlichen Zauber auf den Besucher aus.« Und Paul Gauguin, dessen Bilder weltweit zur Verbreitung des Mythos Polynesien beigetragen haben, war nach seiner Ankunft auf Tahiti zunächst begeistert: »Die Landschaft mit ihren reinen starken Farben blendete mich ...« Aber er war nicht nur glücklich, als er

um die vorvorige Jahrhundertwende erst auf Tahiti, später auf Hiva Oa lebte.

So ergeht es auch manchen Touristen, die unverzagt ihrer Sehnsucht folgen: Sie landen auf tropischen Inseln, die zu den schönsten der Welt gehören, sie tragen bei der Ankunft voller Stolz die Blütenkränze, die ihnen umgehängt werden. Sie tauchen ein ins Strandparadies, und sie tauchen unter in den Lagunen und vor den Riffen, um die Wunderwelt in den Korallengärten zu bestaunen. Sie lassen sich von der Lebenslust der polynesischen Tänzerinnen anstecken, und sie genießen den Luxus in den Bungalows, die auf Stelzen ins glasklare, lauwarme Wasser der Lagunen gebaut wurden.

Spätestens dann wird allen klar: Dieses Paradies hat einen hohen Preis. Es ist weit weg, es wirkt an einigen Stellen so künstlich wie Disneyland, Wirbelstürme zerstören immer wieder, was gerade aufgebaut wurde, und es gehört zu den teuersten Urlaubszielen weltweit. Aber, und das ist für alle Südseeträumer das Wichtigste: Es ist dennoch eine Art Paradies, auf Erden vielleicht das letzte. Machen Sie sich also auf den Weg. »Ia Orana maeva« – herzlich willkommen in der Südsee!

Die Highlights

 Tahiti – Bester Ort zur Einstimmung auf Geschichte und Kultur Polynesiens ist das »Museum von Tahiti und den Inseln« am Rand der Hauptstadt Papeete.

 Moorea – Schon Captain Cook war begeistert von Tahitis Nachbarinseln. Nach ihm ist die Cook's Bay benannt – eine Postkartenidylle.

 Bora-Bora – Die Lagune, die die Insel weltberühmt gemacht hat, ist atemberaubend schön. Entsprechend viele Touristen kommen, das Preisniveau ist extrem hoch.

 Huahine – Die Insel wirkt noch ursprünglich. Sie birgt archäologische Schätze: Maraes, Kultstätten aus der Frühzeit.

 Raiatea – Noch sind Fischfang und Vanilleanbau wichtiger als Tourismus. Einzige kulturelle Sehenswürdigkeit sind die Ruinen der größten Marae-Anlage Polynesiens (Taputapuatea).

 Rangiroa im Tuamoto-Archipel zieht mit seiner Lagune Taucher aus aller Welt an: Haie und Mantarochen sind die Sehenswürdigkeiten unter Wasser. Auf der Nachbarinsel Manihi werden die berühmten schwarzen Perlen gezüchtet.

 Hiva Oa gehört zur Inselgruppe der Marquesas und ist berühmt geworden, weil der Maler Paul Gauguin hier während seines zweiten Polynesien-Aufenthalts gelebt hat und 1903 hier gestorben ist.

Die beste Reisezeit

Die bei Weitem schönste und niederschlagsärmste Zeit dauert von Mai bis Mitte September. Folgt man der Statistik, soll es im *Sommer* höchstens an sechs oder sieben Tagen (kurz) regnen, aber acht Stunden pro Tag darf man mit Sonnenschein rechnen. Die Tagestemperaturen liegen mit knapp unter $30\,°C$ etwas niedriger als im übrigen Jahr, die Wassertemperaturen auch – immerhin noch bei $26\,°C$! Abends kann es zuweilen überraschend kühl werden.

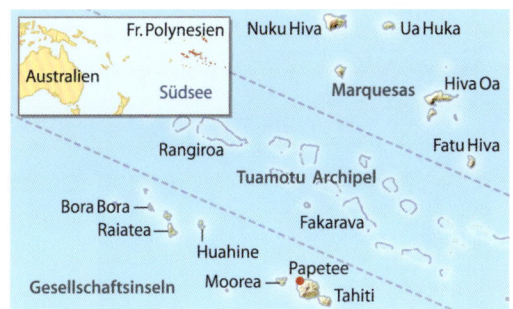

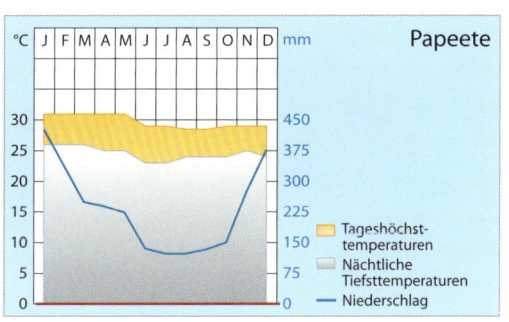

Besondere Tipps

Fortbewegung: Der Frachter »Aranui« fährt auf einem Zwei-Wochen-Törn von Tahiti regelmäßig abgelegene Inseln auf den Marquesas und Tuamotus an und nimmt dabei auch Passagiere mit.
Museé Gauguin: Auch wenn hier kein Original seiner Südseebilder hängt, bietet das Museum auf Tahiti einen guten Überblick über Gauguins Jahre im »Paradies«.
Literatur: »Silbermond und Kupfermünze« – Gauguins Leben in Romanform, von William Somerset Maugham.
Info: www.tahiti-tourisme.de

← Die blaue Lagune von Bora Bora – ein Südseetraum
← Vanilleschoten werden zum Trocknen ausgelegt.
← Tätowieren ist eine uralte Kunst auf Polynesien.
↑ Stelzen-Bungalows sind die Lieblingsunterkünfte betuchter Südsee-Reisender.
↑ Schwarze Perlen vom Tuamotu-Archipel.

Ausflug in die Steinzeit

Ein sonnendurchglühter Platz im Zentrum eines Dorfs, tief im Urwald bei Goroka. Ein älterer Mann, den Körper weiß geschlämmt, auf dem Kopf eine Maske aus Lehm, führt ein Kind an der Hand, das ähnlich ausstaffiert daherkommt. Der Alte bringt dem Jungen bei, wie sich Feuer nur durch das Reiben eines Stöckchens entzünden lässt. Grauweißer Rauch steigt auf. Dann treten immer mehr »Schlamm-Menschen« auf, schwingen Messer und Knüppel. So müssen die Männer des Asaro-Volks im Hochland von Neuguinea einst ihre Nachbarn erschreckt und in die Flucht geschlagen haben, wenn die auf Raubzug bei ihnen auftauchten.

Ortswechsel: Im Hafen von Wewak an der Nordküste hat ein Kreuzfahrtschiff festgemacht. Tänzer und Trommler, geschmückt mit den Federn des Paradiesvogels, geben sich in ihrer Begeisterung über die Besucher ekstatischen Freudenausbrüchen hin. Solche Szenen lieben die Touristen in Papua, solche Begegnungen haben sie erwartet. Sie erinnern an die Legenden von Kopfjägern, an die Geschichten über Völker, die erst vor ein paar Jahrzehnten im Dschungel entdeckt worden sind. Neuguinea, nach Grönland zweitgrößte Insel der Erde, 800 verschiedene Stämme und Sprachen, größter Tropenwald der östlichen Hemisphäre, mächtige Flüsse, die durch die Urwaldregionen mäandern. Die zweigeteilte Insel ist noch immer eine der am wenigsten erforschten Regionen der Erde.

Der kleinere Westteil gehört zu Indonesien; immer wieder kommt es dort zu Bestrebungen der Einheimischen, einen Anschluss an den Nachbarstaat zu erzwingen. Papua Niugini, wie die Einheimischen in ihrer Lingua franca, dem Pidgin-Englisch, ihr Land nennen, ist erst seit 1975 souverän, von Australien unterstützt. Australier stellen denn auch den größten Teil der Touristen, die auf abenteuerlichen Wegen in entlegene Dörfer vorstoßen oder in den Gewässern der Inselwelten tauchen.

Noch kommen nur wenige deutsche Besucher. Vor allem die älteren unter ihnen haben eventuell auch ein historisches Reisemotiv. Denn der heutige Staat Papua war von 1899 bis 1914 Teil des deutschen Kolonialreichs. Zu Deutsch-Neuguinea gehörten seinerzeit auch Inselgruppen wie die Karolinen und der Bismarck-Archipel sowie die reizvollen Trobriand-Inseln in der Salomonsee.

Die Highlights

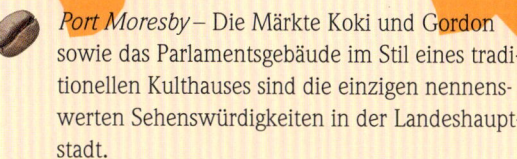
Port Moresby – Die Märkte Koki und Gordon sowie das Parlamentsgebäude im Stil eines traditionellen Kulthauses sind die einzigen nennenswerten Sehenswürdigkeiten in der Landeshauptstadt.

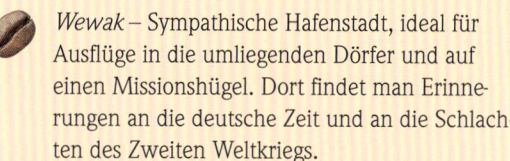
Wewak – Sympathische Hafenstadt, ideal für Ausflüge in die umliegenden Dörfer und auf einen Missionshügel. Dort findet man Erinnerungen an die deutsche Zeit und an die Schlachten des Zweiten Weltkriegs.

Madang – Die Hafenstadt an der Nordküste ist Ausgangspunkt für Abstecher ins Hochland, zum Beispiel nach Goroka.

Mount Hagen – Die »Metropole« des westlichen Hochlands. Hier treffen sich jedes Jahr im August Tausende Tänzer aus verschiedenen Völkern zum großen Sing-Sing, das nach wie vor als authentisches Festival einheimischer Kultur gilt.

Sepik-Fluss – Papuas größter Strom ist mit 1126 km so lang wie der Rhein. Der Flussdampfer »Sepik Spirit« befährt Teilstrecken – eine komfortable Art, die Wildnis zu genießen.

Goroka – Das Zentrum des östlichen Berglands ist Ausgangspunkt für Abstecher zu den Schlamm-Menschen aus dem Stamm der Asaro.

Trobriands – Inselgruppe in der Salomonsee. Die Bevölkerung lebt noch weitgehend nach den Riten ihrer Vorfahren.

Die beste Reisezeit

Das ganze Jahr über herrscht feuchtheißes Tropenklima. Im **Sommer** regnet es an der Nordküste etwas mehr. Dann aber herrschen bessere Bedingungen an der Nordküste, die von den wenigen Kreuzfahrtschiffen, die es in bis in diese entlegenen Welten schaffen, sowieso eher angelaufen werden (zum Beispiel Madang). Auch für das Hochland (zum Beispiel Goroka) und die Inseln im Osten sind die regenärmeren Monate Mai bis September empfehlenswerte Reisemonate.

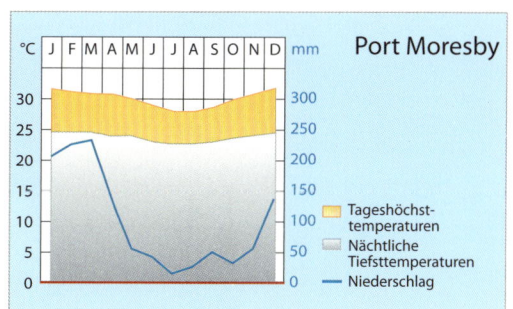

Besondere Tipps

Souvenir: Der Paradiesvogel, das nationale Symbol von Papua, wird auf T-Shirts und in Holzplastiken angeboten. Die Ausfuhr seiner bunten Federn ist streng verboten.

Louisiaden-Inseln: Auf dieser Gruppe von 90 Inselchen im Südostzipfel von Niugini locken Südseeromantik und grandiose Tauchreviere.

Literatur: »Leben im Regenwald«, Erinnerungen einer Missionarin aus den letzten Jahrzehnten des 20. Jahrhunderts; schlichte Sprache, interessante Fakten.

Info: www.pngtourism.de

← Nicht nur zu den traditionellen Singsings schmücken und bemalen sich Frauen wie Männer in Neuguinea.

← Die Federn im Kopfschmuck stammen meist vom Paradiesvogel, dem Symboltier der Insel.

↑ An der Tierwelt, hier ein Baumkänguru, ist die Nähe zum australischen Kontinent zu erkennen.

Rügen – Wenn die Kraniche ziehen

Nachsaison im Bauernland zwischen Vaschvitz und Natzevitz. Stille liegt über den abgeernteten Feldern. Auf dem Rassower Strom gleitet ein Segelboot scheinbar ins Nirgendwo. Kähne dümpeln am Ufer. In verschlafenen Dörfern kuscheln sich Fachwerkhäuser um alte Backsteinkirchen. Radler rumpeln übers Kopfsteinpflaster und durch die grünen Tunnel der Alleen, womöglich kreist auch noch ein Milan wie bestellt am Himmel, und Wolkengebirge türmen sich am Horizont auf.

Der Herbst ist die ideale Zeit für Wanderungen durch den stillen Westen der Insel, der zwar keine nennenswerten Strände aufweist, aber gesprenkelt

ist mit liebevoll renovierten Dorfkirchen wie St. Jacobi in Gingst, die Kulturkiche von Landow, St. Katharinen in Trent mit ihrem Barockaltar, Maria Magdalena in Neuenkirchen mit einer Glocke aus dem 14. Jahrhundert, St. Johannes in Schaprode mit ihrem Triumphkreuz, über 500 Jahre alt.

Auch auf den im Sommer so lebhaft frequentierten Wanderwegen ist Ruhe eingekehrt, zum Beispiel auf dem Hochufer am Königsstuhl, zwischen den berühmten Kreidefelsen, die zum Wahrzeichen für Rügen geworden sind. Das gilt sogar für die beliebten Seebäder, die sich im Osten der Insel wie Perlen an der Schnur aufreihen, allen voran Binz, Sellin und Göhren. Jetzt lässt es sich wieder mit Muße eintauchen in die Welt der weißen Villen. Es fällt leicht, die Gedanken auf nostalgische Zeitreise zurück in die 1920er-Jahre zu schicken, als unter den Türmchen und auf den ziseliert gestalteten Balkonen die feine Gesellschaft aus Berlin die Sommerfrische genoss, gern auch bis weit in den Herbst hinein.

Entdeckungstouren machen in der Nachsaison besonders viel Spaß: etwa zu den Zickerschen Höhen auf der Halbinsel Mönchsgut oder durch die alten Straßen der Inselhauptstadt Bergen. Oder einmal rund um den romantischen Wreecher See in der Nähe der wieder zu neuem Leben erweckten Residenz von Putbus. Oder durch den farbenprächtigen Granitzer Wald zum Jagdschloss. Und erst recht zur Beobachtung der Kraniche, die im September und Oktober zu Tausenden auf ihrem Weg von Skandinavien in den Süden für ein paar Wochen Rast auf Rügen machen – ein Naturerlebnis der Extraklasse.

Die beste Reisezeit

Rügen hat zwar, wie die Rügener zu Recht behaupten, immer Saison: warme Sommer, oft von stabilen Hochs über Russland beeinflusst, milde Frühlingstage (Rapsblüte), Winterwochen, mal regenreich, aber auch tagelang frostig-klar. Am schönsten aber sind die Monate *September* und *Oktober* (16–22 °C), wenn die Kraniche ziehen und die Wälder farbenprächtig leuchten. Selbst wenn in dieser Zeit mit zum Teil heftigen Herbststürmen gerechnet werden muss.

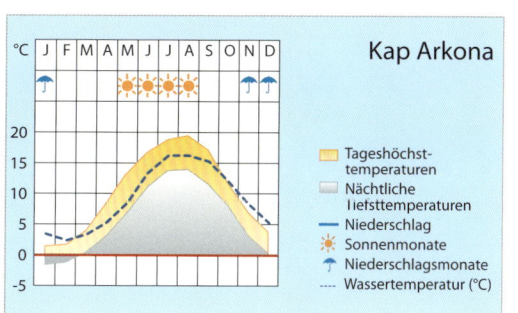

Die Highlights

 Die *Rügenbrücke* über den Strelasund verbindet seit 2007 als markante Konstruktion das Festland mit der Insel.

 Kraniche beobachten – Zum einen am Udarser Wiek auf der Nachbarinsel Ummanz, zum anderen im Jasmunder Nationalpark, mit Schiffchen von Breege aus zu erreichen.

 Kap Arkona – Gleich zwei Leuchttürme ragen aus Rügens Nordkap, der Schinkelturm von 1827, der älteste an Deutschlands Ostseeküste, und der wesentlich größere von 1902. Sehenswert ist auch das Dörfchen Vitt unterhalb vom Kap.

 Kreidefelsen – Wer kennt nicht das Gemälde des Romantikers Caspar David Friedrich, das seit 1808 unser Rügenbild prägt. Bis zu 120 Meter hoch sind die Klippen, deren fragile Pracht am besten von der Seeseite zu bewundern ist.

 Prora – Ein Relikt aus der nationalsozialistischen Zeit, das wegen seiner monströsen Größe – 5 km lang – bis heute Aufsehen erregt. Es sollte 20 000 Urlaubern Quartier bieten.

 Rasender Roland – Die »Rügensche Kleinbahn« dampft seit 1895 zwischen Putbus und Göhren.

 Putbus – Einst fürstliche Residenz, heute Kulturdenkmal mit einem »Circus« genannten Platzrondell im Zentrum, einem Schlosspark mit altem Baumbestand und einem bespielten Theater in klassizistischem Stil.

Besondere Tipps

Souvenir: Im Herbst werden die Sanddornbeeren am Strauch von Hand ausgepresst – »gemolken«, wie es auf Rügen heißt. Daraus wird Marmelade, Wein und Likör.

Insel Hiddensee: Rügens kleine Schwester ist von Schaprode mit der Fähre zu erreichen. Viele Spuren von Künstlern aus früherer Zeit.

Störtebeker-Spiele: Familienspaß auf der Freilichtbühne Ralswiek von Mitte Juni bis Anfang September.

Info: www.ruegen.de, www.seebad-insel-hiddensee.de, www.stoertebeker.de

← Die Seebrücke in Sellin, ein Symbol für Rügen

← Der Zug der Kraniche lockt im Herbst Naturfreunde an.

← Kreidefelsen im Nationalpark Jasmund

↑ Die Dampfeisenbahn »Rasender Roland« rattert über die Insel.

Der Donauradweg – Reben und Marillenbäume

Als Meister des antiken Straßenbaus haben natürlich schon die Römer den Wert des Donautals als Transportroute erkannt und genutzt, für die Schifffahrt, aber auch für eine Straße, die aus ihren Gebieten in Germanien durch den Balkan bis ans Schwarze Meer führte.

Die Straßen entlang den Ufern des großen Stroms haben – im Gegensatz zur Wasserstraße – heute zwar nur noch regionale Bedeutung, aber diese Einschätzung gilt nicht für Radfahrer. Ihr »Donauradweg« folgt rund 2900 Kilometer weithin der einstigen »Via Istrum«, von der Quelle bis zur Mündung.

Die etwa 330 Kilometer zwischen Passau und Wien bilden das Herzstück der Route, gelten als meistbefahrener Radfernweg in Europa und bieten eine gute Infrastruktur mit Unterkünften, die auf Radler eingestellt sind. Es ist also kein Zufall, dass hier die meisten Urlauber in die Pedale treten und auch die meisten Fluss-Kreuzfahrtschiffe auf diesem Donauabschnitt pendeln, mit Abstechern nach Bratislava, Esztergom und Budapest.

Warum? Weil die Flusslandschaft besonders reizvoll ist – die Wachau gilt als eine der schönsten der Welt – und weil beiderseits des Stroms viel Geschichte und Kultur zu erleben ist, einschließlich hoher Küchenkultur. Die Nibelungen zogen hier entlang, die Kreuzritter nutzten die Donau als Weg ins heilige Land, umgekehrt drangen türkische Heere vor bis Wien. Alle hinterließen eine breite Spur an historischen Zeugnissen und einen reichen Schatz an Sagen und Legenden.

Beides vereinigt sich an Orten wie der Burg Dürnstein, in der Englands König Richard Löwenherz gefangen gesetzt worden war. Die Kirche schuf eindrucksvolle Bauten wie den Stephansdom in Passau, Stift Wilhering, die Wallfahrtsbasilika Pöstlingberg in Linz, das Stift Melk oder den Stephansdom in Wien.

Passau, der Startort, ist eine Hauptstadt auf dem bayerischen Bieratlas, aber je weiter die Räder – weithin steigungsfrei – gen Osten rollen, umso deutlicher wird es: Das Donautal ist zumindest in diesem Abschnitt ein Weinland. Immer wieder locken am Wegesrand Schilder zur Weinprobe in nahe Fasskeller. Und wo keine Trauben reifen, blühen die Marillenbäume – »Aprikosen« für Nordlichter. Und natürlich sind die Wachauer Marillenknödel die besten Österreichs. Ach was, der ganzen Welt!

Die Highlights

- *Passau*, die »Dreiflüssestadt« (Donau, Ilm und Ilz), verdankt ihre mediterran wirkende Altstadt italienischen Baumeistern. Der Stephansdom besitzt eine der größten Orgeln der Welt.

- *Historische Kirchen* prägen das Bild von Linz, zur Wallfahrtskirche auf dem Pöstlingberg führt die steilste zahnradlose Bergbahnstrecke der Welt.

- *Stift Melk* war schon im 11. Jh. ein geistliches Zentrum, seine prachtvolle Barockgestaltung erhielt das Kloster im 18. Jh.

- *Burg Dürnstein* – Die Burgruine und der himmelblaue Turm der Stiftskirche am Donauufer sind die weithin sichtbaren Erkennungszeichen des Orts. Von der Burg in etwa 400 m Höhe kann man fast die gesamte Wachau überblicken.

- Die *Altstadt von Krems* ist Teil des Weltkulturerbes der UNESCO, das Steiner Tor wurde zum Wahrzeichen dieses historischen Gassengewirrs.

- *Wien* – Die Stadt ist voller Attraktionen. Nur einige »Highlights«: Stephansdom, Hofreitschule, Schloss Schönbrunn, Riesenrad im Prater, Burgtheater, Museum Albertina.

- *Grinzing* ist das bekannteste Heurigenviertel in Wien. In den Straußenwirtschaften dürfen Winzer ihren Wein ausschenken und kalte Speisen servieren.

Die beste Reisezeit

Die beste Reisezeit für das Donautal sind die Sommermonate – aber sie sind, wie so oft, auch die Zeit mit den meisten Touristen. Deshalb radeln viele gerne im **Herbst**, einer noch klimatisch angenehmen Zeit, die überdies am Strom gerne zu Winzerfesten genutzt werden. In der Wachau herrscht ein – weinbauförderndes – Mikroklima mit etwas höheren Temperaturen als in der Umgebung. Generell wirkt die Donau als Ausgleich zwischen den Tag- und Nachttemperaturen.

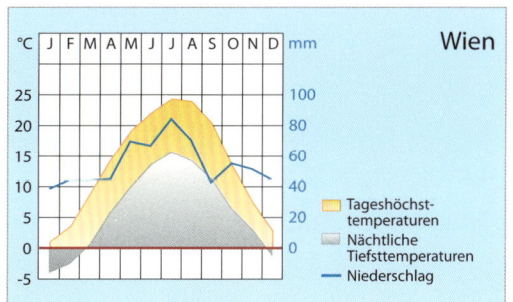

Wien

Tageshöchsttemperaturen

Nächtliche Tiefsttemperaturen

Niederschlag

Besondere Tipps

Literatur: »Donau: Biographie eines Flusses« von Claudio Magris. Eine umfassende Kulturgeschichte des europäischen Stroms.

Rundgänge: Wien, die selbsternannte »Welthauptstadt der Musik«, bietet auf seiner Website (www.wien.info) gratis Rundgänge auf den Spuren berühmter Komponisten wie Mozart und Johann Strauß zum Download an.

Souvenir: Alles aus echten Wachau-Marillen, Spezialitäten sind Marillenbrand, -marmelade und -essig.

Info: www.radtouren.at/de/radwege/genussradtouren/donauradweg.html

← Herbstliche Weinberge bei Spitz in der Wachau, dahinter fließt die Donau.

↑ Gemütliche Radtour am großen Strom, am anderen Ufer thront das Stift Melk.

↑ Lecker und typisch für die Region: reife Marillen

Südtirol – Auf den Spuren der Weinrebe

Vorbei an knackig reifen Reben, bei bestem Herbstwetter. Mit Tagen, an denen es noch richtig warm, aber nie zu heiß werden kann. Romantische Routen über Wiesen und Weinfelder, vorbei an plätschernden Bächen und durch lauschige Wälder.

Die Südtiroler Weinwanderwege, ausgezeichnet ausgeschildert, gehören zum Schönsten was die autonome deutschsprachige Region in Norditalien zu bieten hat. Und besonders verlockend: Weinwandern mit Verkostungen bei verschiedenen Winzern.

Die »Strada del Vino dell'Alto Adige«, die Südtiroler Weinstraße – bereits 1964 ins Leben gerufen – ist eine der ältesten Italiens und damit schon fast eine Institution. Sie kann bequem mit dem Pkw abgefahren werden, aber die einzelnen Teilstrecken durch die Natur zu Fuß zu erkunden, ist tausendmal schöner.

Rund 4200 Hektar Rebflächen deckt die Weinstraße ab und damit 84 Prozent des gesamten Südtiroler Anbaugebiets. Sie beginnt in Nals und zieht sich über die Bozen durch das Überetsch und Unterland bis nach Salurn. Wobei die Ortschaften Terlan, Eppan, Kaltern, Kurtatsch und Salurn nicht nur

zu den reizvollsten touristischen Zielen zählen, sondern auch zu den wichtigsten Produktionsstätten des berühmten Südtiroler Rebensafts.

Der Herbst ist in Südtirol traditionell die Zeit des Törggelens, eines uralten Brauchs, bei dem man jungen Wein verkostet und dazu herzhaften Speck, Brot, Käse, Nüsse und geröstete Kastanien isst. Das Törggelen findet nicht nur in Schenken und Weinstuben statt, sondern auch immer mehr Winzer bieten es an.

In Kaltern, nicht weit vom gleichnamigen See, beginnt einer der schönsten Weinwanderwege der Region. Er ist relativ lang, kann aber bequem in Teilstrecken zurückgelegt werden. Und die sollte man genießen, denn schließlich geht es nicht nur darum, von einem Ort zum anderen zu gelangen, sondern auch um edle Tropfen und genussvolle Speisen.

Zum Beispiel auf dem bekannten Weingut Manincor. Täglich finden Kellerführungen und Verkostungen statt. Oder auf dem Weingut Dominikus Morandell. Auch dort können die Anlagen besichtigt und die hauseigenen Weine, die internationale Auszeichnungen erhielten, probiert werden.

In Kaltern selbst lohnt sich ein Besuch des Südtiroler Weinmuseums, und außerdem verführen verschiedene Enotechen, Weinstuben, dazu, ausgiebig und mit Muße den mehr oder minder süßen Saft der Reben zu genießen.

Doch nicht nur rund um Kaltern lässt sich die Region per pedes erkunden. Fast jede Ortschaft in Südtirol, die sich dem Weinanbau verschrieben hat, bietet ausgedehnte Weinwanderwege. Teilstrecken stellen auf Wunsch die lokalen Tourismusämter zusammen.

Die Highlights

Rosengarten – Eines der eindrucksvollsten Bergmassive Südtirols, etwa 20 km östlich von Bozen. Höchster Gipfel ist der 3004 m hohe Kesselkogel.

Pragser Wildsee – Auf rund 1500 m Höhe gelegener wildromantischer Bergsee. Wird beherrscht vom 2810 m hohen Seekofelmassiv.

Meran – Zauberhafte Kurstadt im Tal mit mediterranem Klima und Flair; ausgestattet mit prächtigen Gründerzeitgebäuden und eleganten Promenaden.

Bozen – Hauptstadt der Region, die neben einer historischen Altstadt mit barocken Palästen und gotische Kirchen glänzt.

Glorenza – Die Ortschaft gilt als eine der schönsten Südtirols, vor allem aufgrund ihres malerischen, komplett erhaltenen mittelalterlichen Stadtkerns, umgeben von einer intakten Wehrmauer.

Brixen – Eine der an historischen Gebäuden reichsten Städte der Region. Besonders schön: die Laubengassen und der Dom nebst Hofburg.

Seiseralm – Eine der faszinierendsten Hochebenen der Dolomiten, mit kleinen reizvollen Urlaubsorten wie Kastelruth und ausgedehnten Ski- und Wandergebieten.

Die beste Reisezeit

Das ist unbestritten der Herbst. Das Wetter ist in Südtirol bis in den Oktober hinein durchschnittlich gut. Schließlich gehört man zum Sonnenland Italien. Im *September* ist die ideale Reisezeit, vor allem wenn man nicht mit dem Auto, sondern zu Fuß die Region entdecken will. Denn es ist angenehm warm und nie heiß und regnet relativ wenig. Was sich dann im Oktober schnell ändern kann.

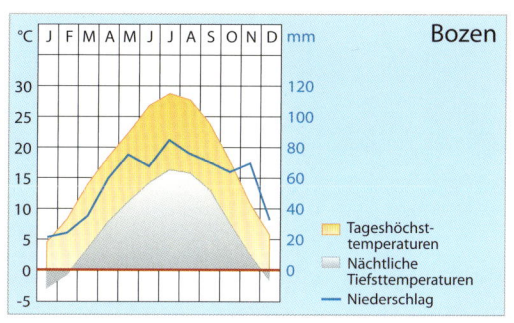

Besondere Tipps

Literatur: Die beiden wohl bekanntesten Autoren sind der mittelalterliche Barde Oswald von Wolkenstein und der zeitgenössische Autor Herbert Rosendorfer. In ihren Werken findet sich immer wieder Bezüge zur Südtiroler Landschaft.

Wanderweg: Seiseralm – Schlern. Von Compatsch aus 6 Stunden, Höhenunterschied 1500 m, maximale Wanderhöhe 2655 m.

Souvenir: Holzskulpturen religiöser und profaner Art, in allen Größen und handgemacht von Kunstschnitzern.

Info: www.enit-italia.de

← Schloss Lebenberg bei Tscherms: traumhafte Aussicht

← Die Massive des Schlern, des Rosengartens und des Oberkasers im Sonnenlicht

↑ Bei einer Wanderung im Weinberg laden reife Trauben zum Naschen ein.

Der Gardasee – Ein Traum von einem See

Italien und Erotik gehören zusammen wie Italien und flotte Autos, Spaghetti al dente, Sonne, Seen und Meer. Und gerade der Gardasee verkörpert besonders entlang der Gardesana orientale noch ein Stück Italien, wie es war, als das Land für die Deutschen noch einen Traum und nicht ein Reiseziel wie viele andere bedeutete.

Da saßen die Fräulein am Ufer bei strahlender Sonne und wurden romantisch besungen von einem liebeshungrigen Italiener mit schwarzem Haar und Ringel-T-Shirt. Das Leben war heiter und unbeschwert, kein Wölkchen trübte den Himmel.

»La Dolce Vita« an der Gardesana orientale im 21. Jahrhundert ist so unterschiedlich nicht von den touristischen Anfängen in den 1960er-Jahren. Entlang der Staatsstraße SS 249, die vom Norden geradewegs über Malcesine und Brenzone nach Torri del Benaco führt, bestimmen Olivenbäume und Zypressen das Bild, Eros oder »Azzurro« wirken gar nicht kitschig und die 40 grandiosen Kilometer am Gardaseeufer entlang wie ein ganzer Urlaub.

Riva und Torbole machen zusammen die schmale Nordküste des Sees aus, wo er wie ein skandinavischer Fjord beginnt. Nur stehen statt Tannen Palmen am Ufer, und statt Anorak trägt man ärmelfrei. Das große Riva trumpft mit historischer Grandezza, das kleine Torbole mit junger Surfelite auf. Für beide Ortschaften regelt der Wind den Tagesablauf. Vormittags bläst der Pelér vom Norden, nachmittags die Ora vom Süden. Als ob man seine Uhr danach stellen könnte.

Die Gardesana occidentale, die Staatstraße SS 45, verbindet mit 74 Tunneln den Norden, über Limone, Gargnano, Maderno, Gardone, mit Salò. Die Westküste wird häufig als die schönere und vor allem als die italienische Seite des Gardasees bezeichnet – was nicht unbedingt nachvollziehbar ist. Der Ausblick vom Kirchlein am Monte Castello jedenfalls ist immer noch einer der faszinierendsten am See. Der Pfarrer dankt Gott jeden Tag, dass er dort arbeiten darf.

Kein Ort. Nirgends. Das gilt häufig für den Lago mit seinem bekannten Dunst. Als ob er ein Meer wäre, ist am dickbauchigen Untersee bei typischen Gardaseewetter manchmal kein Dorf am anderen Ufer zu erkennen. Dabei reiht sich in Halbkreisform ein Touristenort an den anderen. Im Westen beginnt es mit San Felice del Benaco über Desenzano, Sirmione, Peschiera, Lazise, Bardolino und Garda bis an die mondäne Punta San Vigilio. Dort, unter den roten Markisen am kleinen Hafen, könnte die Sehnsucht nach Arkadien gipfeln: roter Wein und rote Lippen – ein mondäner Lebensgenuss, üppig wie Zuckerguss und Schlagsahne, abgehoben wie »La Dolce Vita«, Fellinis zeitloses cineastisches Meisterstück. Wenn das dortige Hotel und Restaurant nur nicht so teuer wären.

Die beste Reisezeit

Im **September**, wenn die Schulferien vorüber sind, und besonders im **Oktober** atmet der See durch und macht sozusagen selbst Urlaub. Der September bringt bis in die Mitte des Monats noch Badewetter bis 28 °C, während der Oktober viele Sonnenstunden und auch noch Temperaturen um 20 °C hat. Allerdings lädt der See dann nicht mehr zum sommerlichen Baden ein. Dies ist vielmehr die ideale Reisezeit für Ausflüge, ob per Schiff oder mit dem Auto, in die Berge oder nach Verona.

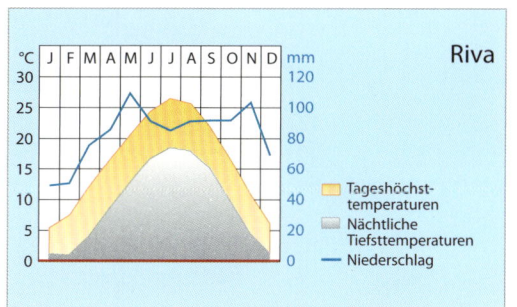

Die Highlights

Torbole ist das Zentrum der Surfer und der beste Spot unter allen europäischen Binnengewässern. Dort macht sogar nur Zuschauen Spaß.

Malcesine und seine Scaligerburg faszinierten Goethe sowie Hunderttausende nach ihm. Der Ort gehört mit seinem mittelalterlichen Flair zu den schönsten Dörfern am See.

Monte Baldo ist am besten per Seilbahn ab Malcesine erreichbar: ein Dorado für Wanderfans. Wunderbare Ausblicke, und im Winter kann man Ski fahren.

Madonna di Monte Castello ist, oberhalb von Campione gelegen, dem Monte-Baldo-Massiv gegenüber, eine Wallfahrtskirche mit Traumblick auf den See. Bei klarer Herbstluft sieht man problemlos bis Sirmione.

Punta San Vigilio – Die Landspitze hat Poeten und Künstler inspiriert, Adlige und Prominente gelockt. Die kleine Kirche San Vigilio scheint aus dem See zu wachsen.

Sirmione hat mit seiner Landzunge eine außerordentliche Lage, an deren Spitze sich die Grotten des Catull befinden, Ruinen eines 2000 Jahre alten römischen Bads.

Verona wird immer in einem Atemzug mit seiner Arena und den Opernfestspielen genannt. Aber auch die Altstadt ist *bella*, besonders die Piazza dell'Erbe und das Castelvecchio.

Besondere Tipps

Rundfahrt: In der Nachsaison mit dem Auto an einem Tag machbar. 160 km Gesamtstrecke. Die Westküste sollte man morgens und die Ostküste für den Nachmittag einplanen. So hat man den ganzen Tag Sonne.
Gardasee für zu Hause: Limoncello selbst machen; er besteht nur aus Zitronenschalen (von drei Zitronen pro Liter), nach Gusto Zucker und 90-prozentigem Alkohol.
Literatur: »Mein Gardasee«, eine Liebeserklärung von Godehard Schramm und eine schöne Reise im Kopf.
Info: www.enit.de

← Das bekannteste Bild vom Lago zeigt Malcesine mit seiner Scaligerburg.
← Oben ohne ist es am Gardasee am schönsten, ob mit dem Alfa-Oldtimer in Sirmione …
← … oder auf dem Motorrad in Lazise.
↑ Abendstimmung in Gargnano

Der Süden – Von Lissabon ans Ende der Welt

Morbide Schönheit am Rande Europas, leicht angestaubt und in die Jahre gekommen. So wurde Lissabon noch vor 30 Jahren beschrieben. Und die Algarve? Ach, sie galt dem Literaten Luís Forjaz Trigueiros 1968 als »Blauer Traum«: Von einer »sanft schlummernden Landschaft« konnte er damals guten Gewissens schwärmen, deren »maßvolle Harmonie … (nur) zerrissen wird und in zerklüfteten Felsen erdachte Ungeheuer und legendenumwobene Burgen schafft …«.

Aus der »maroden Diva« am Tejo, auch so ein Prädikat aus der vorrevolutionären Zeit, ist eine Trendcity geworden. Lissabon zählt ohne Zweifel zu den schönsten und somit beliebtesten Metropolen Europas. Und der Blaue Traum? Die Algarve gilt älteren Portugalliebhabern als verlorenes Paradies, lieblos verbaut an allzu vielen Stellen, dem Massentourismus preisgegeben.

Wer sich dennoch auf den Weg an die langen Sandstrände und die bizarren Felsbuchten macht, wird aber längst nicht überall enttäuscht sein. Die östliche Algarve zum Beispiel, zwischen der spanischen Grenze und Faro, gibt sich zwar nicht uner-

schlossen, aber ruhig und gelassen. Entdeckungen sind gut möglich. Etwa in Tavira mit seinen vielen Gotteshäusern, oder im Fischerdorf Santa Luzia, einem Zentrum des Tintenfischfangs.

Aber sogar dort, wo die spektakuläre Felsenküste seit Jahrzehnten immer mehr Urlauber anlockt, rund um Albufeira und weiter westlich, zwischen Carvoeiro und Lagos, finden sich Minibuchten und kleine Traumstrände, die in der Nachsaison fast an die »schlummernden Landschaften« einer vergangenen Epoche erinnern.

Es bietet sich an, die neue Goldküste und die alte Hauptstadt, die sich so sympathisch dem Europa von heute geöffnet hat, auf einer Reise miteinander zu kombinieren. Hier eine Metropole durchwandern, die vor Lebenslust vibriert und sich zugleich den Charme ihrer Altstadtviertel bewahrt hat. Dort eine Küste entlangbummeln, aus der in der Nachsaison im Herbst die überhitzte Atmosphäre gewichen ist. Der Duft von Rosmarin und Thymian überlagert wieder deutlich den Geruch von Sonnenöl und Fritteusenfett. Und die Golfer können in Ruhe ihr Handicap verbessern – auf sage und schreibe 40 Plätzen allein an der Algarve.

Die Highlights

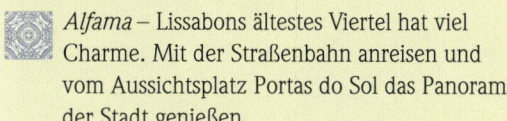
Alfama – Lissabons ältestes Viertel hat viel Charme. Mit der Straßenbahn anreisen und vom Aussichtsplatz Portas do Sol das Panorama der Stadt genießen.

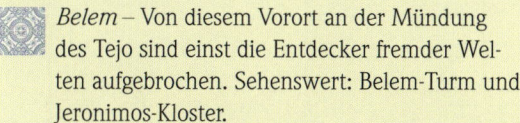
Belem – Von diesem Vorort an der Mündung des Tejo sind einst die Entdecker fremder Welten aufgebrochen. Sehenswert: Belem-Turm und Jeronimos-Kloster.

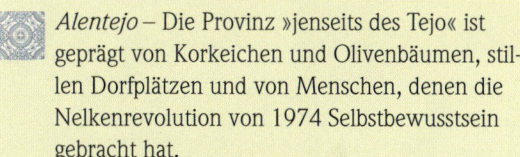
Alentejo – Die Provinz »jenseits des Tejo« ist geprägt von Korkeichen und Olivenbäumen, stillen Dorfplätzen und von Menschen, denen die Nelkenrevolution von 1974 Selbstbewusstsein gebracht hat.

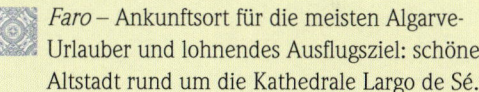
Faro – Ankunftsort für die meisten Algarve-Urlauber und lohnendes Ausflugsziel: schöne Altstadt rund um die Kathedrale Largo de Sé.

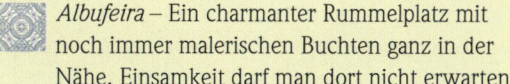
Albufeira – Ein charmanter Rummelplatz mit noch immer malerischen Buchten ganz in der Nähe. Einsamkeit darf man dort nicht erwarten.

Monchique – Kleiner Gebirgszug im Hinterland der Seebäder. Schönes Wanderrevier rund um das gleichnamige Städtchen. Immer am 1. September findet dort eine Kunsthandwerkermesse statt.

Cabo Sao Vicente – Die 75 m hohe Steilküste galt zu Zeiten von Heinrich dem Seefahrer als Ende der alten Welt. Ein 150 Jahre alter Leuchtturm markiert die äußerste Südwestecke Europas.

Die beste Reisezeit

Zwar kann es in den Sommermonaten sehr heiß werden, aber auch dann macht an den meisten Tagen ein kühlender Wind vom Atlantik selbst Temperaturen von über 30 °C erträglich. Für Rundreisen und ausgiebige Stadtbummel in der Kombination mit Badeferien an den schönsten Stränden Europas eignen sich aber die Nachsaisonmonate *September und Oktober* am besten. Es sind zugleich die Monate, in denen es am wenigsten regnet, in Lissabon wie an der Algarve.

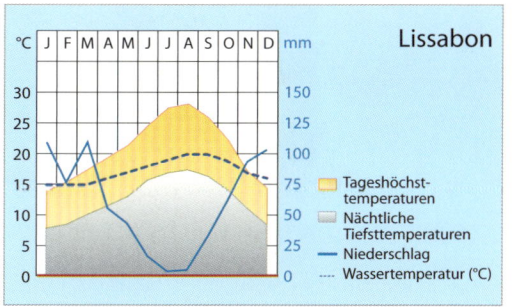

Besondere Tipps

Fado: Die wehmütigen Lieder von Sehnsucht und Liebe führen zur Seele Portugals. Auf hohem Niveau allabendlich im »Clube de Fado« in der Alfama.
Bacalhau: 365 Rezepte für den getrockneten und gesalzenen Kabeljau soll es geben. Fangen Sie mit »Pastéis« an, Fisch-Snacks für den kleinen Hunger. Bom apetite!
Pousadas heißen die noblen Herbergen in ehemaligen Klöstern und Palästen. Beispielsweise: Estoi und Tavira.
Info: www.visitportugal.com, www.algarve-live.de

← Die Felsenküste in der Südprovinz Algarve, im Hochsommer oft überlaufen, ist im Herbst ein Ziel für Genießer.
↑ Fado heißt die wehmütig klingende Musik, die häufig von unglücklicher Liebe handelt.
↑ Trambahn in Lissabons Altstadt

Andalusien – Okzident? Orient? Beides!

Markante Männer mit Cordobés-Hüten, schwarzhaarige Frauen mit Fächern und zarten Schleiern, Schimmel, die durch rote Mohnfelder fliehen, und Stiere, schnaubend und echt in der Stierkampfarena oder als Reklamefiguren am Straßenrand, dazu der unvergleichliche Klang der Kastagnetten, des Flamenco, dieser unwiderstehlichen Mischung aus Tanz, Erotik und Musik: Das alles ist Andalusien, der südwestliche Vorposten des spanischen Königreichs zum Atlantik. Nicht nur die Gitanos, die Zigeuner, sprechen dort anders, als sich das Schulspanisch anhört. Wenn ein Andalusier nicht verstanden werden will, verschluckt er einfach die Hälfte der Wörter, spricht schnell und lässt selbst einen Muttersprachler verständnislos in der prallen Sonne stehen.

Die Andalusier sind stolz wie ihre Städte, ob die Regionalhauptstadt Sevilla oder Córdoba im Hinterland, ob Granada in den Bergen oder Málaga am Meer. Aus den Bodegas von Jerez de la Frontera bestellt man gerne einen Sherry oder Brandy. Und die Kunst, guten »Chorizo« (Wurst) und besten »Jámon« (Schinken) zu machen, hat sich bis heute in der Region erhalten.

Letztlich gibt es nur eine Stadt in Andalusien, die nicht andalusisch ist: Marbella, die Stadt der Schönen und Reichen, des Adels und der Stars (wie Sternchen …). Marbella ist wie Cannes ein Mythos, unterfüttert durch einen der mondänsten Jachthäfen am Mittelmeer, dem Puerto Banus, wo sich der Jet-Set und in dessen Schlepptau die Paparazzi ein Stelldichein geben.

Eine Rundreise durch die Region sollte man wie ein Oval planen. Ausgehend zum Beispiel von Jerez, weil dort viele Billigairlines landen, geht's über die Hauptstadt Sevilla, Córdoba und die Kulturmetropole Granada mit ihrer Alhambra bis nach Almeria, wo man 3000 Sonnenstunden pro Jahr zählt. An der Costa del Sol entlang führt der Weg nach Málaga und in die Partyzone Marbella. Von dort lohnt ein Abstecher zu den »Pueblos blancos«, den weißen Dörfern, und nach Ronda mit der ältesten Stierkampfarena von 1785 sowie der überaus pittoresken, fast hundert Meter hohen rundbogigen Tajo-Brücke. Das Oval schließt sich mit einem Abstecher in die britische Enklave Gibraltar, dem Surfer-Treffpunkt Tarifa und Europas ältester Stadt Cádiz, unweit von Jerez de la Frontera.

Die Highlights

 Sevilla trumpft mit seiner Kathedrale, an der rund 200 Jahre lang gebaut wurde. In der Nähe liegen der Palast Reales Acázares und die schmalen Gassen des Barrio de Santa Cruz.

 Córdoba ist mit seinen Moscheen und der Moschee-Kathedrale Mezquita die maurischste Stadt Andalusiens.

 Granada und die *Alhambra* suchen auf europäischem Boden ihresgleichen. Der Palast symbolisierte den Reichtum der islamischen Herrscher.

 Málaga steht bei Kunstliebhabern auf dem Zettel: Im Haus an der Plaza de la Merced 6 wurde 1881 Pablo Picasso geboren. Den schönsten Blick auf Stadt, Hafen und Meer gibt's vom Gibralfaro.

 Marbella ist im Herbst ruhiger. Es lohnt ein Bummel durch die Altstadt.

 Gibraltar, seit 1704 britische Enklave auf der Iberischen Halbinsel, bietet eine Grenze mit Passkontrolle, freche Affen, eine Flugzeuglandebahn, die auch als Straße benutzt wird, Fish'n Chips und Afrika in Sichtweite.

 Cádiz ist die älteste Stadt Europas: Es wurde um 1000 v. Chr. von den Phöniziern gegründet. Die Altstadt wird von drei Seiten vom Atlantik umspült.

Die beste Reisezeit

Im *Oktober* und *November*, wenn in Europa fast überall die Saison beendet ist, darf in Andalusien noch im Meer gebadet werden – bei Wassertemperaturen von 18 bis 20 °C sowie 20 °C plus in der Luft. Und vor allem lässt es sich nach der Sommerhitze bestens reisen: Das in der Hochsaison oftmals vergebliche Anstellen nach Eintrittskarten für die Alhambra entfällt im Herbst, dafür erlebt man an der Küste, besonders um Tarifa, Top-Surfer, die in den Herbstwinden ihre Künste zeigen.

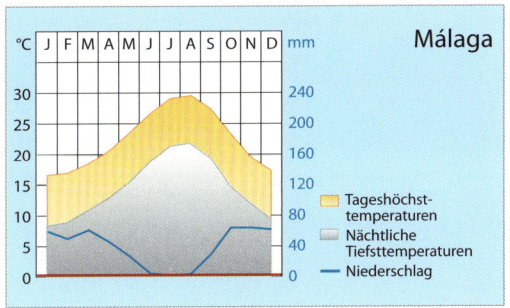

Besondere Tipps

Ausflug: Nirgends in Europa ist man Afrika näher als vor Tarifa – unbedingt einen Ausflug nach Tanger in Marokko machen! Fünf Schnellfähren pro Tag bringen einen in 30 Minuten hin. Reisepass nicht vergessen!

Für die Anfahrt: Die CDs »Flamenco« oder »Pasión Gitana« von dem in Córdoba geborenen Joaquín Cortés vermitteln intensive Andalusienatmosphäre.

Flamenco live: Etwa im »Los Gallos« in Sevilla.

Info: www.spain.info

← Kulinarische Genüsse, etwa in einer Tapas-Bar …

← … und kulturelle Reize, z. B. beim Flamenco, künden von der spanischen Lebenslust.

← Die prächtige Alhambra von Granada

↑ Andalusischer Ferienspaß im Herbst: ein Ritt über den einsamen Strand

↑ Detail in der berühmten Mezquita von Córdoba

Neuengland – Wälder in Flammen

Leaf Peepers, Blatt-Gucker, nennen die Amerikaner jene Tausende von Touristen, die sich alljährlich im Herbst aufmachen, um den Farbenrausch der Laubfärbung zu erleben. Ihr bevorzugtes Ziel sind die sechs Neuengland-Staaten in der Nordostecke der USA. Warum zieht es sie gerade in den Landstrich zwischen Connecticut und Maine, obwohl auch andernorts die Bäume ein Abschiedsspektakel bieten, ehe sie sich gänzlich kahl in den Winter verabschieden?

Zum einen, weil es nicht weit ist von den Millionenstädten New York und vor allem Boston. Zum anderen, weil die Wälder in diesem Teil des Kontinents – den Staat New York und Ost-Kanada kann man hier mitzählen – eine besondere Artenvielfalt mit entsprechendem Farbspektrum bieten. Hauptakteur ist der Ahorn, genauer: der Zuckerahorn, der es als »Maple« sogar auf Kanadas Nationalflagge brachte.

Doch was wäre das alles, wenn nicht hinzu käme, was Neuengland so einzigartig macht in der Neuen Welt, seine kleinen Dörfer voll weißer Holzhäuser und spitztürmiger Kirchlein? Hier, in der Heimat der Yankees, steht die Wiege der Vereinigten Staaten, und die Historie ist überall spürbar. New England gegen England, eine Revolution, die den Globus veränderte.

Der Nährboden der Revolution präsentiert sich bis heute als ländliche Region, kongenial ergänzt durch kleine Häfen mit Seebären-Charme. Ein Ambiente, das Superreiche wie die Vanderbilts schätzten und in denen sich Dynastien wie die Kennedys formten. Natürlich ist nicht alles pure Romantik, aber man findet doch immer wieder eine Idylle, wenn man von den Interstates, den Fernstraßen, abbiegt. Selbst McDonald's packt hier mancherorts die Nationalkost Hummer zwischen seine Brötchen.

Die *Fall Foliage*, das flammende Blattwerk in Gelb, Orange und Rot, beschert Neuengland neben Sommer und Ski-Winter im »Indian Summer« eine dritte Saison. Einen Kassenfüller. Zumindest fürs Wochenende sollte man sein Bett vorab buchen, will man nicht im Auto schlummern. Und wann sollte man buchen? Oktober ist meist ein Treffer. Aber alle Neuengland-Staaten zeigen auf ihren Websites auch, wie die Laubfärbung von Nord nach Süd fortschreitet. Blatt für Blatt.

Die Highlights

 Boston, Amerikas »europäischste« Stadt hat viel Historie (»Freedom Trail«) und gute Museenzu bieten. Auch das Nobelviertel Beacon Hill sollte man sich unbedingt anschauen.

 Cambridge, Bostons Nachbar mit Top-Universitäten, der Harvard-Campus ist offen zugänglich.

 Cape Cod, Halbinsel mit langen Stränden, Nationalpark National Seashore, Fähren zu den Urlaubsinseln Nantucket und Martha's Vineyard.

 Newport – Sehr sehenswert sind hier die Mansions, die prächtigen »Cottages« der einstigen Superreichen, etwa Vanderbilts »Breakers« oder das »Marble House«.

 Old Sturbridge Village, ländlich-historisches Freiluftmuseum, *living history* mit kostümierten Guides.

 White Mountains, Wanderrevier, Dampf-Zahnradbahn am Mt. Washington (1917 m), dem höchsten Berg im Nordosten.

 Acadia National Park, 192 km² an der Maine-Küste, wartet auf mit dem Cadillac Mountain (505 m), den jeden Tag die ersten Sonnenstrahlen in den ganzen USA treffen.

Die beste Reisezeit

»Im Frühling habe ich binnen 24 Stunden 136 verschiedene Arten von Wetter gezählt«, sagte Mark Twain. Ja, Frühling ist mit seiner Schneeschmelze nicht die beste Saison für Neuengland. Aber der Rest des Jahres ist zu empfehlen, mit dem **Oktober** als blattbuntem Höhepunkt. Im **September** kann das Farbenspiel im Norden, in Maine, schon beginnen. Und dann geht es mal im Zeitlupentempo, mal flink gen Süden, durch New Hampshire, Vermont, Massachusetts und das kleine Rhode Island bis Connecticut.

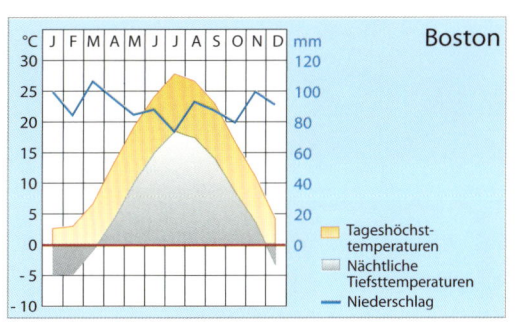

Besondere Tipps

Literatur: Nathaniel Hawthorne, »Der scharlachrote Buchstabe«. Spielt im Neuengland der Puritaner; einer der wichtigsten Romane Amerikas.

Küche: Beim »New England Clambake« werden Muscheln, Hummer und andere Meeresfrüchte mit Kartoffeln und Gemüse im Dampf von Algen und heißen Steinen gegart.

Souvenir: Echter Ahornsirup (Maple Syrup), im späten Winter abgezapft von Zuckerahorn-Bäumen.

Info: www.discovernewengland.org (auf Englisch)

← Indian Summer in East Bethel. Vermont
← Postkartenmotiv: der Leuchtturm Portland Head in Maine
← Abendsonne am Millinocket See in Maine
↑ Der Lobster ist Maines kulinarisches Wahrzeichen.

Nevada, Arizona, Utah – Bei einarmigen Banditen

Mitten in der nächtlichen Wüste ein Teppich aus glitzernden Lichtern, darin der strahlend hell erleuchtete »Strip« mit den bunt illuminierten Hotelbauten – Las Vegas. Seitdem 1931 das Glücksspiel in Nevada legalisiert wurde, lebt die selbsternannte Welthauptstadt der Unterhaltung vom schönen Schein und von falschen Versprechungen. Nicht umsonst erlangen hier Magier Weltruhm, ist doch von der Pyramide über die venezianischen Kanäle und den Eiffelturm bis zum Vulkanausbruch alles getürkt. Las Vegas ist die wahre *City that never sleeps*, in der rund um die Uhr gezockt, gefeiert, geheiratet wird, die Würfel fallen, die Karten gemischt und die Rouletteräder gedreht werden, die Automaten rattern und bimmeln und die Kassen klingeln. Las Vegas ist ein Riesenspaß für alle, die sich darauf einlassen, aber nicht den Kopf verlieren.

Östlich des knallbunten Neontraums staut der gigantische Hoover-Staudamm den schönen Lake Mead auf. Von dort flussaufwärts hat der Colorado River in Jahrmillionen den gigantischen Grand Canyon in den Kalk- und Sandstein gefräst. Statt leichtlebiger Illusion erhabene Schöpfung – selbst

stoische Charaktere sind von der Riesenschlucht überwältigt.

Mit ihren fantastischen Felsformationen, roten Tafelbergen und schneebedeckten Dreitausendern, glasklaren Bächen und Seen, einsamen Hochplateaus und Wüsten, Ponderosa- und Pinyon-Kiefern, Beifuß- und Wacholdersträuchern, Yuccas und Kandelaberkakteen sind jedoch alle Landschaften des Südwestens atemberaubend. Die Region ist die klassische *frontier* des 19. Jahrhunderts – so stellt man sich den Wilden Westen vor. Nicht zuletzt, seitdem das Monument Valley mit seinen charakteristischen Sandsteinriesen durch John Fords 1939 gedrehten Klassiker »Stagecoach« zum Inbegriff einer Westernkulisse geriet. *Frontier spirit* verspürt man auch in Tombstone, wo die berüchtigte Schießerei der Earp-Brüder mit der Clanton-Gang nachgestellt wird, in der Bergwerkstadt Bisbee oder in den vielen Geisterstädten wie Chloride, Virginia City oder Grafton.

Der Südwesten mag in diesem Sinn jung erscheinen, er ist jedoch tatsächlich ein uraltes Siedlungsgebiet, in dem seit über 12 000 Jahren Menschen leben. Er ist das Land der Pueblo-Indianer und der Paiute, Ute und Shoshone, der Hualapai und Havasupai, der Apachen und Navajo, die sich selbst Diné nennen. Hier finden sich 1000 Jahre alte Siedlungsruinen der Alten Pueblo-Kultur und Felszeichnungen aus vielen Jahrhunderten. Den indianischen Einfluss sieht man selbst in den Großstädten an der Adobe-Architektur. Indianische Kunst hat mittlerweile ihren Platz auch in den Museen von Phoenix und Tucson gefunden – und nicht nur dort.

Die beste Reisezeit

Im Südwesten der USA wird es auf den Hochplateaus und den Bergen im Norden bitterkalt mit Schnee und Eis, im Süden ist es milder. Im Sommer klettert das Thermometer in den niedrigen Lagen oft bis 40 °C, in den Wüsten kann es nachts trotzdem empfindlich kühl werden. Regen fällt das ganze Jahr über selten, doch treten im Sommer häufig Gewitter auf. Die beste Reisezeit ist im **September/Oktober**, wenn die Hitze des Sommers langsam nachlässt und nun auch die großen Touristenströme ausbleiben.

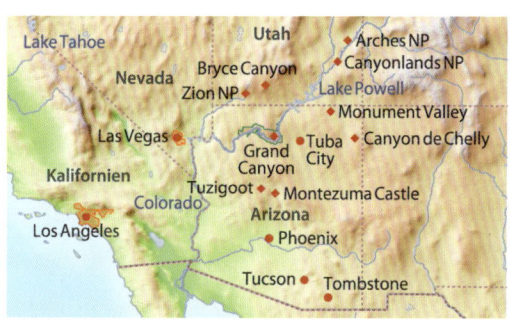

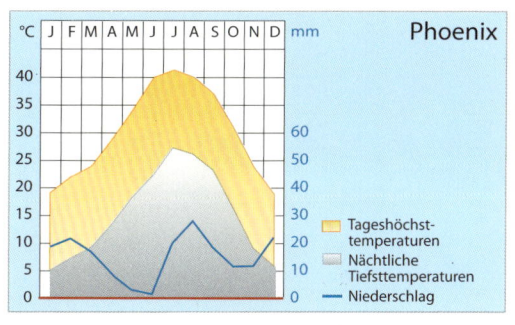

Die Highlights

- In *Las Vegas* locken die Kasinos und die Shows, aber auch die Shopping-Malls im »Venetian Hotel« und im »Caesars Palace«.

- Der *Gran Canyon* ist ein Muss; ein besonderes Erlebnis ist ein Flug über die Riesenschlucht.

- *Lake Mead*, *Lake Powell* und *Lake Tahoe* bieten Wassersport und Abkühlung.

- *Nationalparks* – Besonders sehenswert mit Felsformationen und Naturwundern sind der Arches National Park, der Canyonlands National Park, der Zion National Park und der Bryce Canyon National Park.

- *Führungen der Navajo* durch das Monument Valley sind hochinteressant, im Navajo National Monument und im Canyon de Chelly auch zu Stätten der Alten Pueblo-Kultur.

- *Montezuma Castle* und *Tuzigoot* sind sehenswerte Pubelo-Ruinen in Arizona. Bei Tuba City führen die Hopi in der Reservation durch den Pueblo Walpi.

- *Phoenix* nennt hervorragende Museen sein Eigen, etwa das Heard Museum mit Kunst des Südwestens, und in Tucson lohnen das Tucson Museum of Art sowie das Arizona State Museum und das Arizona-Sonora Desert Museum den Besuch.

Besondere Tipps

Film: Martin Scorseses Drama »Casino« von 1995 erzählt eindrucksvoll vom Einfluss der Mafia auf die Kasinos von Las Vegas in den 1970er- und 1980er-Jahren.
Souvenir: Katchina-Figuren der Hopi sowie Webereien und Schmuck der Navajo. Beim Schmuck auf den Stempel achten, er sollte in einem sogenannten Stempelbuch verzeichnet sein.
Shows: Shows in Las Vegas kann man im Hotel buchen oder vorab Karten online kaufen auf www.vegas.com
Info: www.arizonaguide.com, http://travelnevada.com, http://travel.utah.gov (alle auf Englisch)

← Am Las Vegas Boulevard drängen sich Kasinos und Hotels. Auf dem »Strip« ist es nur eine kurze Strecke von der Freiheitsstatue zum Eiffelturm.

↑ Die Felsformationen im Monument Valley sind uralt und sehr imposant.

Der Highway 1 – Kalifornien als Road Movie

Eine Route, viele Namen. Kaliforniens berühmte Staatsstraße 1 heißt streckenweise Pacific Coast Highway (PCH), Cabrillo Highway oder Shoreline Highway, um nur drei Beispiele zu nennen. Überdies teilt sie sich im Verlauf ihrer 1055 Kilometer die Trasse oft mit Fernstraßen, die andere Nummern tragen, am häufigsten mit dem Highway 101, insbesondere unmittelbar an der Küste. Und weil der Highway vielfach direkt am Strand verläuft, aber auch, weil er einige großartige Landschaften durchquert, gilt er als eine der »großen Straßen der Welt«.

The one and only one beginnt bei San Juan Capistrano, etwa auf halber Strecke zwischen San Diego und Los Angeles, und endet in Nordkalifornien beim 300-Seelen-Dorf Leggett. In der Umgebung ist mehr los als im Ort selbst: In der nahen Smithe Redwood State Reserve ragen einige der größten Bäume der Welt in den Himmel – Redwoods können bis zu 110 Meter hoch werden. Ein Ausrufezeichen am Ende der Straße. Doch auch unterwegs gibt es eine Reihe von Szenarien, die das Satzzeichen verdient hätten: Die Metropolen Los Angeles mit Hollywood & Co. oder San Francisco.

International bekannte Städte wie Long Beach oder Monterey. Badeorte wie Laguna Beach, Santa Monica, Malibu oder Santa Barbara. Lifestyle-Adressen wie Venice, Pacific Palisades oder Carmel-by-the-Sea.

Der landschaftlich schönste Streckenabschnitt liegt zwischen San Simeon und Carmel. Hier, in Big Sur, ragen die Berge der Santa Lucia Range bis unmittelbar in den Pazifik hinein. Die Straßenbauer mussten die etwa 100 Kilometer lange Trasse also direkt in die Flanken der Felsen hineinschneiden, was großartige Blicke auf das Meer und die Küste garantiert. Eines der bekanntesten Szenarien ist die Bixby Bridge, die unmittelbar am Meer den Highway 1 in hohem Bogen über ein Tal hinwegführt. Der Schriftsteller Henry Miller lebte fast 20 Jahre in Big Sur, wenn man Carmel – am Nordrand des Big Sur gelegen – noch hinzuzählt, kommt mit Ernest Hemingway, John Steinbeck und Jack London viel Literaturlorbeer hinzu. Carmel hat allerdings mit seinem Bürgermeister Clint Eastwood noch mehr Schlagzeilen gemacht. Schließlich ein weiterer Höhepunkt: Die Fahrt über die Golden-Gate-Brücke in San Francisco. Spätestens hier sind alle überzeugt: Diese Straße verdient die Nummer eins!

Die Highlights

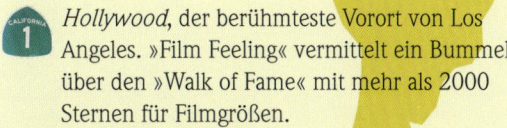 *Hollywood*, der berühmteste Vorort von Los Angeles. »Film Feeling« vermittelt ein Bummel über den »Walk of Fame« mit mehr als 2000 Sternen für Filmgrößen.

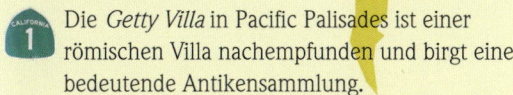 Die *Getty Villa* in Pacific Palisades ist einer römischen Villa nachempfunden und birgt eine bedeutende Antikensammlung.

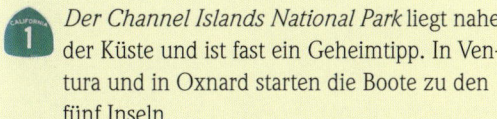 *Der Channel Islands National Park* liegt nahe der Küste und ist fast ein Geheimtipp. In Ventura und in Oxnard starten die Boote zu den fünf Inseln.

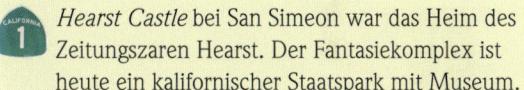 *Hearst Castle* bei San Simeon war das Heim des Zeitungszaren Hearst. Der Fantasiekomplex ist heute ein kalifornischer Staatspark mit Museum.

Das *Monterey Bay Aquarium* zählt zu den größten weltweit. 550 Arten von Meerestieren sind in einer Ex-Fischfabrik an der Cannery Row zu besichtigen, attraktiv auch die Touren »hinter den Kulissen«.

San Francisco – eine Miniauswahl: Die blumengesäumte Lombard Street und die denkmalgeschützten Cable Cars sind die einzigen ihrer Art in der ganzen Welt.

Alcatraz – die Gefängnisinsel in der Bucht von San Francisco, auf der auch Al Capone einsaß, galt als ausbruchsicher. Heute zieht sie als Museum jährlich mehr als eine Million Touristen an.

Die beste Reisezeit

Das Wetter an der Küste ist meist mediterran geprägt: Die Temperaturen sind winters wie sommers gemäßigt, wenngleich in Los Angeles deutlich höher als in San Francisco. Dank des kühlen Meeresstroms vor der Küste ziehen tagsüber oft Nebel auf. Relativ nebelfrei sind die Herbstmonate. Deshalb gelten **September/Oktober** als gute Reisemonate. Dann sind auch die Schulferien vorüber, und der Andrang an Orten wie den Universal Studios hat nachgelassen.

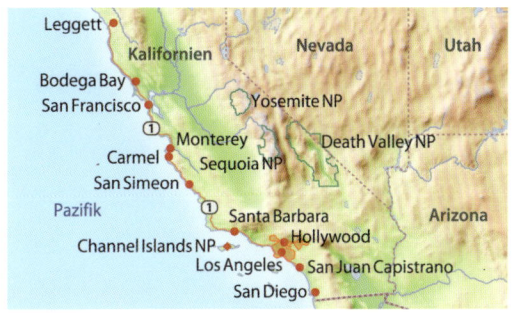

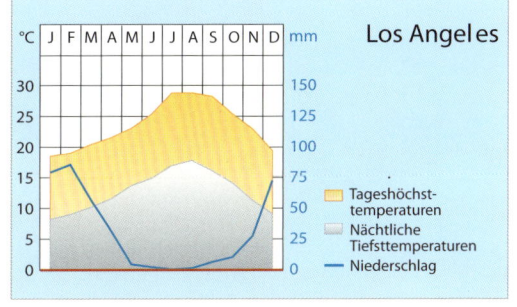

Besondere Tipps

Erdbeben: Good vibrations? Täglich erschüttern rund 500 000 leichte seismische Erschütterungen den Staat Kalifornien, der auf einer Bruchlinie der Erdkruste liegt.

Hotel: Die ungewöhnlichste Herberge am Highway 1 ist in Long Beach vertäut – auf dem Museumsschiff »Queen Mary« kann man sich einquartieren.

Literatur: »Big Sur« von Jack Kerouac. Der Roman entstand nach einer Trunksuchtphase des Autors im Ferienhaus eines Freundes im Big Sur.

Info: www.kalifornien-tour.de/hwy1.htm

← Der Highway 1 am Big Sur in Kalifornien
← Berühmt: die Cannery Row in Monterey
← Die Bixby Bridge im Big Sur
↑ »Postcard Row« werden die sechs Queen-Anne-Häuser in San Francisco genannt.
↑ Die Sterne des Walk of Fame, Hollywoods Symbol

Hawaii – Aloha im freien Fall

Sie sind Monster. Unvermittelt zeigen sie ihre Zähne. Und nicht umsonst bekreuzigen sich selbst die weltbesten Surfer und werfen Blumen ins Wasser, bevor sie für einen Ritt auf den höchsten Wellen der Welt aufs Board steigen. Den haushohen Wasserfall im Rücken, schießen sie mit 50 Kilometern pro Stunde der Küste entgegen. Dort bleibt mit weichen Knien am Strand zurück, wer nicht zu den Surfprofis zählt. Surfen im Norden Oahus ist wie ein Tanz auf dem Vulkan. Im Vergleich sind die Wellen am Strand von Waikiki süße kleine Schaumröllchen.

Tom geht weiter runter, die Passagiere des achtsitzigen Helikopters atmen tief durch. »Das ist erst der Anfang, Leute! Das Beste kommt doch noch«, schreit der Pilot in sein Mikrofon. Dann dreht er Richtung Kauai ab, zur vielleicht schönsten Küste der Welt. »Na Pali« bedeutet übersetzt schlicht Klippen. Es sind bizarre Gebirgsfalten, Täler und Spitzen, die bis obenhin dicht grün bewachsen sind. Na Pali ist eine Küste im 3D-Format und unvergleichlich.

Auf Maui wartet mit dem Krater des Haleakala der größte der Erde. Und Tom will jetzt endlich etwas von sich zeigen. Er war, wie viele der Ausflugspiloten auf Hawaii, in Vietnam Kampfpilot – und lässt sein Fluggerät auf einmal wie einen Stein senkrecht in die Tiefe des Kraters fallen. Tom scheint die 800 Meter Kratertiefe vollends auszukosten und zieht den Heli wieder blitzschnell nach oben. Achterbahnfahren ist dagegen wie ein Kinderkarussell.

Doch der echte Tanz auf den Vulkanen, dem Mauna Kea – mit 4205 Metern so hoch wie kein anderer auf diesem Globus – und dem Mauna Loa mit 4169 Metern und seinem stets aktiven Krater Kilauea, folgt noch zum Finale. Alle sieben Gäste sind immer noch schneeweiß im Gesicht, als der Mauna Kea näherrückt. Addiert man die 4205 Meter sichtbare Höhe mit dem 5500 Metern Sockel, die vom Pazifik umspült sind, ist der Vulkan sogar der größte Berg der Welt. Zusammen mit dem Mauna Loa bedeckt er fast drei Viertel von Big Island. Dann ist die erste rot fließende Lava des Kilauea zu sehen. Der Maui-Sturzflug ist vergessen. Alle Augen blicken nur noch auf die gewaltige, träge fließende und glutheiße Lavamasse, die dampfend im Ozean verschwindet.

Die beste Reisezeit

Hauptsaison ist von Dezember bis April mit den höchsten Zimmerpreisen. Deshalb ist der **Oktober** als Spätsommermonat nahezu ideal. Nur die Buckelwale können dann noch nicht beobachtet werden. Dafür darf man bei einem der schwierigsten Ausdauerwettkämpfe der Welt zuschauen, dem Triathlon Ironman Hawaii, der jährlich im Oktober stattfindet. Die Temperaturen liegen jahrein, jahraus zwischen 25 und 28 °C, das Pazifikwasser ist nur geringfügig kälter.

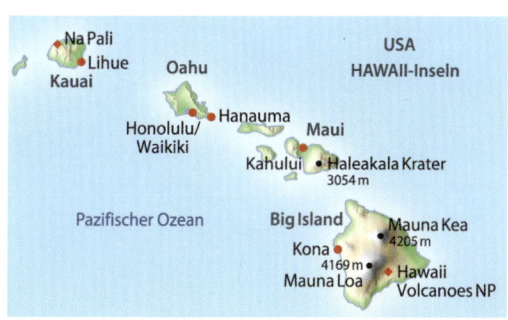

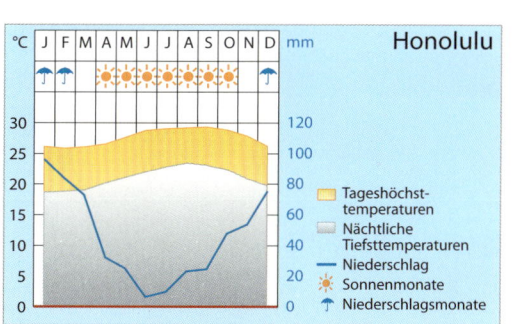

Die Highlights

 Honolulu und Waikiki auf Oahu – Das klingt wie Musik. Und ist auch genauso schön: bei einem Mai Tai auf der Terrasse des »Royal Hawaiian Hotel«, bei einer Hula-Show oder beim Abhängen am Strand.

 Hanauma, die Bucht auf Oahu, bei der man nur im Wasser stehen muss, und schon ist man umzingelt von Fischen. Elvis Presleys »Blue Hawaii« wurde dort gedreht.

 Lanikei, im Osten von Oahu bei Kailua, dürfte der schönste Strand auf allen Hawaii-Inseln sein. Ein Pazifik-Palmen-Traum, der nur durch schmale Zugänge erreichbar ist.

 Na-Pali-Küste – Schlicht die schönste der Welt! Am besten zu Fuß, per Boot und mit dem Heli: drei Tage, drei Touren, drei unterschiedliche Perspektiven von Kauais Schmuckstück.

 Der *Haleakala-Krater* ist der weltweit größte seiner Art. Hierher sollte man kommen, um den Sonnenaufgang über Maui zu bewundern.

 Im *Hawaii Volcanoes National Park* auf Big Island gibt's Lava in allen Formen und Farben, von schwarz versteinert bis rot und flüssig!

Island Hopping geht nicht nur mit dem teuren Helikopter. Täglich werden mehr als hundert Flugverbindungen ab 50 Euro/Strecke zwischen den sechs Hauptinseln angeboten. Niihau hat – wie 130 weitere Inselchen – keinen Flughafen.

Besondere Tipps

Souvenir: Wichtigstes Mitbringsel aus Hawaii ist neben einem Aloha-Shirt eine Aloha-CD. »Aloha Oe« und »Blue Hawaii« sollten darauf nicht fehlen.

Musik: Vor Ort nicht verpassen: ein Konzert der Royal Hawaiian Band, freitags um 12 Uhr im Park des »Iolani Palace« von Honolulu sogar kostenfrei.

Sitten: Der Aloha-Gruß wird gern mit einem Handzeichen verbunden: gespreizter Daumen und kleiner Finger, aber eingeknickte mittlere Finger. So macht man dann mit dem Handgelenk drei, vier Drehbewegungen.

Info: www.gohawaii.com

← Hawaii strotzt vor Superlativen. Die Na Pali etwa ist die imposanteste Küste der Welt.

← Aloha-Girl mit Delfinen im Sealife Park, Oahu

← Im Volcanoes National Park fließt die Lava in Strömen.

↑ Ritt auf Hawaiis berühmten Wellen

Machos, Mythen und ein Käfer

Der Autovermieter hat keinen alten mehr, keinen der insgesamt 21 529 464 buckligen original VW Käfer, die keine 200 Kilometer südlich in Puebla hergestellt wurden. Es wird also der neue Retro-Beetle. Er röhrt zwar nicht wie ein Hirsch, muss sich aber trotzdem quälen. Mexico Citys täglicher Verkehrsinfarkt, der Smog, Lärm und Abgasgestank einer der größten Städte der Welt mit geschätzten 20 Millionen sind kaum auszuhalten. D. H. Lawrence schrieb einmal: »Mexiko besaß eine unterirdische Hässlichkeit und eine Bösartigkeit, gegen die Neapel fast wie eine elegante Stadt wirkte ...«

Ganz anders Tula, das kulturelle Zentrum der Tolteken, wo die knapp fünf Meter großen Kriegerstatuen und der Ballspielplatz einen Vorgeschmack geben auf Teotihuacàn, die einstige Aztekenmetropole mit damals 120 000 Einwohnern. Die Azteken schufen Großartiges wie die 65 Meter hohe Sonnen- und die 45 Meter hohe Mondpyramide. Das Besteigen ist beschwerlich, im Herbst jedoch ohne Hitzschlaggefahr machbar. Ein erhabener Blick ist dafür garantiert.

Über die VW-Stadt Puebla geht's in die Kolonialstadt Oaxaca. Die Fassade der Kathedrale am Zócalo – jeder Hauptplatz in Mexiko heißt so – wurde von indianischen Künstlern gestaltet. Die Klosterkirche Santo Domingo zeigt sich im barocken Gewand, und die meisten Gebäude der Innenstadt tragen spanisch-koloniale Züge.

Ein weiterer Kontrast wartet in Monte Alban, dem Zentrum der Zapoteken, wo mehrere Pyramiden eine architektonisch einmalige Anlage umrahmen, für die eine ganze Bergkuppe abgetragen wurde. Auch die Totenstadt Mitla liegt nicht fern und lohnt einen Abstecher, ehe die Wellen des Pazifiks rufen.

Acapulco, welch ein Name! Wer denkt dabei nicht sofort an die Felsenspringer, die aus 40 Metern Höhe in eine nur fünf Meter breite Bucht springen. Ein Macho-Ritual, das den Weltruhm der heutigen Jet-Set-Metropole begründete. Die wunderschöne Bucht, 350 Sonnentage im Jahr und das legendäre Nachtleben festigten den Ruf.

Zurück nach Mexiko-Stadt wird ein Überlandbus überholt, dessen Chauffeur sich während der Fahrt inbrünstig bekreuzigt, weil er am Straßenrand ein Madonnenbild ausfindig gemacht hat. Göttlicher Beistand scheint ihm wohl sicher – so ohne Hand am Steuer.

Die Highlights

 Mexico City ist ein Moloch, aber dennoch lohnt die Megastadt einen mehrtägigen Aufenthalt. Unbedingt ins Museo Nacional de Antropología gehen und danach nebenan den »Voladores«, den tanzenden Vogelmenschen, bei ihren 13 Umrundungen in die Tiefe zusehen.

 Tula, das Tolteken-Zentrum mit seinen Steinskulpturen, wurde erst 1938 entdeckt.

 Teotihuacán steht mit seinen grandiosen Pyramiden auf einer Stufe mit Gizeh in Ägypten.

 Puebla ist nicht nur Produktionsstätte für VW, sondern auch bekannt für seine »Azulejos«, die handbemalten Kacheln, die an vielen Häusern zu sehen sind, und für seine Lage: Die Stadt auf 2000 m Höhe ist umgeben von vier Vulkanen, darunter dem Popocatépetl, mit 5452 m der zweithöchste Berg Mexikos.

 Oacaxa gilt als Stadt der Kontraste, der verschiedenen Kulturen und Heimat eines der buntesten Märkte des Landes.

 Monte Albán wurde mit seinem Zeremonialplatz und den Pyramiden – wie Teotihuacán – 1987 in die Weltkulturerbeliste aufgenommen.

 Acapulco hat einen Namen wie ein Programm: Sonnenbaden am Tag, Nachtschwärmen, wenn's dunkel wird, und natürlich den Felsenspringern zusehen.

Die beste Reisezeit

Die Regenzeit liegt zwischen Mai und Oktober. Zwischen November und April regnet es immer wieder, aber wesentlich weniger. Zieht man nun die Hauptsaison zwischen Dezember und Februar mit horrenden Preisen, vor allem in Acapulco, ab, bietet sich der **November** als Reisemonat an: Es ist trocken, warm, aber nicht mehr heiß und noch günstig. Wegen der Höhendifferenz – zwischen Mexico City und Acapulco 2240 m – warme Kleidung mitnehmen. 20 °C Unterschied zwischen Tag und Nacht sind keine Seltenheit.

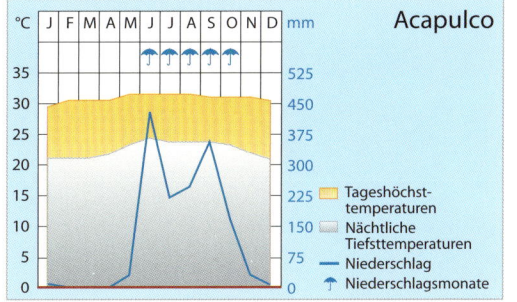

Besondere Tipps

Festtage: Am Dia de los Muertos, am Tag der Toten am 1. November, wird nicht geweint, sondern gefeiert. Zu bestaunen in Häusern, auf den Straßen und Friedhöfen.
Souvenir: Keine Heimreise aus Mexiko ohne eine Mariachi-CD! Wer es nicht so schwülstig mag: Juan Gabriel macht mexikanische Volksmusik von Mariachi bis Bolero (»El Concierto de Bellas Artes«).
Literatur: »Das Labyrinth der Einsamkeit« von Nobelpreisträger Octavio Paz, eine kritische Auseinandersetzung mit seinen Landsleuten.
Info: www.visitmexico.com

← Monte Alban ist quasi die kleinere Version von Teotihuacán.

← Mit dem roten VW Käfer zu bunten Fiestas ...

← ... wie dieser ausgelassenen Feier in Oaxaca.

↑ Die Kriegerstatuen von Tula, ein Muss für Urlauber

Amazonas – Der größte Strom der Erde

Die Angaben sind unterschiedlich: Zwischen 6400 und 6800 Kilometer misst der Amazonas, vielleicht ist er etwas länger als der Nil, vielleicht etwas kürzer. Wie auch immer, der Titel des größten Stroms der Erde ist dem Fluss der Amazonen gewiss: Im Durchschnitt transportiert er pro Sekunde 209 000 Kubikmeter Wasser. Zwei Quellflüsse aus den peruanischen Anden und mehr als 11 000 Nebenflüsse speisen ihn, aus einem Gebiet, das 40 Prozent der Landfläche Südamerikas einnimmt. Eine dünn besiedelte Region mit wenigen Städten, selbst wenn man Manaus und Belém mitzählt – beide liegen an Nebenflüssen.

Die größte Stadt am Amazonas ist somit das peruanische Iquitos (420 000 Einwohner). Die meisten Kreuzfahrtschiffe fahren bis hierher, die größten unter ihnen wenden jedoch in Manaus, rund 1700 Stromkilometer vom Ozean entfernt. Immer mehr Kreuzfahrtpassagiere entdecken den Reiz dieses – zuvor meist Rucksackreisenden vorbehaltenen – Reviers, insbesondere, wenn ihr Schiff Zodiacs an Bord hat. Mit den flachen Motorschlauchbooten lassen sich auch kleine Wasserwege mit reichem Tierleben

erobern. Das Reiseziel Amazonas ist ideal für Naturfreunde. Andere Attraktionen sind eher dünn gesät.

Belém – es liegt an der Mündung des Rio Guamá in den Rio Para, unweit der Amazonasmündung – ist jedem Kreuzfahrer einen Stopp wert, auch wenn der Kurs dann nicht stromauf führt, sondern zurück in den Atlantik. Die 1,5-Millionen-Stadt, die am alten Hafen und unter den Mangobäumen in den Straßen der Innenstadt recht beschaulich wirkt, bietet eine Reihe von Sehenswürdigkeiten. Santarém ist dagegen touristisch ein Mauerblümchen, obschon im mehr als 350 Jahre alten Hafen noch architektonische Spuren vom Reichtum durch den Kautschukboom Ende des 19. Jahrhunderts zu sehen sind. Selbst Henry Ford hatte, an seinen Reifenbedarf denkend, hier einst eine Kautschukplantage – sie ist immer noch aktiv, allerdings unter anderen Besitzern. Manaus ist, obwohl tief und isoliert im Urwald gelegen, über die Grenzen von Brasilien hinaus bekannt. Und wer weiter möchte ins peruanische Iquitos, muss spätestens hier umsteigen auf andere lokale Schiffe. Keine Sorge, die Strecke ist frei. Kein Schiff muss übern Berg, »Fitzcarraldo« ist nur Kino. Alles wird gut.

Die beste Reisezeit

Kühl wird es zwar nie am Amazonas, und feucht ist es auch immer. Aber es gibt einen Unterschied zwischen feucht und sehr feucht: Im März, zum Höhepunkt der Regenzeit, verzeichnen die Statistiker mehr als 300 mm Regen, im **September/Oktober** sind es im Durchschnitt nur etwa 100. Dafür liegen die Temperaturen auch etwas höher als die ansonsten üblichen 30 °C. Viel macht das in der Hitze nicht mehr aus, in Äquatornähe machen vornehmlich die mehr oder minder üppigen Regenschauer den Unterschied.

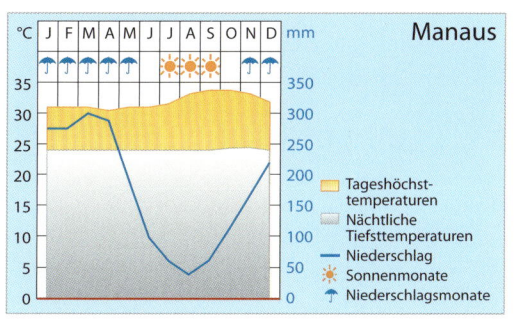

Die Highlights

 Belém – Jeder Tourist landet hier auf dem »Vero-Peso« (»Achte auf das Gewicht«), einem pittoresken Markt am Ufer. Dort wird auch Pflanzenmedizin (»Natur-Viagra«) angeboten.

 Marajo Island, die größte Flussinsel der Welt, liegt gegenüber von Belém. Ausländische Touristen verirren sich kaum in die Orte des Eilands, zu denen man sich individuelle Überfahrten organisieren muss.

 Círio (de Nossa Senhora) de Nazaré, das größte religiöse Fest Brasiliens, wird seit 1790 am zweiten Oktoberwochenende in Belém gefeiert.

 Alter do Chão, die »Karibik Amazoniens«, liegt bei Santarém. Das Dorf am Rio Tapajós vereint klares Flusswasser mit weißem Sandstrand und touristischer Infrastruktur.

 Das *Teatro Amazonas*, eine Oper im Stil der Neorenaissance, ist das Wahrzeichen von Manaus. Sie wurde 1896 eröffnet.

 Der *Mercado Adolpho Lisboa* in Manaus entstand 1883 in der Fabrik von Gustave Eiffel. Die Halle im Art-Noveau-Stil wurde sichtlich inspiriert von Les Halles, dem einstigen Markt in Paris.

 In *Iquitos* erinnern einige Kolonialbauten an den Wohlstand des Kautschukbooms. Heute setzt die Stadt auf Ökotourismus.

Besondere Tipps

Surfen: »Pororoca« nennen die Indios die Flutwelle, die im März/April bis 4 m hoch in den Amazonas drückt. Surfer haben sie schon mehr als 12 km weit geritten.
Fußball: In Macapá an der Amazonasmündung heißt es beim Fußball immer: Nord gegen Süd. Die Mittellinie liegt nämlich genau auf dem Äquator.
Literatur: »Das grüne Haus« von Mario Vargas Llosa. Der Amazonasroman gilt als eines der wichtigsten Werke des Literaturnobelpreisträgers von 2010.
Info: www.amazonas.de

← Bootsausflug zu den Riesenblättern der Seerosenart Victoria regia im Amazonas-Gebiet
↑ Geschmückte Tariano-Indianerinnen am Oberlauf des Stroms
↑ Zwei der selten gewordenen Amazonas-Delfine

Zwischen Anden und Amazonas

Rauchende Vulkane, sprudelnde Thermalbäder, exotische Dschungelflusslandschaften mit abgelegenen Indianerdörfern, charmante Haziendas mit bezaubernden Interieurs sowie Quitos historische UNESCO-Altstadt machen aus Ecuador, dem Land auf der Äquatorlinie, einen südamerikanischen Bilderbogen. 24 Stunden Anreise nehmen Adrenalinverrückte in Kauf, bis sie am Ort ihrer aufregenden Träume sind.

Der bekannteste heißt Baños de Agua Santa und liegt einige Busstunden von Quito, der Zwei-Millionen-Hauptstadt Ecuadors, entfernt: zwischen bis zu 6000 Meter aufragenden eisbedeckten Vulkanriesen des Andenhochlands und der nach Osten abflachenden Amazonasregion. Von ganz weit oben sprudeln Bergbäche herunter, werden zu reißenden Flüssen, die sich tief in den Vulkanbasaltschluchten um Baños eingraben, um irgendwo im ecuadorianischen Rio Napo zu verschwinden, der zusammen mit seinen Brüdern in Peru den größten Fluss der Welt auf die Beine bringt, den Amazonas.

Ein solches Naturszenario produziert fragile Spannbrücken über atemberaubenden Canyons,

Felsnasen über horrenden Tiefen, schwindelerregende Fahrwege an steilen Abhängen, Wasserfälle, die sich donnernd in gischtschäumende Strudel verwandeln, sowie kalte – manchmal auch glühend heiße – Lavaströme, die ihre schwelenden Krater in graue Ödnis einbetten. In schnittigen Longboats geht es auf dem Rio Napo durch verwirbelte Strömungen flussabwärts, an winzigen Dschungelsiedlungen vorbei, die aus dichtem Regenwaldgrün ragen: Kapok- und Ficusbäume, Zedern und andere exotische Baumriesen treiben riesige Blätterkronen himmelwärts. Rot blühende Feuerbäume leuchten aus den urtümlichen Flusslandschaften des ecuadorianischen Amazonasgebiets, in deren Wassermassen über 600 Fischarten zu Hause sind. Schildkröten, Echsen, Affen, Gürteltiere, Tapire, seltene Jaguare und Bären bietet die Fauna hier auf und natürlich giftige oder »nur« würgende Schlangen wie die Boa Constrictor und die Anakonda. Und aus der gehobenen Perspektive betrachten sich die archaische Naturwelt über 900 Vogelarten.

In der Hauptstadt Quito zeigt sich, dass Ecuador sein Potenzial für die Zukunft erkannt hat: Ein neuer Großflughafen soll bald Direktflüge aus Europa möglich machen. Und die maroden Gleisanlagen einer kolonialen Andeneisenbahn werden demnächst saniert und reaktiviert. Sie verbinden die Küste mit der Hauptstadt und diese mit dem fotogenen Vulkanmagneten Cotopaxi, was sie für Besucher zu einem der fantastischsten touristischen Eisenbahnabenteuer der Welt werden lässt. Bisher wackeln wenige antike Dampf- oder Dieselloks über marode, aber noch funktionierende Teilstrecken zum Sightseeing, etwa der Riobamba-Express.

Die beste Reisezeit

Das Klima Ecuadors wird von der Höhenlage, den geografischen Regionen (Küste/Inland) sowie der Regen- und Trockenzeit bestimmt. Im Hochland liegt die Trockenzeit zwischen Juni und September, aber selbst während der Regenzeit scheint bis zum späten Nachmittag die Sonne. *September bis November* sind sehr schöne Reisemonate, die außerhalb der Ferienzeiten liegen. Die Galápagos-Inseln sind zu der Zeit zwar trocken, aber auch oft kühl und dunstig. Zwischen Juli und Oktober ist die See dort sehr rau.

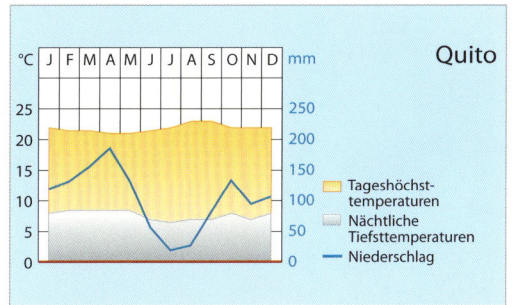

Die Highlights

Quito und sein bildschönes Centro Histórico haben es auf die Liste des UNESCO-Weltkulturerbes geschafft. Die Gondelseilbahn Teleférico fährt bis 4100 m Höhe und bietet damit den besten Blick auf City und Cotopaxi.

Calle Morales im Künstlerviertel La Ronda, eine der schönsten Straßen Quitos, zieht mit Bars, Cafés, Geschäften und Galerien die Touristen an.

La Mariscal, das Vergnügungsviertel Quitos, lockt mit schrillen Bars, schrägen Nightclubs, schicken Restaurants und dröhnenden Discos.

Chimborazo – 6310 m hoch und ein Muss für Liebhaber bildschöner Vulkankegel. Auf 4000 m Höhe hat sich Marco Cruz, eine ecuadorianische Bergsteigerlegende, mit der Berglodge »Estrella des Chomborazo« sein Berghüttenrefugium geschaffen.

Baños de Agua Santa – Dank ihrer schwefelhaltigen Thermalquellen bietet die Badestadt hervorragende Spaqualitäten. Und vieles für Extremsportler: Abseiling, Canyoning, Wildwasser, Klettern, Bergsteigen, Bungee- und Pendelsprung.

Cotopaxi – Ecuadors zweithöchster Gipfel reckt sich bis auf 5897 m. Von Schnee und Eis bedeckt, bietet das Gebiet fantastische Wandertracks.

Galápagos-Inseln – Sie gehören zu Ecuador und sind von hier aus am einfachsten zu erreichen.

Besondere Tipps

Literatur: »Schlaglichter Ecuador«, Daniel Kempken.
Essen: Im kulinarischen Szenerestaurant Mea Culpa im UNESCO-geschützten Bischofssitz Quitos.
Übernachten in Quito: Patio Andaluz und Plaza Grande direkt an der Plaza Historica (www.hotelpatio-andaluz.com, www.plazagrandequito.com).
Übernachten auf stilvollen Haziendas: www.tierradel volcan.com; www.incahacienda.com; www.hacienda laalegria.com; www.expediciones-andinas.com.
Info: www.vivecuador.com; www.quito.com.ec; www.visitecuador.travel

← Der berühmte Cotopaxi: dem Himmel so nah
← Riesenschildkröten auf Santa Cruz Island
← Galápagos-Blaufußtölpel auf Seymour Island
↑ Mönch im Kloster Convento de Sant Francisco in Quito

Eine Nilkreuzfahrt – Kurs auf die Pharaonengräber

Die Highlights

Unter Segeln unterwegs auf dem längsten Strom der Erde. Wer an Bord keinen Coffeeshop, keinen 5-Uhr-Tee und keinen Mitternachtssnack braucht, wohl aber Muße und Nähe zu Land und Leuten, wird die klassische Route auf einem »Goldenen Boot« genießen. So wird der Begriff »Dahabeya« übersetzt. Gemeint sind komfortable und zugleich sehr ursprüngliche Zweimaster, wie sie die Sultane und Paschas früherer Jahrhunderte aus den schlichten Feluken der Fischer und Bauern entwickelten.

Die »Samira« ist so ein Boot. Ein sanfter Wind bläht ihre Segel. Er trägt die Geräusche von den Feldern und aus den Dörfern an Deck: die Schreie der Esel, das Lachen der Kinder, die Rufe des Muezzin. Mit dem rechten Fuß, der die Pinne umklammert, hält der Rudergänger Kurs. Sein linker Fuß ruht auf der Reling, eine Hand hält die Leine zum Mast, die andere eine Zigarette der Marke Kleopatra.

Wie alle Crewmitglieder trägt er die Galabija, das lange und luftige Traditionsgewand der Ägypter. Streng genommen ist dieser Rudergänger gar kein Ägypter. Er und die anderen Besatzungsmitglieder verstehen sich als Nubier, Angehörige der dunkelhäutigen Volksgruppe Oberägyptens. Sie alle sind auf Elephantine geboren, der Nilinsel vor Assuan; bereits ihre Väter und Großväter haben Feluken und Dahabeyas gesteuert, immer schon, vielleicht seit den Zeiten der Pharaonen, aus denen immer neue Spuren erster Besiedlung auf Elephantine gefunden werden.

Ob Traumschiff oder Kabinenkreuzer unter Segeln – Reisemotiv und Reiseroute sind identisch: Es ist der Mythos Nil, der Lebens-Lauf durch eine der ältesten Hochkulturen der Welt. Diesem Strom haben wir Ägypten und seine Weltwunder zu verdanken: die Pyramiden von Gizeh, die Tempel von Luxor und Karnak, Theben-West mit dem Tal der Könige und den Gräbern der Noblen und andere gigantische Zeugnissen aus 34 Jahrhunderten.

Und an den Ufern empfangen einen Bilder von zeitloser Schönheit: Fischer, die im Halbrund ihre Netze auswerfen – in Karnak haben wir diese Szene schon einmal gesehen, auf einem Relief aus den Anfängen der menschlichen Kultur. Ein Bauer, der mit dem Holzpflug den trockenen Boden aufreißt – vor fast 5000 Jahren wurde sein Ebenbild in Saqqara, der Pyramidenstadt südlich von Kairo, in Stein gehauen.

 *Kairo* – Neben den Pyramiden sind der Basar Khan al-Khalil, das Koptische Museum und die Moscheen Ibn Tulun und al Azhar wichtige Sehenswürdigkeiten. Das Nationalmuseum hat bei den Unruhen im Februar 2011 gelitten.

 Luxor – Der Stadttempel und das Heiligtum von Karnak sowie die restaurierte Sphingenallee sind Attraktionen von Weltrang.

 Tal der Könige (Theben-West) – Die ältesten Königsgräber reichen bis in die Zeit vor 3500 Jahren zurück. Hier wurden auch Ramses IV. und Tutanchamun auf die Reise in die Ewigkeit geschickt.

 Edfu – Kein anderes Heiligtum ist so gut erhalten wie dieser dem falkenköpfigen Gott Horus geweihte Tempel.

 Kom Ombo – Der Tempel, malerisch am Ufer einer Nilschleife gelegen, ist sowohl dem krokodilköpfigen Gott Sobek, dem Herrscher über das Wasser, als auch Horus, Gott der Könige und des Himmels, geweiht.

 Assuan – Sehenswert sind die Staudämme von 1902 und 1911, der Isis-Tempel auf der Insel Philae und das Nubische Museum.

 Abu Simbel – Der Abstecher zu den vier Kolossalstatuen von Ramses II. gehört zu den besonders intensiven Erlebnissen einer Reise an den Nil.

Die beste Reisezeit

Oktober und November sind ideale Monate für eine Nilreise. Vorher ist es entschieden zu heiß, danach oft regnerisch und diesig. Im November kann es in Luxor und erst recht in Assuan durchaus noch Tage mit über 30 °C geben. In den Herbst fallen auch keine großen Feste, zu denen die Preise erheblich steigen. Wer am Leben der Einheimischen teilhaben will, sollte sich rechtzeitig nach den Terminen für Ramadan, die muslimische Fastenzeit, erkundigen.

Besondere Tipps

Daraw: Der lebhafte Vieh- und Landhandelsmarkt bei Kom Ombo an jedem Dienstagmorgen ab 7 Uhr ist ein beliebtes Kontrastprogramm nach den vielen Tempeln.
Entspannung: Teestunde auf der Terrasse des traditionsreichen Hotels Winter Palace in Luxor. Ein Vergnügen, das sich schon Agatha Christie gerne gönnte.
Buch/Film: Agatha Christies amüsanter Krimi »Tod auf dem Nil« wurde mehrfach verfilmt, am besten 1978 mit Peter Ustinov in der Rolle des allwissenden Meisterdetektivs Hercule Poirot.
Info: www.egypt.travel

← 18 Säulen tragen die Vorhalle des Edfu-Tempels.

↑ Dahabeyas heißen die klassischen Segelschiffe, die den Nil befahren.

↑ Der Besuch der Pyramiden von Gizeh bei Kairo steht am Anfang oder Ende jeder Ägyptenreise.

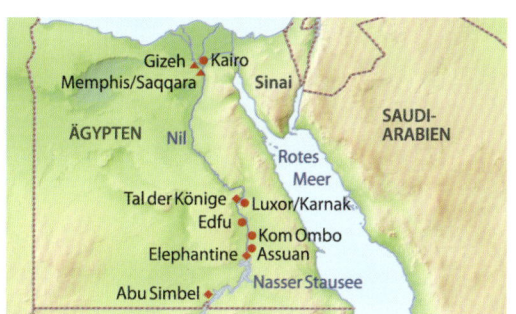

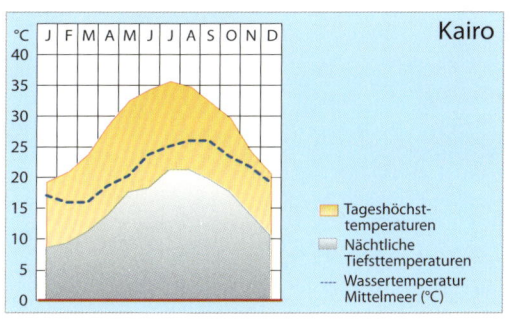

Zwischen Tanganjikasee und Sansibar

Nach achteinhalb Stunden taucht sie auf, die Runway, die sich »Kilimanjaro International« nennt: Wer hier aussteigt, findet sich in einem der aufregendsten Naturparadiese des Kontinents, denn gewaltige 945 087 Quadratkilometer machen Tansania mit beinahe der dreifachen Fläche Deutschlands zu einer opulenten afrikanischen Filmbühne – mit beeindruckenden Bergszenarien, Savannen, Seen, Inseln sowie ozeanischen Traumstränden. Gleich nebenan türmt sich der Kilimandscharo fast 6000 Meter hoch, an die 30 000 »Kili«-Verrückte quälen sich jährlich hinauf.

Aber es gibt sie, die Argumente, den schnee- und eisbedeckten Riesen einfach stehen zu lassen, und stattdessen in eine Cessna zu steigen. Gleich nach dem Start zeigt sich im wuchernden Grün des benachbarten 4566 Meter hohen Mount Meru das ehemalige Farmhaus der Deutsch-Ostafrika-Pionierin Margarete Trappe, deren aufregendes Afrikaschicksal mit Christine Neubauer in der Hauptrolle verfilmt wurde.

Unten zieht bis zum Horizont trockenes Savannenland vorbei, das sich hier Tarangire National Park nennt. Beim Anflug auf Lake Manyara zieht die Cessna über Weiß- und Pastelltöne des mit Tausenden pinkfarbener Flamingos besetzten Sees hinweg. Vor 50 Jahren rasten Hardy Krüger und John Wayne als Tierfänger mit ihren Filmjeeps hier an den Ufern entlang.

Unten zieht der berühmte Ngorongoro-Krater mit seinen steil abfallenden, grün überwucherten Wänden vorbei. Seronera Airstrip liegt im Zentrum der Serengeti. Hier hat das Parkhauptquartier seinen Sitz, wie auch die Zoologische Gesellschaft Frankfurt. »Die Serengeti darf nicht sterben!« war der unvergessene Appell von Professor Bernhard Grzimek an die Welt, weshalb der berühmte Tierforscher vor einem halben Jahrhundert in seiner zebragestreiften Einmotorigen in der Wildnis unterwegs war, um sie für uns zu retten.

Kogatende Airstrip liegt nur wenige Kilometer vor der kenianischen Grenze. Neben der staubigen Landepiste tummeln sich an den Ufern des Mara River wenigstens hundert Flusspferde. Ebenso viele grauenerregende Krokodile dürften es sein. Hier finden sie statt, die alljährlichen Migrationsbewegungen der riesigen Herden von Gnus, Zebras, Antilopen, mit zahlreichen Löwen, Leoparden, Hyänen, Schakalen und Geiern dicht auf den Fersen.

Von Traumstränden hat Sansibars Ostküste unendlich viele. Kilometerweit schlanke Palmen, schillernde Riffe, feinster Korallensand. Abends geht es von der Tauchbasis direkt ins Nachtleben, wobei sich Sansibars Inselhauptstadt Stone Town von der Seeseite her wie in einem Märchen aus Tausendundeiner Nacht erhebt.

Die beste Reisezeit

Von Mitte März bis Mitte Mai herrscht die große Regenzeit mit täglichen teils kräftigen Schauern, ansonsten bietet Tansania verschiedene klimatische Verhältnisse je nach Ort und Höhenlage. Für Safaris in der Serengeti ist der **Herbst** mit seinen mäßigen Temperaturen ideal, zudem finden ab Oktober die Migrationswanderungen riesiger Tierherden von Tansania ins nördliche Kenia statt. Auch für die Besteigung des Kilimandscharo sowie für Sansibar und den Tanganjikasee bieten September und Oktober die besten Bedingungen.

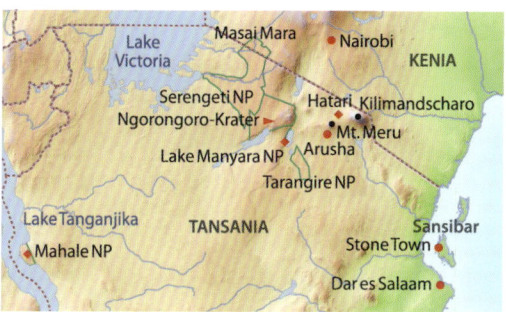

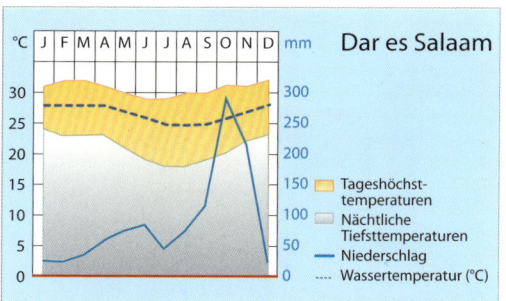

Die Highlights

 Tanganjikasee – Der mit 700 km längste und 1470 m zweittiefste See der Welt und einer ihrer artenreichsten Orte.

 Bootsfahrt – Entweder mit einer Segel-Dhau oder dem Passagierdampfschiff »Liemba«, 1914 in Papenburg gebaut, zerlegt, in Kisten verpackt und am See wieder zusammengebaut.

 Mahale Nationalpark – Die Heimat einer der letzten großen Schimpansenpopulationen Afrikas, die auf Trekking-Exkursionen des Greystoke Mahale Camps besucht werden können.

 Kilimandscharo – Die Besteigung von Afrikas höchstem Berg verlangt Bergsteigern keine hohen technischen Anforderungen, dafür aber immense körperliche ab.

 Hatari-Lodge – Einst Drehort des Filmklassikers »Hatari« und später im Besitz Hardy Krügers. Die Terrassen des heutigen Buschhotels bieten einen einzigartigen Blick auf den Kilimandscharo und den Arusha National Park.

 The Africa House – In Sansibar zum Sundowner auf die Terrasse des bombastischen Kolonialhauses des ehemaligen Britischen Klubs.

 Stone Town – Der von der UNESCO geschützte Altstadtkern Sansibars ist stark arabisch geprägt. Alte Apotheke, Livingstone-Haus, Palastmuseum und arabische Festung zählen zu den ersten Adressen.

Besondere Tipps

Anreise: Condor ab Frankfurt nonstop nach Arusha/Kilimanjaro Airport, ab Sansibar wieder zurück.
Reiseplanung: Die vorliegende Reise hat die Hatari-Lodge zusammengestellt, www.theafricanembassy.com.
Reiselektüre: »Reise-Know-how Tansania« von Jörg Gabriel; »Meine Farm in Afrika« von Hardy Krüger; »Eine Frage der Zeit« von Alex Capus; »Schnee auf dem Kilimandscharo« von Ernest Hemingway.
Filme: Margarete Trappe: »Momella – eine Farm in Afrika«, Hardy Krüger & John Wayne: »Hatari«.
Info: www.tanzaniatouristboard.com

← Bei Sonnenuntergang besonders romantisch: Schirmakazie in der blutrot erleuchteten Savanne
← Grzimeks Serengeti ist ein Paradies für Wildtiere aller Art.
↑ Der Kilimandscharo, von Tansania aus betrachtet

Zu Besuch im Garten Eden

Wenn »Lunchtime« ist in Nairobi, bewegt sich alles – oder eben fast nichts: Virtuos windet sich der Verkehr der mit glitzernden Hochhäusern bestückten City durch Lücken im Blech. Hier muss man sich unbedingt Zeit nehmen für einen Kaffee im legendären Thorn Tree Café, gleich neben dem kolonialen Stanley Hotel, das über hundert Jahre alt ist. Man kann genau dort sitzen, wo Papa Hemingway einst seinen Kenya Coffee schlürfte – den starken, den für richtige Männer. Sicher hatte er die doppelläufige Flinte dabei schussbereit auf den Knien.

Beim Eintreten in den Luftraum über einem der meistbesuchten Tierreservate der Welt, dem Masai Mara, das auf kenianischer Seite Grzimeks tansanische Serengeti fortsetzt, werden alle Erwartungen übertroffen: Nach einer Stunde Flugzeit brummt die Cessna über den Mara River hinweg. Hier findet alljährlich im Herbst die Wanderung Hunderttausender Gnus und Zebras statt. Das noble Zeltcamp »Cottars« zählt zu den ersten Adressen,

weshalb nicht nur Brad Pitt und Angelina Jolie auf der VIP-Gästeliste stehen.

Calvin Cottar, Nachfahre einer alteingesessenen Safari-Familie, hat sich für sein Camp eine überwältigende Naturperle herausgepickt, mit fantastischen Landschaften ringsum, die eine beeindruckende Kulisse bieten aus weiten Ebenen, durchzogen von grün strotzenden Rolling Hills, gerahmt durch sanfte Bergkämme, mit verwunschenen Tälern, durch die sprudelnd Bäche und Flüsse fließen. Zahlreich leben hier die wilden Exoten, Büffel und Löwen, Zebras und Gnus, Giraffen und Hyänen, Leoparden und Geparden in einem Garten Eden.

Kenias Amboseli Nationalpark, seit 1974 unter dem Schutz der UNESCO, ist spezialisiert auf Elefanten: An die 2000 der Großohren ziehen im ansonsten extrem trockenen Land an kilometerlangen Sumpflandschaften entlang, die ihr kostbares Nass durch Gletscherabflüsse des fast 6000 Meter hohen Kilimandscharo beziehen. Setzt sich das Abschmelzen der Kilimandscharo-Eismassen durch die globale Erwärmung fort, so befürchten Naturschützer, könnten die Leben spendenden Sümpfe austrocknen und mit ihnen die Existenzgrundlage der Elefanten, zu denen sich Nilpferde, Büffel, Hyänen, Geparden, Löwen und reichlich Schlangen gesellen.

Die Liste der kenianischen Nationalparks und Wildschutzgebiete ist lang und enthält so berühmte Namen wie das Loisaba Game Reserve, den Amboseli National Park, das Shaba National Reserve und den Mount Kenya National Park. Auch das Schutzgebiet des Methews Forest gehört dazu, wo einst Corinne Hofmanns Film »Die Weiße Massai« gedreht wurde.

Die Highlights

 Crossing – Der von allen Safari-Besuchern ersehnte Augenblick, wenn unfassbare Tiermengen während ihrer Wanderung den Fluss durchqueren, lässt sich am besten bei einem Rundflug über den Masai Mara betrachten.

 Ballonsafaris zählen zu den stillen, beschaulichen und erstklassigen Naturerlebnissen in Kenia.

 Nachtsafaris und *Bush Walks* durch die Wildnis, die in einigen privaten Schutzgebieten angeboten werden, sollte man mitmachen. Es kann aufregend werden.

 Nairobi – Die Acht-Millionen-Metropole und Hauptstadt Kenias hat einiges zu bieten, was sich am besten auf einer Stadtrundfahrt erkunden lässt: Nationalmuseum, -theater und -bibliothek etwa, das Langatta Giraffe Center oder das Elefantenwaisenhaus Daphne Sheldrick's Orphanage und den Schlangenpark.

 Thorn Tree Café in Nairobi ist seit mehr als hundert Jahren der Treffpunkt für Reisende. An die Akazie – es ist die dritte seit Bestehen des legendären Cafés – pinnen sie seit jeher ihre Nachrichten.

 Karen Blixen Museum am Fuß der Ngong-Berge etwas außerhalb der City. Die Dänin Karen Christence von Blixen-Finecke veröffentlichte unter dem Pseudonym Tania Blixen den Bestseller »Jenseits von Afrika«.

Die beste Reisezeit

Das Klima Kenias ist je nach Region sehr unterschiedlich, und präsentiert alle in Afrika vorkommenden Erscheinungsformen: vom tropisch schwülwarmen Wetter an den Küsten des Indischen Ozeans und am Viktoriasee bis zu extrem trockenheißen wüstenähnlichen Zonen im Norden, zum Beispiel am Turkana-See. Im Hochland, in dem die meisten Tierschutzgebiete liegen, bestimmen die Trockenzeiten im Frühjahr und Herbst die besten Perioden zur Tierbeobachtung, wobei die spektakulären Migrationsbewegungen im **Herbst** stattfinden.

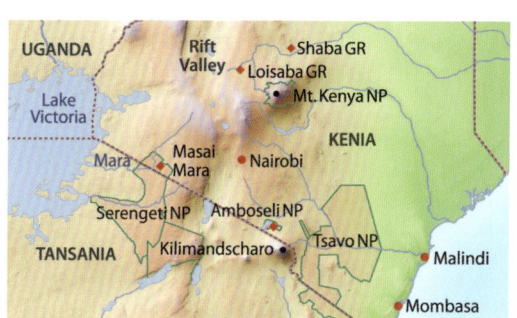

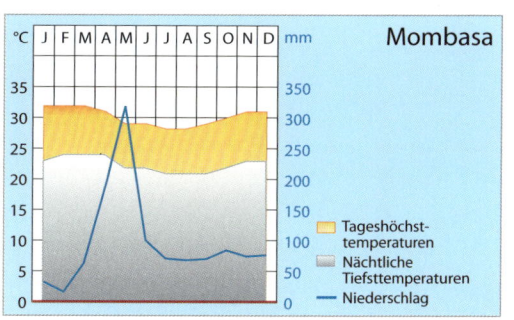

Besondere Tipps

Anreise: Mit Swiss ab Zürich oder Brussels Airlines ab Frankfurt nach Nairobi.

Schöne Camps & Lodges: www.loisaba.com; www.joyscamp.com; www.kitichcamp.com; www.lewasafaricamp.com; www.elsaskopje.com; www.cottars.com; www.tortilis.com sowie www.chelipeacock.com

Lesestoff: Ernest Hemingway, »Schnee auf dem Kilimandscharo« und »Die Grünen Hügel Afrikas«; John le Carré, »Der ewige Gärtner«.

Infos: www.magical-kenya.de, www.magicalkenya.com

← Eine Herde Gnus trinkt am Mara River im Wildschutzgebiet Masai Mara.

← Tanzende Maasai-Krieger in Samburu im Norden von Kenia

↑ Champagnerfrühstück nach einem spektakulären Ballonflug über der Masai Mara

Im Brennpunkt vieler Möglichkeiten

Was für ein Land, so klein, so voller Widersprüche. Nirgendwo sonst lassen sich in wenigen Tagen so viele Jahrtausende durchmessen. Nirgendwo sonst liegen biblische Vergangenheit und eine Gegenwart, die allzu oft die Weltpolitik in Atem hält, so eng beieinander. Israel lässt keinen Besucher gleichgültig. Viele fasziniert dieser Teil des Heiligen Landes, das sogar seine Tourismuswerbung aus der Bibel ableiten könnte: »Ziehe … in das Land, das ich dir zeigen werde«, lautete eine göttliche Weisungen an Abraham. Sowieso können Altes wie Neues Testament bis heute als Cicerone benutzt werden.

Israel fordert seine Gäste heraus: zur Beschäftigung mit der Geschichte, mit den drei Weltreligionen – Judentum, Christentum, Islam –, die hier so viele heilige Stätten für sich reklamieren. Israel ist vieles, nur langweilig ist es nicht. Zwar kann man sich auch nur an den Strand legen, an der Mittelmeerküste bei Tel Aviv, Herzliya, Nathanya oder in Eilat am Roten Meer. Aber wer Israel kennenlernen will, wird am See Genezareth den Spuren des Apostels Petrus folgen, über den Beduinenmarkt von Be'er Sheva in der Negevwüste bummeln und

den Blick von der Festung des Herodes auf den Berg Massada über die Mondlandschaft am Toten Meer schweifen lassen wollen.

Aber weit vor solchen und anderen Sehenswürdigkeiten, etwa in der Künstlerstadt Safed im Hochland von Galiläa und bei den römischen Relikten in Cäsarea oder Ashkelon, wird natürlich jede Rundreise dominiert von Jerusalem, der heiligen Stadt, die allein eine Reise wert ist: Die Klagemauer, der Felsendom, die Grabeskirche, der Ölberg, die Holocaust-Gedenkstätte Yad Vashem, sie alle machen atem- und sprachlos. Das Gewicht der Ereignisse aus Geschichte und Legende verleiht Jerusalem die alles überragende Bedeutung.

Ideal für dieses Reiseland sind Kombinationen aus solchen Mosaiksteinen der großen Vergangenheit mit der prallen Lebenslust des Orients, wie sie sich in Haifa oder Jaffa entdecken lässt, und einer hippen Szene, wie sie sich im neonglitzernden Nachtleben von Tel Aviv spiegelt. Wer danach seine Gedanken und seine Bilder noch vor Ort sortieren mag, findet in den Gästehäusern einiger Kibbuzim und natürlich auch an den Stränden der drei Meere genügend Oasen der Ruhe.

Die beste Reisezeit

Der Herbst ist die ideale Zeit für Rundreisen. Überall ist es dann warm, aber nicht mehr heiß, und es muss nur ganz selten mit Regen gerechnet werden. Die Tagestemperaturen liegen im **September/Oktober** an der Küste zwischen 24 und 28 °C, im höher gelegenen Jerusalem und in Ober-Galiläa etwa 5 bis 10 °C darunter. Das Mittelmeer vor Tel Aviv und den Seebädern ist noch bis in den November hinein deutlich wärmer als 20 °C.

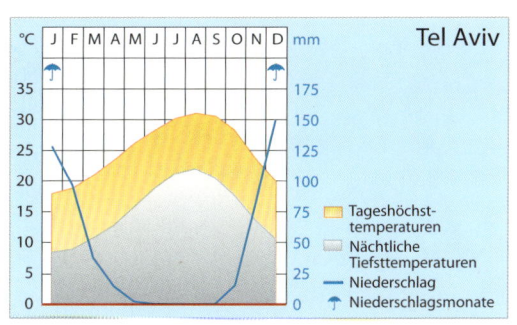

Die Highlights

 Jerusalem – Neben der Altstadt mit armenischem, jüdischem, christlichem und moslemischem Viertel und ihren vielen religiösen Sehenswürdigkeiten lohnt auch das »neue« Jerusalem: das Parlament, das Israel-Museum, der Schrein des Buchs (kühne Architektur!) und Yad Vashem.

 Tel Aviv – Millionenstadt mit aufregendem Strand- und Nachtleben. Die Cafés auf dem Flanierboulevard Dizengoff, die Klubs und Theater haben Weltniveau.

 Nahariya – Seebad an der Mittelmeerküste, einst Zentrum deutscher Emigranten, heute mit sympathischer Patina überzogen.

 Akko – Alexander der Große war hier, die Ptolemäer, die Syrer, die Römer, die Kreuzfahrer, die Türken – sie alle haben Spuren hinterlassen.

 Safed – Eine der heiligen Städte des Judentums, in schöner Berglage im oberen Galiläa, viel Mystik, aber auch eine lebendige Künstlerszene.

 In *Kapernaum* am See Genezareth, Geburtsort des Simon Petrus, gehört es zum Ritual, den legendären Petersfisch ganz frisch zu genießen.

 Massada – Im Jahr 73 Schauplatz des jüdischen Widerstands gegen die Römer. Morgens auf die Festung klettern (oder mit der Schwebebahn hinauf fahren), nachmittags im nahen salzreichen Toten Meer baden.

Besondere Tipps

Unterkunft: Im Kibbuz Nes Ammim bei Akko, dem einzigen christlich orientierten des Landes, arbeiten Freiwillige aus aller Welt. Einfaches Gästehaus mit Pool.
Bummel: Jerusalems Künstlerviertel Mishkenoth Sha'anamin und Yemin Moshe bieten mit Galerien, Cafés und der eher weltlich-offenen Atmosphäre einen reizvollen Kontrast zum »heiligen« Jerusalem.
Legendäres Hotel: Das »American Colony« im arabischen Teil Jerusalems bietet im doppelten Sinne ein sagenhaftes Ambiente.
Info: www.israel.de/tourismus

←Jerusalems berühmteste Ansichten: die Klagemauer der Juden und der Felsendom der Muslime

↑ Der pittoreske alte Hafen von Akko

↑ Fromme Juden beim Feiern einer Bar Mizwa vor der Klagemauer

Südlich des Jangtsekiang – Augen offen halten!

Papiergeld, Handyattrappe, Goldschmuck und ein Jadering aus Karton, Räucherstäbchen, eine Plastikuhr sowie ein Taschenrechner und Schreibgerät für die ersten Geschäfte im Jenseits. »Grabbeilage«, schlägt der Verkäufer auf einem Shanghaier Markt vor, als sich der Tourist nicht entscheiden kann zwischen Maofigur und Ming-Vase aus der Fälscherwerkstatt. Kann man doch anhand der Symbolik den Lieben zu Hause vieles über chinesische Denkweisen erklären.

Rot verheißt Glück – einst waren sogar die chinesischen Brautkleider rot. Den Räucherstäbchen wird reinigende Wirkung nachgesagt. Gold und Geld bringen Sicherheit und Wohlstand, das Handy sorgt für Kontakte, Taschenrechner und Stift zeichnen den Geschäftsmann aus. Und Jade gilt als Symbol der guten Tugenden. Nach einer Minute des Feilschens ist der Preis von zehn Euro auf ortsübliche 80 Cent geschrumpft.

In China muss man sich treiben lassen. Wer strukturiert Highlights abklappert, wird Land und Leute nicht kennenlernen, sondern im langweiligen touristischen Tunnelblick verharren. Das gilt besonders für den Süden, wo die Menschen *nan* sind, also klein, fein und emotional. Im Gegensatz zu *be*, so sind die aus dem Norden – groß, grob und kalt.

In Shanghai kann man am Bund mit seinen Prachtbauten und im Anblick der Skyline ins Schwärmen geraden. Das Gleiche gilt für Hongkong mit Hafen, Peak und »Peninsula«, aber es wäre jeweils nur ein einseitiger Blick ins moderne Jetzt. Denn nicht nur in den kleinen Gassen, in den im Schatten der Skyscraper geduckten Häuser leben Menschen, die Ahnenverehrung betreiben und an eine Mischung aus Buddhismus, Daoismus, Konfuzianismus und Feng-Shui glauben. Die Gebäude sind nur Fassade. Im Inneren sieht alles anders aus.

Auf Märkten mit langen schmalen Gassen läuft ein frisch geköpftes Huhn noch ein paar Meter den Marktgang entlang, ehe es tot umfällt. Und in den Apotheken rätselt der Besucher über allerlei in Gläsern ausgestellte Ingredienzien und deren tiefere Geheimnisse.

Das Reich der Mitte hat sich trotz nervender Visaprozeduren zu einem Reich des Reisens entwickelt. Das liegt sicher an der Großen Mauer und den Tonsoldaten im Norden, aber auch am Süden mit Weltstädten wie Schanghai und Hongkong, am Zockerparadies Macau, an Traumlandschaften wie um Guilin, am langen Fluss Jangtsekiang oder am Leshan-Buddha, mit 71 Metern die größte Buddha-Skulptur der Welt. Reisen in China sind immer wie Wundertüten. Egal wo und egal wann: Zu den Schätzen und Sehenswürdigkeiten kommt meist eine Überraschung oder Geschichte dazu. Und am spannendsten ist dabei die Symbolik – nebst der passenden Erklärung.

Die Highlights

- *Hongkong* gehört mit seinem Hafen und den Inseln zu den am schönsten gelegenen Städten der Erdkugel. Die Aussicht vom 554 m hohen Peak ist atemberaubend. Nicht verpassen: mit der Fähre von Central nach Kowloon.

- *Macau* hat 24 Stunden geöffnet. Und alle wollen in den Kasinos spielen – trotz Weltkulturerbe aus portugiesisch-chinesischem Stilmix.

- *Guangzhou*, das alte Kanton, ist keine Schönheit, aber die Hauptstadt der berühmten Kanton-Küche und Heimat der Sun-Yat-Sen-Gedenkhalle.

- *Guilin* steht allerorten für eine Flussfahrt auf dem Lijang: Es geht durch eine Landschaft mit üppiger Vegetation und fantastischen Felsformationen.

- *Chengdu* ist bekannt für seine Szetchuan-Küche. In der Region leben die meisten der nur 3000 wilden Pandabären. 130 km südlich steht, in Fels geschlagen, die größte Buddha-Skulptur der Welt.

- *Jangtsekiang* heißt langer Fluss, und der ist mit 6300 km Asiens längster Strom. Highlights sind die drei Schluchten und der umstrittene Staudamm.

- *Shanghai*, mit 20 Millionen Einwohnern Chinas größte Stadt, lockt mit dem Bund, den futuristischen Hochhäusern, bunten Märkten und Tempeln wie dem des Jade-Buddha.

Die beste Reisezeit

Im **Oktober** ist es morgens zwar noch etwas kühl, aber das Thermometer klettert am Tag vielfach noch auf bis zu 25 °C. Später wird's auch im Süden zu kalt. Schon im November hat Shanghai manchmal nur fünf Grad. Das Frühjahr wartet mit staubigen Winden auf, und der Sommer ist (manchmal zu) heiß und schwül. Dazu kommen in vielen Regionen des Südens zahlreiche Überschwemmungen. Besonders der Lijiang-Fluss, der Guilin durchfließt, ist ab April häufig betroffen.

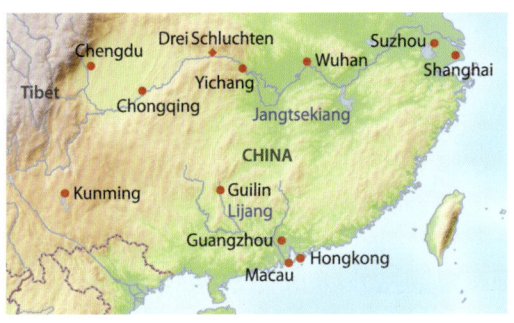

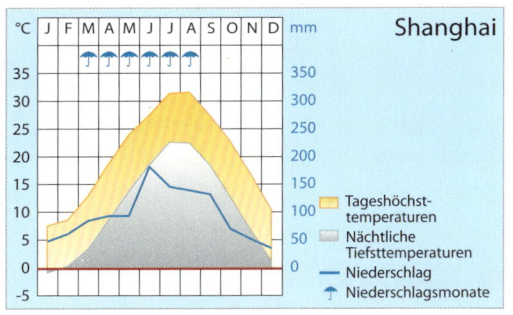

Besondere Tipps

Souvenir: Eine Garnitur Grabbeilagen aus Plastik und Papier – und die Hälfte der chinesischen Anschauungen sind symbolisch und fein säuberlich »eingepackt«.
Essen: Dim Sum sind Teil der kantonesischen Küche. Sie werden als Appetithäppchen in kleinen Bambuskörbchen gereicht. Die Füllungen der zarten Teigtaschen sind extrem lecker, können aber alles Denkbare enthalten.
Einkauf: Besonders in Shanghai und Hongkong gibt es zahlreiche Luxus-Plagiate für wenig Geld.
Info: www.china-tourism.de

← China, ein Land der Kontraste: einerseits Schanghais moderne Nanpu-Brücke …

← … andererseits der riesige Leshan-Buddha in Sichuan – und wilde Pandabären.

↑ Immer lecker sind die vielfältigen Dim-Sum-Häppchen, besonders in Hongkong.

Hightech und altes Asien

Von wegen steril: Viele Völker und Küchen bringen Farbe und Flair in die Fünf-Millionen-Metropole vor der Südspitze der malaiischen Halbinsel. Und mit immer aufregenderen Attraktionen – etwa dem größten Riesenrad der Welt (»Flyer«), dem spektakulärsten Hotel, mit Schwimmbad in 200 Meter Höhe (»Marina Bay Sands«), einem Kulturzentrum von Weltrang (»Esplanade«) und dem Formel-1-Zirkus bei Nacht erfindet sich diese spannendste Stadt Südostasiens quasi alle paar Monate neu.

Frühstück in Little India: Pfannkuchen, die hier Dhosis heißen, eingerahmt von Schälchen mit Linsencurry und Kokos-Chutney, Joghurt und Pfefferwasser. Nebenan, im Tempel, bringen die Wäscher und Geldverleiher, die Stoffhändler und Taxifahrer ihr morgendliches Opfer: Früchte, Blumen, Geldscheine. Ein paar Schritte weiter hockt ein Wahrsager. Sein Papagei kennt die Zukunft. Der bunte Vogel pickt ein Zettelchen aus einem Holzkasten: »Sie werden viel erleben ... heiß und kalt.« Wohl wahr: Gleich um die Ecke wird um Geld gefeilscht, bonbonfarbene Seide ausgemessen, an mobilen Garküchen alle Köstlichkeiten der Tropen ange-

boten: Satays, die würzigen Fleischspieße der Malaien, Teigfladen aus der Tamilenküche, gekochte und gebratene Nudeln, von Chinesen aus dampfenden Woks in Schüsseln gefüllt und an Kunden aller Rassen und Nationalitäten gereicht.

Abends an den Quais, wie die Flaniermeilen am Singapore River heißen, funkelt pralles Leben der anderen Art. Kilometerlang reihen sich hier Restaurants und Bars aneinander. Es ist der Ort und die Zeit des »chill outs« für die Banker aus den nahen Bürotürmen, für Einheimische und Touristen. Die wuchtigen Säulen des Parlaments, zu dieser Stunde eindrucksvoll angestrahlt, bringen die britisch-koloniale Vergangenheit in Erinnerung, die freilich längst im Schatten der Wolkenkratzer steht.

Die Entwicklung vom Hüttendorf zu einem der wichtigsten Handelsplätze der Welt und einem der faszinierendsten Reiseziele in Asien ist eine beispiellose Erfolgsstory. Singapur zeigt sich heute einerseits sauber, sicher und perfekt, andererseits, zum Beispiel im renovierten Chinesenviertel, noch immer voller »Magie des Fernen Ostens«, wie Somerset Maugham einst der Stadt und dem legendären »Raffles Hotel« ins Gästebuch geschrieben hat.

Die beste Reisezeit

Der Inselstaat liegt knapp über dem Äquator, das heißt: keine ausgeprägten Jahreszeiten, nicht einmal ein auffälliger Wechsel zwischen Trockenheit und Regenzeit. Es ist ganzjährig feucht-heiß (26–30 °C). Mit Tropengüssen von maximal zwei Stunden Dauer – und einer spürbar frischeren Luft gleich danach – muss nahezu jeden Tag gerechnet werden. Der Statistik zufolge fällt von *Mitte September bis Anfang November* etwas weniger Regen als sonst.

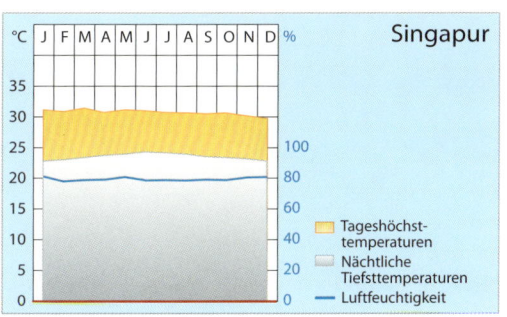

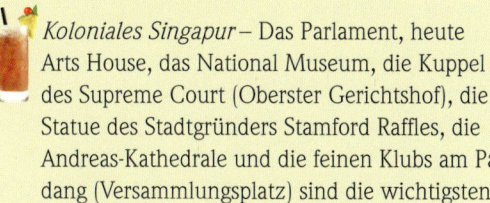

Die Highlights

Koloniales Singapur – Das Parlament, heute Arts House, das National Museum, die Kuppel des Supreme Court (Oberster Gerichtshof), die Statue des Stadtgründers Stamford Raffles, die Andreas-Kathedrale und die feinen Klubs am Padang (Versammlungsplatz) sind die wichtigsten Symbole der britischen Vergangenheit.

Raffles Hotel – Ohne einen Singapore-Sling-Cocktail in der Long Bar und ein Foto mit einem der hünenhaften, turbantragenden Portiers war man nicht in Singapur.

Little India – Von allen ethnischen Vierteln ist dieses das authentischste: vielfältige Fotomotive, beste Einkaufsmöglichkeiten.

Chinatown – Liebevoll wurden Shophouses, die alten kombinierten Wohn- und Lagerhäuser, restauriert. Heute beherbergen sie Touristenläden und Restaurants. Das Leben von früher wird eindrucksvoll gezeigt im »Chinatown Heritage Centre« in der Pagoda Street.

Sentosa – Die große Vergnügungsinsel, ideal für einen bunten Familienausflug, hat auch sehr schöne Strände.

Ubin – Ein Geheimtipp und das Gegenstück zu Sentosa: ländliches Singapur auf einer winzigen Insel mit Dschungel, ursprünglichem Dorfleben und 50 km Radweg.

Das weltgrößte Riesenrad *Flyer* steht in Singapur.

Besondere Tipps

Nachtzoo: Eine kleine Bahn zuckelt durchs dunkle Urwaldgelände und hält an spektakulären Aussichtspunkten – auf der Spur des Tigers, Auge in Auge mit dem Indischen Nashorn. Ein echtes Familienabenteuer.

Shopping: Teuer und glitzernd: die Orchard Road. Keine andere Shoppingmeile hat mehr Auswahl und einen so hohen Glamourfaktor zu bieten.

Kontrastprogramm: Das Kaufhaus »Mustafa« in Little India ist billig und wuselig. Last Minute: die Ladenstraße am Superflughafen Changi.

Info: www.visitsingapore.com (auf Englisch)

← Der Singapur-Fluss und die alten Shop Houses an den Quais vor der Hochhauskulisse des Finanzdistrikts.

↑ Von den 28 Kabinen des Riesenrads »Flyer« genießt man eine fantastische Aussicht.

↑ Schöner Kitsch für das chinesische Neujahrsfest

Der Morgen der Welt

Gut zwei Millionen Touristen suchen jedes Jahr nach dem Mythos dieser Insel. Und das Wunder geschieht immer wieder aufs Neue: Die meisten werden fündig. Denn die einen bleiben weitgehend unter sich an den Stränden von Kuta, Sanur und Legian, wo sich pralles und austauschbares Ferienleben abspielt wie an so vielen beliebten Küsten dieser Welt. Die anderen, es ist die Minderheit, stoßen schon wenige Kilometer hinter der Küste auf das alte, fast noch ursprüngliche Bali. Dort leben die Einheimischen mit ihren Göttern und Geistern, mit ihren Ritualen und Regeln.

Wer nur zum Baden, zum Surfen oder zum »Abhängen« nach Bali fliegt, wird nichts vom ein-

maligen Zauber dieser Insel wahrnehmen. Vor Jahren hat hier der indische Premierminister Nehru den »Morgen der Welt« ausgemacht, eine Art jungfräuliche oder im besten Sinne naive und unverfälschte Harmonie, die sich auch in den traumhaften Kultur- und Naturlandschaften erkennen lässt. Wer je in aller Frühe durch Reisfelder spaziert oder zuschaut, wie Frauen, die Opfergaben auf dem Kopf balancierend, ein Heiligtum gemessenen Schrittes aufsuchen, wer zu Prozessionen und Tempelfesten eingeladen wird – und das geschieht häufig, wird rasch eine Ahnung von der ganz besonderen Atmosphäre verspüren.

Das ging den Künstlern und Lebenskünstlern so, die in den 1920er- und 1930er-Jahren glaubten, hier das Paradies gefunden zu haben. Und das geht heute noch jedem Reisenden so, der sensibel und mit offenen Augen und Ohren auf Nebenstraßen durch die Dörfer fährt oder, noch besser, wandert.

Die Bewohner von Bali, dieser kleinen Insel zwischen Java und Lombok, die auf Landkarten kaum Platz findet, hängen als einzige im großen Archipel Indonesien einer besonderen Ausprägung des Hinduismus an. Nur ganz entfernt sind ihre Götter mit denen aus Indien verwandt. Die Ahnen und eine Geister- und Dämonenwelt, die auch Balikenner nach Jahrzehnten kaum durchschauen, sind ihnen nahe. Sie wohnen in Tempeln und auf Bergen und auch in den Schreinen im eigenen Haus. Jeden Tag, das ganze Jahr über, werden sie liebevoll mit Blumen und Früchten betreut. Und jeden Tag wird irgendwo ein Fest gefeiert, bei dem auch Besucher, wenn sie denn wollen, der sanften Seele Asiens ganz nahe kommen können.

Die beste Reisezeit

Generell gilt: Von August bis Ende Oktober regnet es weniger, in unseren Wintermonaten mehr. Aber auch in den »trockenen« Monaten sind tropische Schauer nicht ausgeschlossen. Die Temperaturen bewegen sich ganzjährig um die 30-Grad-Marke. Im **Herbst** wird die immer noch hohe Luftfeuchtigkeit nicht als so drückend empfunden wie in den Wintermonaten. Die Hitze wird dann in Küstennähe durch Brisen vom Meer, im Zentrum durch Wind von den Bergen gemildert.

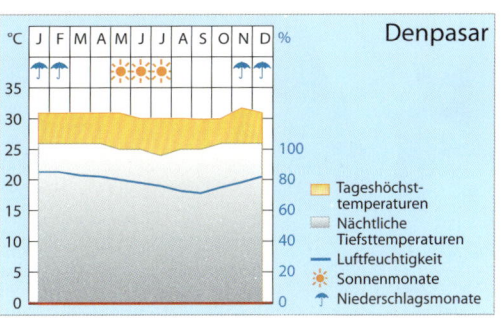

Die Highlights

 Die *Reisterrassen bei Jatiluwih* in der Inselmitte gehören zu den schönsten Asiens.

 Pura Besakih – Dieser riesige Tempelkomplex gilt den Balinesen als »Mutter aller Tempel«. Er liegt malerisch am Hang des heiligen Vulkans Gunung Agung.

 Der *Bratan-See* mit dem Tempel Pura Ulun Danu liegt in einer oft wolkenverhangenen Berglandschaft und wirkt schon deshalb wie verzaubert.

 Ubud – Einst Treffpunkt europäischer und einheimischer Künstler, heute touristisches Zentrum der Insel.

 ARMA (Agung Rai Museum of Art) ist ein privates Kunstmuseum in Ubud, das Bilder in der Tradition des deutschen Malers Walter Spies zeigt. Spies, ein künstlerisches Multitalent, hat vor dem Zweiten Weltkreis lange auf Bali gelebt.

 Der *Kecak-Tanz* gilt zwar als typisch balinesisch, stammt aber nicht aus Bali. Das Spektakel, auch »Affentanz« genannt, weil Männer in Gesten und Geräuschen das Gefolge des legendären Affengenerals Hanuman nachahmen, wurde von Walter Spies in den 1920er-Jahren für den Film »Insel der Dämonen« kreiert.

 Lombok – Die stark muslimisch geprägte kleinere Nachbarinsel bietet, obwohl nur knapp 40 km von Bali entfernt, kulturell und landschaftlich ein reizvolles Kontrastprogramm.

Besondere Tipps

Literatur: »Liebe und Tod auf Bali«, dieser anrührende Roman von Vicki Baum ist die beste Einstimmung.
Gili: Drei Mini-Inseln vor Lombok. Sie eignen sich mit ihren schönen und noch nicht so überlaufenen Stränden, den artenreichen Korallenriffen und Hotels aller Klassen als Erholungsorte nach Rundreisen auf Bali.
Warnung: Die Szenerie vor dem Meerestempel Tanah Lot bei Sonnenuntergang, Motiv vieler Postkarten, ist zum Massenspektakel verkommen.
Info: www.warungnet.de, www.tourismus-indonesien.de

← Die Reisterrassen bei Jatiluwih gehören zu Balis Top-Attraktionen.
← Kulturdarbietungen wie der Kecak-Tanz prägen das Bild der Insel.
← Frau beim Opfern in einem Tempel in Ubud
↑ Der Ulun-Danu-Bratan-Tempel am gleichnamigen See

Transkontinentale durch das Outback

Der Streifen am Horizont scheint endlos lang zu sein. Zunächst seidenfadendünn, wird er von Minute zu Minute dicker und ändert seine Farbe von Dunkelrot in Ockergelb. Die Sonne geht auf. Das Buschwerk wird aufgehellt. Die Silhouetten der Bäume gewinnen an Grün. Und der Himmel bekommt langsam sein gewohntes Azurblau. Im »Indian Pacific« liegen die meisten Erste-Klasse-Passagiere kurz vor sechs Uhr morgens noch im weichen Federbett und genießen das Naturschauspiel wie im klimatisierten Breitwandkino. Der Steward serviert dazu Tee oder Kaffee und »Shortbread«, feine Butterkekse nach britischem Rezept.

Auf Achse zwischen zwei Meeren: Eine Eisenbahnfahrt mit dem »Indian Pacific« in Australien gehört zu den berühmtesten Bahnfahrten der Welt, nicht zuletzt, weil sie eine der letzten Transkontinentalrouten dieser Erde ist. Angetrieben von 3300 Pferdestärken durchquert der Zug mit den silbern glänzenden und unverwüstlichen Edelstahlwaggons fahrplanmäßig zweimal pro Woche den australischen Kontinent: von Sydney nach Perth oder umgekehrt. Er verbindet den Pazifischen mit dem Indischen Ozean, was ihm den Namen gab. An Haltestellen mitten in der Wüste steigen Passagiere zu, manchmal auch nur ein einzelner Fahrgast. Der »Indian Pacific« ist für diese Leute die Verbindung zum Rest der großen weiten Welt.

Die andere Seite: Eine Lady hat ihre Kreuzfahrt in Sydney unterbrochen, um einmal mit dem Zug fahren zu können. Erst in Perth geht sie wieder an Bord ihres Luxuskreuzfahrtschiffs, das sich auf Weltumrundung befindet. In einer Publikation der National Geographic Society hat sie gelesen, dass man im »Indian Pacific« auf komische Kauze und eigenwillige Charaktere treffen könne. Nur in der ersten Klasse fand sie nicht, was ihr versprochen wurde. Also ließ sich die Dame aus dem erzkonservativen Minnesota vom Zugchef den Durchgang zur dritten Klasse aufsperren und fand erst dort, was der Reporter beschrieb: staubig-schmuddelige Buschies, Cowboys, Minenarbeiter, eben komische Kauze, eigenwillige Charaktere und ein paar Rucksackreisende.

Für die einen ist der Zug Fortbewegungsmittel im ursprünglichen Sinn, für die anderen Touristenattraktion: Auf der Strecke durch drei Zeitzonen liegen Großstädte wie Sydney oder Adelaide, grüne Landschaften wie die Blue Mountains und auf langen Abschnitten Wüste mit rotbrauner Erde, Geröll, Spinifex und einem nicht zu Ende gehenden Horizont, überspannt von stahlblauem Himmel und vereinzelten Schäfchenwolken. 4352 Kilometer in 65 Stunden bedeuten 6945 Liter Diesel für die Lokomotive – und acht Mahlzeiten für die Fahrgäste der ersten Klasse.

Die beste Reisezeit

Im Süden des australischen Kontinents ist der Frühsommer ab **September** und **Oktober** die schönste Jahreszeit. Es ist zwar kein Frühlingserwachen nach einer langen Kälte- oder Eisperiode, aber man merkt es den Leuten an, dass jetzt wieder die Freiluftsaison beginnt mit Barbecue und Surf. Bei den meist kurzen Stopps des Zuges sind die Temperaturen mit 20 bis 25 °C sehr angenehm. Wenn etwa in Kalgoorlie erst einmal Sommer ist, dann findet man sich dort bei mehr als 40 °C wieder – nachts.

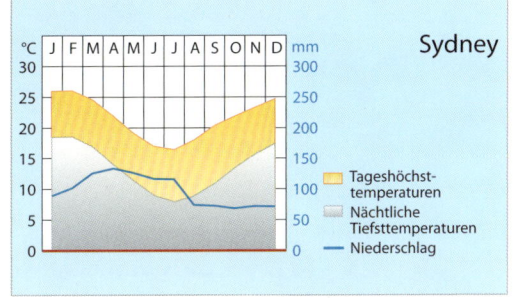

Die Highlights

Sydney ist oft die Basisstation für die Zugreise und besticht mit Opernhaus, Hafenbrücke, Sydney Tower und natürlich mit Bondi Beach.

In *Katoomba* im Zentrum der Blue Mountains hat man leider nur zwei Minuten Aufenthalt.

Adelaide, die Kulturmetropole *down under*, kann man in zwei Stunden und 20 Minuten (Aufenthalt bei der Zugreise) auf einem Spaziergang entdecken. Den Central Market und den Victoria Square erreicht man schnell mit dem Taxi.

Port Augusta lässt sich bei 37 Minuten Aufenthalt nur erschnuppern.

Cook liegt ungefähr in der Mitte der Nullarbor Plain, einer eintönig schönen Wüste. Der Zug fährt dort 478 km nur geradeaus. Cook erreicht man, von Sydney kommend, um 10 Uhr, Abfahrt ist um 9.20 Uhr am selben Morgen – die Western Standard Time macht's möglich!

Kalgoorlie (2 Stunden und 35 Minuten Aufenthalt) ist ein Goldminen- und Outback-Erlebnis der besonderen Art, mit Häusern und Straßen wie im 19. Jh. »It's a man's world« – harte Arbeit in den Minen einer gottverlassenen Gegend und süße Vergnügungen in der Hay Street.

Perth sollte man vor oder nach der Reise unbedingt erkunden wegen seiner Innenstadt mit Rathaus und London Court, der Hay Street Mall im Tudor-Stil und Rottnest Island.

Besondere Tipps

Fahrkarten: Empfehlenswert für Sydney–Perth oder umgekehrt ist eine Zweite-Klasse-Fahrkarte in der Zweierschlafkabine, ab rund 500 Euro pro Person, ohne Verpflegung. Die Abteile haben einen Wandschrank mit Waschbecken. Im Gang gibt es eine Dusche. Speisen kann man im Restaurantwagen, oder man holt sich etwas vom Kiosk. Die geräumigere Schlafwagenkabine der ersten Klasse kostet mit Verpflegung das Dreifache. Die dritte Klasse (ab 120 Euro) ist nicht zu empfehlen.
Info: www.railaustralia.com.au

← Wie eine Schlange gleitet der »Indian Pacific« durch Täler, Wälder, Städte, Wüste und die Blue Mountains.
← An Bord kommt natürlich auch das leibliche Wohl nicht zu kurz.
← Die Zugbegleiter sind stilvoll gekleidet
↑ Vom Zug aus entdeckt man ab und an Kängurus.

Schwarzwald – Winter, Wellness. wilde Fasnet

Auf 2000 Kilometern ziehen sich gespurte Loipen durch den winterlich weißen Schwarzwald. Ob klassisch oder im Skating-Stil, ob bei einer mehrtägigen Skiwanderung oder einer rasanten Abfahrt, man hat keinen Zweifel mehr daran, dass hier die Wiege des deutschen Skisports stand. Was die Pioniere um 1890 auf ihren Brettern am 1495 Meter hohen Feldberg darboten, fand sofort heimische Nachahmer. 1891 wurde der erste deutsche Skiklub gegründet und bald darauf (1908) der erste Skilift weltweit in Schollach errichtet.

Allen Diskussionen über die Klimaveränderung zum Trotz befinden sich im Schwarzwald mehr als 170 Skilifte mit 250 Kilometern präparierter Abfahrtspisten in allen Schwierigkeitsstufen, auf denen auch internationale Wettbewerbe ausgetragen werden. Berühmt waren die Skiflieger um Sven Hannawald, die an die große Zahl von Schwarzwälder Skiweltmeistern und Olympiasiegern anknüpften.

Jörgle Thoma, der einstige Postbote aus Hinterzarten, bezwang in den 1960er-Jahren die bisher dominiernden Norweger in der Nordischen Kombination. Zu einem runden Geburtstag verzichtete er auf Geschenke und sammelte Spenden zum Aufbau eines Schwarzwälder Skimuseums. Die Schwarzwälder Skiherstellung ab 1900 und die Entwicklung der Skimode sind zu bestaunen.

Ein besonderer Anziehungspunkt sind die Filme aus den 1920er-Jahren der Freiburger Bergfilmpioniere. Sie begründeten durch ihre Ausstrahlungen in den Kinosälen der Welt auch den internationalen Ruhm des Schwarzwaldes als Wintersportregion. Sportlich sind Schneeschuhwanderungen, gemütlich Fahrten mit dem Pferdeschlitten, erholsam Spaziergänge auf gebahnten Winterwanderwegen. Ein Bummel über die bunten Weihnachtsmärkte mit künstlerischen Erzeugnissen aus heimischer Produktion verschönern zudem einen Wintertag.

Nach dem Wintererlebnis zieht es Einkehrlustige in die heimelige Gaststube zu leckeren Schwarzwälder Spezialitäten und in die wohlig-warmen Wasser der renommierten Thermen von Bad Wildbad, Baden-Baden oder Badenweiler. Neben den 16 Thermen haben sich Hotels, die zu den besten in Deutschland gehören, einen besonderen Namen mit ihren erholsamen Wellnesseinrichtungen gemacht.

Während der alemannischen Fasnet ist es mit der winterlichen Ruhe allerdings für einige Tage vorbei. Mit lärmenden Instrumenten, schaurigen Verkleidungen und geschnitzten Holzmasken, die Sagen- und Hexengestalten darstellen, wird, so dachte man, der Winter ausgetrieben. Neuere Forschungen gehen eher davon aus, dass die alten Fastnachtsbräuche das Ende der Völlerei und den Beginn der Fastenzeit anzeigen. Idealer Standort für Wintersport und die alemannische Fasnet ist der Hochschwarzwald um den schneesicheren Feldberg.

Die Highlights

 Fastnacht – Sehenswert sind der Umzug der Schuttig/Elzach, der Rottweiler Narrensprung und das »da-Bach-na-Fahre« in Schramberg.

 Das *Friedrichsbad* in Baden-Baden – erbaut um 1870 – ist eines der schönsten und prunkvollsten Badehäuser; es konkurriert in seiner Eleganz mit dem prächtigen Spielkasino.

 Die *Wutachschlucht* bei Löffingen entführt auf einer abenteuerlichen Wanderung (30 km) in die Entstehungsgeschichte der Erde.

 Die *Schwarzwälder Kirschtorte* ist trotz der Kalorien ein Muss, aber wegen des hochprozentigen Schwarzwälder Kirschwassers leider nicht ganz jugendfrei!

 Das *Deutsche Uhrenmuseum* in Furtwangen zeigt anschaulich die Geschichte der Schwarzwälder Kuckucksuhr im Besonderen und der Zeitmessung im Allgemeinen.

 Die *Badische Weinstraße* führt durch alle badischen Weinanbaugebiete in der Schwarzwald Vorbergzone. Verkosten sollte man den Gutedel im Markgräflerland, den Grauburgunder am Kaiserstuhl und den Riesling (Klingelberger) in der Ortenau.

 Der *EuropaPark* in Rust ist mit 85 ha Fläche der attraktivste Freizeitpark mit 13 Themenbereichen.

Die beste Reisezeit

Der Schwarzwald hat ganzjährig Saison; die Reisezeit hängt von der gewählten Aktivität ab – Wintersport in den schneereichen Monaten **Januar** und **Februar** lässt sich am besten mit Wellness kombinieren. Wanderer schwärmen von den herbstlichen Inversionswetterlagen mit Fernsicht bis zu den Alpen – und im Frühling von der farbenprächtigen Obstbaumblüte in der Schwarzwald-Vorbergzone. Der Sommer wartet mit traditionellen Veranstaltungen, Musik- und Trachtenfesten, Festivals und »Hocks« auf.

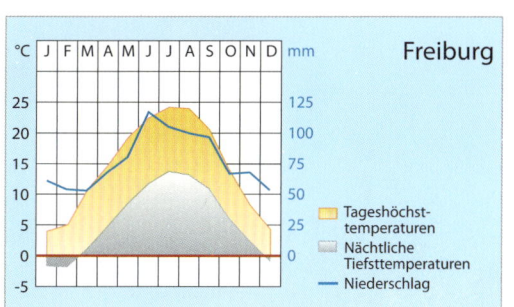

Besondere Tipps

Literatur: Johann Peter Hebel gibt mit seinen Geschichten »Kannitverstan« oder »Das unverhoffte Wiedersehen« einen Einblick in die alemannische Seele. Hermann Hesse beschreibt in »Unterm Rad« seine unglücklichen Schuljahre, und Birgit Hermann spürt in ihrem Roman »Die Apfelrose« (2006) dem Leben im Schwarzwald um 1800 nach.

Souvenir: Das Schwarzwälder-Kirschtorten-Backset lässt sich bequem mit nach Hause nehmen, und Kleinbrenner verkaufen selbst gebrannte Schnäpse.

Info: www.schwarzwald-tourismus.info

← Schwarzwaldidylle: Sonnenaufgang an einem Wintermorgen in Breitnau-Fahrenberg am Feldberg

← Buntes Treiben beim Narrensprung in Rottweil

↑ Die Schwarzwälder Kirschtorte ist die wohl berühmteste Torte Deutschlands.

Highlife mal drei mit den »Big Three«

Sölden, Talstation, Punkt neun Uhr: In null Komma nichts schwebt die Giggijochbahn auf mehr als 2000 Meter, ehe der Sessellift übernimmt. Drei Dreitausender an einem Tag – da kribbelt's im Bauch. Die Unruhe ist vergleichbar mit der von Rennpferden vor dem Start. Weltklasseskifahrer könnten die Big 3 in Renngeschwindigkeit in einer Stunde und 30 Minuten bewältigen. Skifahrer, die brav ihre Schwünge ziehen, müssen vier bis fünf Stunden rechnen.

Big 3 heißt aber nicht nur mit einer Liftkarte gleich drei 3000 Meter hohe Berge per Ski zu bezwingen, sondern auch spektakuläre Aussichten zu genießen: auf der Schwarzen Schneid mit 3370, vom Tiefenbachkogl mit 3309 und vom Gaislachkogl mit 3058 Metern. Von den Gipfeln geht's auf blauen und roten, also leichten und mittelschweren Pisten abwärts. Die Abschnitte der Tour sind in alphabetischer Reihenfolge hintereinander geordnet, sodass Treffpunkte mit der Familie oder mit Freunden vereinbart werden können.

Der Rettenbachgletscher trägt etwa den Buchstaben E und ist der Ausgangspunkt für den ersten Dreier zur Schwarzen Schneid mit ihrem Obelisken. Die Luft ist eh schon dünn, aber spätestens beim Rundumblick bleibt einem dann wirklich der Atem weg … Handys werden gezückt, um Fotos wie »Ich auf 3000« zu versenden (der Empfang ist gut), andere packen ihre Brotzeit aus, ein Dritter sitzt bewegungslos wie Buddha im Schnee und scheint alpin-philosophische Schlüsse zu ziehen.

Durch den 170 Meter langen Skitunnel auf 3223 Metern gleitet man zur nächsten Piste Richtung Tiefenbachferner, um per Gondel den zweiten Dreier, den Tiefenbachkogl, zu erreichen. Schwindelfreie nehmen den Weg zum spektakulären Aussichtspunkt. Jede der drei Dreitausender-Plattformen ist ein Unikat, die Tiefenbachkogl-Version aber gewiss die aufregendste: Der Boden ist schneebedeckt, die brusthohen Seitenwände sind jedoch durchsichtig aus Acrylglas. Der Blick auf die Wildspitze – mit 3776 Metern Tirols höchsten Berg – ist stark, das Gefühl, im freien Raum zu spazieren, gigantisch.

Zwölf Kilometer Abfahrt am Stück mit 1690 Höhenmetern folgen, und der nächste Dreier wird zum Einkehrschwung: Wie ein Ufo sieht die Panoramaplattform am Gaislachkogl unter dem Gipfelkreuz aus. Das Rondell ragt ins Freie, und wer vorbestellt, bekommt sogar sein Essen auf der Plattform serviert: Es gibt Eintopf vor der letzten Abfahrt.

16 Uhr, Talstation, die Sonne ist weg. Das Big-3-Fazit: 9851 Höhenmeter bewältigt, 49,3 Kilometer auf Ski gewesen, davon 35 Kilometer abgefahren, zwei Stunden Pause und 15 Handy-Bilder gemacht, von alpinen Dimensionen, wie man sie selten findet.

Die beste Reisezeit

Für Skifahrer gilt die Zeit von der Saisoneröffnung **Anfang Dezember bis Heiligabend** als schönstes Zeitfenster, denn dann finden sich weder an den Liften noch in den Hütten Menschenmassen. Der Schnee ist frisch, die Schulkinder büffeln noch fleißig im Flachland, und auch die Holländer sind erst beim Wachsen in der heimischen Garage in einer Art Vorfreudestadium. Last, but not least: Die Hotelpreise sind in dieser Zeit am günstigsten, und selbst spontan Entschlossene bekommen noch eine Unterkunft.

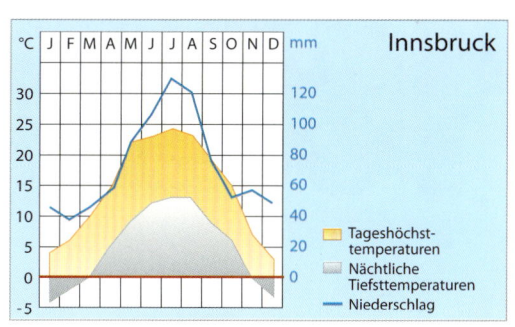

Die Highlights

Von der *Rotkoglhütte* bietet die Big-3-Tour den ersten grandiosen Ausblick: auf den Rettenbachgletscher, ein riesiges majestätisches Eisfeld.

Rettenbachgletscher – In neun Iglus, die Jahr für Jahr aufgebaut werden, darf hier ganz romantisch übernachtet werden. Und vor dem Sprung in den Schlafsack kann man sich sogar noch richtig aufwärmen in Österreichs höchstgelegener Sauna.

Schwarzer Obelisk – erbaut auf 3370 m auf der Schwarzen Schneid. Die Naturplattform mit 360-Grad-Panorama ist die erste Big-3-Station zum Innehalten und Verschnaufen, zum Schauen und Genießen.

Am *Tiefenbachkogl* lockt ein Felssteg, eine Stahlkonstruktion, die auf 25 m Länge, von zwei Stahlseilen gehalten, über dem Abgrund schwebt. Die Bergstation markiert eine 15 m hohe Pyramide.

Die *Panoramaplattform am Gaislachkogl* zeigt sich unter dem Gipfelkreuz wie ein Ufo auf Stelzen. Das Rondell ragt ins Freie hinaus.

Aqua Dome – eine Therme in Sölden inmitten der Berge, die außerdem eine Saunalandschaft bietet.

Après-Ski in Sölden unter der Discokugel bis spät in die Nacht. Auch Söldens Saisoneröffnungspartys sind legendär.

Besondere Tipps

Packages: In Sölden bereits ab zwei Nächten in der Frühstückspension, mit Skipass und Eintritt ins örtliche Erlebnisbad, ab etwa 150 € pro Person.

Skipass: Kostet pro Tag um die 40 €, pro Woche aber vergleichsweise günstige 200 €. Halbtagespässe gibt's dementsprechend ab 20 €.

Verpflegung: Vorbestellung für ein Essen auf der Panoramaplattform am Gaislachkogl über Tel. 00 43-664-8 19 81 67.

Info: www.soelden.com

← Perfekter Big-3-Start bei grandiosem Wetter auf dem Rettenbachferner …

← … und der gelungene Schlusspunkt am Gaislachkogl.

← Abends geht's zur Après-Ski-Party.

↑ Schlepplifte bringen die Skifahrer auf die Gipfel.

Winter im Berner Oberland

Nicht nur Byron, Goethe und Mendelssohn haben zwischen Thuner- und Brienzersee Inspiration gesucht und gefunden: Seit Jahrhunderten hat das Berner Oberland als Reiseziel seinen Platz auf den Landkarten Europas. Mit Blick auf die Viertausender des weltbekannten Dreigestirns Eiger, Mönch, Jungfrau dirigiert sein Betriebszentrum Interlaken mit traditionsreichen Top-Hotels wie dem Fünf-Sterne-Flaggschiff Jungfrau-Victoria, dem Beau-Rivage, dem Royal-St.Georges oder dem Hotel Du Lac am Ost-Bahnhof den anhaltenden Erfolg.

Besagter Ost-Bahnhof bindet den internationalen Zugverkehr an die Jungfrauregion an mit den weltbekannten Wintersportorten Grindelwald, Wengen, Mürren und Lauterbrunnen, weshalb sich die gesamte Region komplett autofrei mit dem öffentlichen Nahverkehr erschließen lässt.

Die Berner Oberland-Bahn fährt über Zweilütschinen nach Grindelwald sowie ins Tal der hundert Wasserfälle, nach Lauterbrunnen, dem angesagtesten Zentrum für Outdoor & Adventure mit Canyoning, Basejumping, Sky-dives, Speed-flying und vielem mehr.

Die Wengerenalp-Bahn geht nach Wengen und der Kleinen Scheidegg, dem Ausgangpunkt zum Besteigen der legendären Eiger-Nordwand. Für Skitouristen öffnet sich hier mit Abfahrten vom Eigergletscher bis zum Männlichen das Tor zum größten zusammenhängenden Skigebiet der Region. Auf der anderen Talseite führt eine Seilbahn auf die Grütschalp, von der es mit dem Panorama-Zahnradbähnchen (mit der besten Sicht überhaupt auf die Viertausender!) über Winteregg zum Gebirgskurort Mürren (1600 m) geht, einem Dorf mit Holzhäusern, traditionellen Pensionen und familiären Hotels.

Zwischen Natureisbahn, Nursery Slope und dem Ende der Skiabfahrten gelegen, ist die Sonnenterrasse des Hotels »Jungfrau« wie geschaffen, um sich ein einheimisches Rugenbräu vom Fass zu genehmigen. Nur ein Katzensprung ist es per Seilbahn zu Skiliften mit schneesicheren Pisten auf bis zu 3000 Metern Höhe. Das 1200 Meter hoch über dem Thuner See gelegene Beatenberg ist mit Bus oder Auto ab Interlaken oder mit einer Standseilbahn ab Beatenbucht leicht zu erreichen und bietet Blick auf das gesamte Bergpanorama.

Die beste Reisezeit

Die Wintersaison reicht von Mitte Dezember bis Mitte April. In der Regel sind die Schneeverhältnisse im **Februar und März** ideal, wobei bei massiven Föhneinbrüchen bereits in der zweiten Märzhälfte mit Sulz (in höheren Lagen) oder Nassschnee gerechnet werden muss. Die Orte Lauterbrunnen und Mürren sind selten ausgebucht, Wengen und Grindelwald ganz sicher über die Festtage »dicht« und während der Skiferien im Februar nur schwierig buchbar. Auch die zweite Januarhälfte könnte eine Alternative sein.

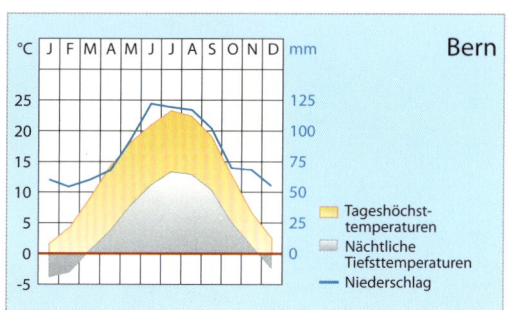

Die Highlights

Infernorennen – Das älteste und mit 16 km längste Volksskirennen der Welt hinunter vom Schilthorn bis nach Lauterbrunnen lockt jährlich rund 1800 Teilnehmer an.

Jungfraujoch – Top of Europe – Eines der beeindruckendsten Ausflugziele. Dort reihen sich rund um den höchstgelegenen Bahnhof Europas (3454 m) das Wetterobservatorium, die Sphinx-Aussichtsterrasse, der Eispalast sowie die gesicherte Begehung des Aletschgletschers.

Schilthorn – Durch den James Bond-Film »Im Geheimdienst Ihrer Majestät« weltbekannter Panoramagipfel. Hinauf kommt man mit der Seilbahn ab Stechelberg, oben dreht sich das Gipfelrestaurant PIZ Gloria um die eigene Achse.

Brienzer-Rothorn – Bis auf 2350 m führen die Bergbahn-Traumstrecken mit der Dampfbahn ab Brienz.

Alpengarten Schynige-Platte – Der Nostalgiezug, der ab Wilderwil dort hinauffährt, zieht Eisenbahnliebhaber aus aller Welt an.

Grindelwald ist der mondänste Ort der Jungfrauregion, Skifans haben Lifte auf der First (2168 m) und dem Oberjoch (2500 m) zur Auswahl.

Lauberhornrennen – Das Abfahrtsrennen in Wengen ist weltbekannt. Der Ort wurde zusammen mit Mürren bereits in den 1920er-Jahren zur Wiege des alpinen Skirennsports.

Besondere Tipps

Film: »Nordwand« vom deutschen Regisseur Philipp Stölzl (2008) über den dramatischen Erstbesteigungsversuch der Eiger-Nordwand im Jahr 1936.
Schlittenfahren: Vom Bergdorf Isenfluh per Miniseilbahn auf die Alp Suhlwald, dann die Rodelbahn zurück.
Wandern mit Schneeschuhen: Traumhaft ab Beatenberg, Habkern, Lombachalp, Niederhorn, Gemmenalphorn.
Souvenir: In den Dörfern Mürren, Isenfluh, Beatenberg, Habkern und Meiringen gibt's Bergkäse direkt vom Bauern.
Info: www.berneroberland.ch

← Das »Palace« in Gstaad gehört zu den Hotelperlen der Schweiz.

↑ Wer im Drehrestaurant »Piz Gloria« auf dem Schilthorn sitzt, ann zum Essen ein prächtiges Alpenpanorama genießen.

Von der Loipe in die Sauna

Rentiersafari und Rauchsauna, Skiwanderungen bis hinter den Horizont und die langsame Annäherung an eine merkwürdig-schöne Natur. Das alles lässt Langläufer und die Liebhaber des Nordens in den finnischen Winter aufbrechen. Nach Eisfahrt durch die Ostsee und Stopover in Helsinki, der Hauptstadt, die so ganz anders tickt als die anderen Metropolen Skandinaviens, wird der kurzzeitige Verzicht auf Komfort gern in Kauf genommen, erst recht und mit Vergnügen die weiße Einsamkeit.

Minus 25 Grad, morgens gegen acht Uhr. Man kann nördlich des Polarkreises die Kälte nicht nur beißend im Gesicht spüren, man kann sie auch sehen, weil grauer Rauch aus allen Hütten und Häusern ganz klar in den milchigen Himmel steigt. Die Luft ist trocken und spröde, sie macht die Kälte sogar hörbar.

Enenteklö in Finnisch-Lappland. Warten auf die Rentiere, Warten auf die Schlitten. Warten auf die Führer, Frauen und Männer aus einem kleinen Volk, das in Resteuropa noch vielfach als Lappen bezeichnet wird, das sich selbst aber Samen nennt. Mit diesen ebenso naturkundigen wie naturverbundenen Menschen ziehen die Winterurlauber auf ein verschneites Hochplateau am Rande Europas, am Rande der Welt.

Zum Frühstück werden dicker Hirsebrei serviert und Knäckebrot mit Elchwurst und hartem Käse. Wer schon die Nase in die eisige Luft gesteckt hat, braucht mindestens 20 Minuten, bis er sich aus Thermo-Anzug, Pullovern und dicken Stiefeln geschält hat. Vor jeder Schlittenfahrt kontrollieren die finnischen und samischen Betreuer die Kleidung. Das stundenlange Sitzen auf dem Schlitten kann, trotz Decken, verhängnisvoll werden, wenn nicht ausreichend Vorsorge getroffen ist.

Was für ein Genuss ist nach solchen Touren am Nachmittag der Gang in die Sauna, das Grillen der Wurst am offenen Feuer in der Blockhütte, das Gläschen Likör aus Multebeeren, der Austausch von Erfahrungen und Impressionen. Am nächsten Tag stehen vielleicht Ausflüge auf Langlaufbrettern an, in gut markierten Loipen. Oder das Marienfest in Hetta, der Traditionstreff der Samen. Schließlich, nach den abenteuerlichen, gut durchbluteten Tagen in der weißen Wildnis, noch etwas Kultur und bunte Abwechslung in der Halbmillionenstadt Helsinki, die auf einmal ganz ganz heiter wirkt, geradezu südlich.

Die Highlights

Helsinki – Die historischen Sehenswürdigkeiten liegen alle im Zentrum, vor allem der Senatsplatz und der Dom. Der Berliner Carl Ludwig Engel, ein Zeitgenosse Schinkels, hat diesen Teil der Hauptstadt um 1825 gestaltet.

Haikko – Ein altes Herrenhaus in Porvoo, 50 km von Helsinki entfernt. Im Winter wird im See vor der Tür Eisangeln angeboten, ein typischer Nordlandspaß.

Muurame – Das größte Saunadorf Finnlands liegt bei Jyväskyla, 280 km nördlich von Helsinki: 250 Jahre finnische Saunatradition mit urigem Gasthaus.

Rovaniemi – Das heutige Stadtbild stammt von Finnlands berühmtesten Nachkriegsarchitekten Alvar Aalta. Der Grundriss erinnert an die Form eines Rentiergeweihs. Die Stadt ist Wohnsitz von Santa Claus, daran erinnert der Vergnügungspark Santa Claus Village, der ganzjährig geöffnet und natürlich ein Lieblingsziel aller Kinder ist.

Polarkreis – 8 km nördlich von Rovaniemi. Aus der Polarkreishütte holt man sich das entsprechende Zertifikat ab und verschickt Postkarten mit Sonderstempel.

Harriniva – Im arktischen Schlittenhunde-Zentrum dreht sich alles um Huskys. Von hier starten auch die entsprechenden Safaris in der Region um Muonio.

Die beste Reisezeit

Der Januar ist definitiv zu kalt und zu dunkel für winterliche Aktivitäten im hohen Norden. Die Saison für Rentier- und Huskysafaris, für Langlauf und Skiwanderungen beginnt Anfang **März** und endet Anfang Mai. In Süd- und Mittelfinnland beginnt die weiße Saison im **Februar**, sie geht bis etwa Anfang April. In Lappland sind Temperaturen von unter $-20\,°C$ auch im März nicht ungewöhnlich, weiter südlich und in Helsinki ist es um $10\,°C$ »wärmer«.

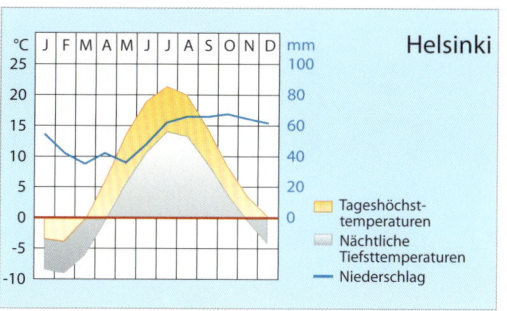

Besondere Tipps

Kleidung: Warme Füße behält, wer seine Stiefel vor der Rentiersafari mit Heu ausstopft – genau wie die Samen.
Film: Die Werke von Ari Kaurismäki, zum Beispiel »Hamlet macht Geschäfte«, beinhalten in ihrer skurrillakonischen Art viel finnische Lebensphilosophie.
Souvenir: Finnisches Design, (z. B. von Marimekko); klassische Musik von Jean Sibelius oder moderne von der Gruppe Amorphis, die auch das Nationalepos Kalevala verrockt.
Info: www.visitfinland.com

← Urlaub der nordischen Art: mit Schlittenhunden durch die Einsamkeit Finnisch-Lapplands ziehen …
← … und das Iglurestaurant in Rovaniemi beehren
← Auch Rentiere ziehen Schlitten durch das Weiß.
↑ Noch immer feiern die Samen ihre Hochzeiten in traditioneller Tracht.

Lanzarote – Treffpunkt der vier Elemente

»Ich habe in der Natur noch nie solch dramatische Farben – so dunkel und so originell – gesehen«, sagt Pedro Almodóvar über Lanzarote. Der Kultregisseur besuchte El Golfo, sah von der Aussichtsplattform oberhalb des Lavastrands ein sich küssendes Pärchen in dieser archaisch anmutenden Landschaft, und die Idee zu »Los abrazos rotos« (»Zerrissene Umarmungen«), eine Liebesgeschichte mit viel Leidenschaft und Eifersucht, war geboren.

Lanzarote ist unter den sieben Kanarischen Inseln die erdverbundenste. Der Timanfaya-Nationalpark mit seiner mondähnlichen, schwarz-roten Lavalandschaft und den Feuerbergen, den Montañas

del Fuego, lassen jeden staunen über die tiefen Krater, idealtypischen Kegel und bizarren Lavafelder. Nirgendwo sonst sind die vier Elemente Feuer, Wasser, Luft und Erde so greifbar – und sie treffen direkt aufeinander: bei Los Hervideros, unweit der Feuerberge bei El Golfo, wo der Wind die Wellen an die schwarze, schroff zerklüftete, unwirklich anmutende Vulkanküste peitscht, oder bei Famara, wo sich die Berge wie eine überdimensionale Steinwelle den im Winter bis zu drei Meter hohen Wasserwellen entgegenstemmen. Nicht weniger spektakulär sind die rauen Klippen der Nordküste, allen voran am Aussichtspunkt Mirador del Rio.

Aber auch im Inselinnern dominiert Mutter Erdes Lava. Ob nun im Kreisverkehr von Tahiche, dessen Mitte ein Windspiel des bekanntesten Inselkünstlers, des 1992 verstorbenen Cesar Manrique, überdimensional dominiert, oder auf der schmalen Landstraße durch La Geria, eines der schönsten Weinanbaugebiete der Welt und Weltkulturerbe, wo in schwarzen Lavafeldern zarte Rebstöcke grünen.

Die Kanarischen Inseln über einen Kamm scheren, wie es häufig getan wird, war schon immer falsch. Schließlich hat jede Insel ihr eigenes Profil (siehe Highlights) – aber auch ihren Mainstream … So ist Lanzarote zu weit mehr als der Hälfte schroff und wild, schön, faszinierend, geheimnisvoll und doch irgendwie auch abweisend. Eben ganz anders als an den Gestaden von Puerto del Carmen oder Playa Blanca, wo 90 Prozent der Urlauber ihre Ferien verbringen. Allen gemein ist jedoch: Europas Außenposten im Atlantik bietet vier Flugstunden nah Exotik mit Palmen, Wüstendünen und sogar Kamelen.

Die beste Reisezeit

Lanzarote und die Kanarischen Inseln sind zwar ein Ganzjahresziel, denn der stete Wind macht selbst die heißen Sommertemperaturen erträglich. Aber auch im **November** und **Dezember**, ehe kurz vor Weihnachten halb Europa einfliegt und die Kanaren belagert wie die Heuschrecken, können noch bis zu 28 °C Luft- und 20 °C Wassertemperatur erwartet werden. Besonders Lanzarote verblüfft im Winter häufig durch ein Binnenklima, das den Norden in Wolken hüllt, während im Süden die Sonne scheint.

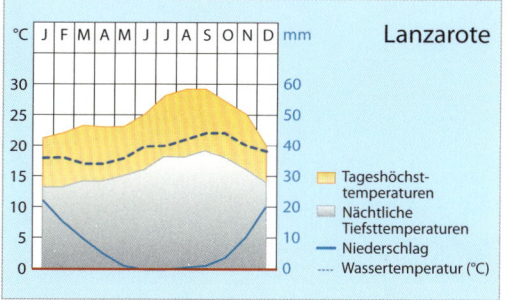

Die Highlights

 Playas del Papagayo – Lanzarotes schönste Strände, ein Traum für Individualisten, für Adam und Eva.

 Gran Canaria – Die Taufpatin des Archipels ist die Insel der Strandfans und Nachtschwärmer. Die Altstadt von Las Palmas, die zehn Kilometer langen Dünen und die Strände von Maspalomas zählen zu ihren Höhepunkten.

 Teneriffa – Passt für Windsurfer und Mountainbiker, die sich am Pico del Teide vergnügen. Das Wahrzeichen der Kanaren ist mit 3718 m der höchste Berg Spaniens.

 Fuerteventura – Zieht Jeepfahrer an, die wüstenhafte Landschaften erkunden, etwa auf der Halbinsel Jandia. Baden an der Playas de Corralejo mit Sand und Dünen so weit das Auge reicht.

 La Palma – Das Passende für Wanderer am 2426 m hohen Roque de los Muchachos, dem höchsten Berg der Insel. Auch toll: die Caldera de Taburiente, ein Kraterkessel mit bis zu 1600 m hohen, steil abfallenden Felswänden.

 La Gomera – Die Insel der Ruhesuchenden. Blumenkinder und Alt-Hippies treffen sich am Strand von Valle Gran Rey.

 El Hierro – Die fast Vergessene lockt Individualisten, da die Insel weit entfernt von allen Touristenströmen liegt. 56 Prozent der Inselfläche sind geschützt.

Besondere Tipps

Island Hopping: nur per Flieger ratsam. Die Fähren sind langsam und auf Cargo ausgerichtet. Ausnahmen: La Gomera und El Hierro – dort gibt's keine Flughäfen.

Kanarische Küche: Fisch vom Blech und »papas arrugas con mojo«, Kartoffeln mit Meersalzkruste und drei verschiedenen Soßen; am besten in einem der Terrassenlokale in El Golfo auf Lanzarote.

Strandleben: Schon mal einen rötlich schimmernden Sandstrand gesehen? Nein? Dann ab nach Playa de Verodal auf El Hierro!

Info: www.kanarischeinseln.net

← Ein Kamelritt durch die Mondlandschaft der Feuerberge gehört auf Lanzarote zum Pflichtprogramm.

← Wunderschön: die grüne Lagune von El Golfo.

↑ Faszinierende Gewächse wie diesen roten Teide-Natternkopf findet man überall auf Lanzarote.

Mallorca – Mandelblüten als Frühlingsboten

China? Persien? Die Herkunft der Mandelbäume bleibt wohl für immer ungeklärt. Mallorcas Zuckerbäcker wissen es auch nicht so genau. Aber die Kultivierung dieser Frucht schreiben sie den Arabern zu, die drei Jahrhunderte über die Balearen herrschten. Sie legten eine bis heute wertvolle Saat, nicht nur, weil Mandeln eines der gefragten Exportgüter Mallorcas ist. Überdies beschert die Mandelblüte im Februar der Insel eine zusätzliche kleine Saison in einem ansonsten touristisch wenig gefragten Monat. Denn dann sind die Chancen besonders gut, sowohl die weißen (Süßmandeln) als auch die rosafarbenen (Bittermandeln) Blüten scheinbar wolkengleich über einigen Inselteilen schweben zu sehen.

Die großen Mandelplantagen liegen überwiegend im Westen der Insel. Also von Palma aus in Richtung Andratx und S'Aracco oder nach Valldemossa und Sóller. Einen weiteren Schwerpunkt bildet der Südosten, etwa in dem Dreieck Llucmajor – Colonia Sant Jordi – Cala Figuera. Während der Baumblüte kann es in diesen beiden Gebieten selbst im Februar auf den Straßen recht voll werden. Mallorcas Tourismusstrategen schauen den-

noch sorgenvoll auf die blühende Pracht, vor allem wenn die Erntezeit – Ende Juli bis September – naht. Werden die Farmer die Früchte einbringen? 2010 haben sie darauf verzichtet, der geringe Preis lohnte den Ernteaufwand nicht. Geschieht dies öfter, wird mancher Bauer die Bäume fällen, um das Land gewinnbringender zu bestellen. Und damit wäre die Mandelsaison in Gefahr.

Mallorcas Februar hat aber noch mehr zu bieten, über wenig Gedränge und günstige Vorsaisonpreise hinaus: Karneval ist das Stichwort, das in diesen Tagen die Insel und andere Teile Spaniens in Bewegung versetzt. »Els Darrers Dies«, die letzten Tage, nennen die Mallorquiner ihre Festivitäten – die letzten Tage mit Fleisch auf dem Teller. Danach beginnt die vorösterliche Fastenzeit. Von Palma bis in entlegene Regionen rüsten sich die Gemeinden zu Kostümfesten und bunten Straßenumzügen: »Sa Rueta« ist die Parade für die Kinder, »Sa Rua« das Straßenfest für die Erwachsenen. Und am »Dimecres de Cendra«, am Aschermittwoch, ist alles vorbei. Fast alles, denn zuvor muss noch eine Sardine formell bestattet werden. Wozu nicht wenige zuvor Kostümierte nun Trauerkleidung anlegen.

Die Highlights

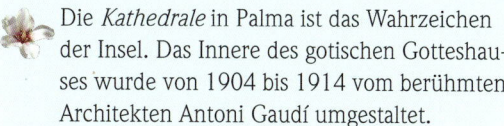

Die *Kathedrale* in Palma ist das Wahrzeichen der Insel. Das Innere des gotischen Gotteshauses wurde von 1904 bis 1914 vom berühmten Architekten Antoni Gaudí umgestaltet.

Der *Almudaina-Palast* bei der Kathedrale entstand im 14. Jh. aus einer maurischen Festung und ist Sommersitz des spanischen Königs. Teile können besichtigt werden.

»Roter Blitz«, das ist die rund 100 Jahre alte Eisenbahn von Palma nach Sóller. Ab da fährt eine nostalgische Tram weiter zum 5 km entfernten Hafen.

Kartause von Valldemossa – Hier wohnten 1838/39 Frédéric Chopin und George Sand für einige Wochen. Ein Museum erinnert an beide.

Die *Bergstraße nach Sa Calobra* ist 14 km lang und bietet immer wieder Blicke auf ihre Schleifen. Am Ende der Straße, am Meeresufer, sind es noch 600 m bis zum Ausgang der Felsenschlucht des Torrent de Pareis.

Kloster Lluc in der Serra Tranmuntana ist das spirituelle Zentrum Mallorcas. Täglich um 11 Uhr (außer in den Ferien) singt der seit fast 500 Jahren bestehende Knabenchor.

Cap de Formentor – Es markiert Mallorcas Nordspitze: ein 384 m hoher Fels direkt am Meer. Vom 1892 entstandenen Leuchtturm reicht der Blick weit über die Insel.

Die beste Reisezeit

Der **Februar** ist generell nicht der beste Monat für Mallorca: Das Meer ist mit durchschnittlich 13 Grad noch zu kühl zum Baden, die Lufttemperatur liegt statistisch leicht unter zehn Grad. Immerhin, jeder Tag kommt im Schnitt schon auf sechs Sonnenstunden. Aber wer die Mandelblüte erleben will, sollte sich auf den Februar einrichten, den besten Monat für dieses Schauspiel der Natur. Für Badeferien sind die Hochsommermonate besser geeignet.

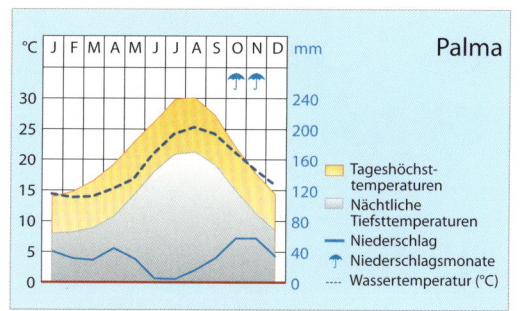

Besondere Tipps

Literatur: »Ein Winter auf Mallorca« (1839), Klassiker von George Sand.

Stadttour: Palma City Sightseeing macht die Rundfahrt mit Tagesticket bequemer: Der Bus fährt die 15 Stationen alle 20 Minuten an.

Souvenir: »Almendra« ist einer der besten mallorquinischen Mandelliköre. Auf dem Etikett sind Mandelblüten abgebildet.

Info: www.illesbalears.es, http://mallorca.de/mallorca-aktuell (mit Blütenkarte)

← Mandelblüte auf Mallorca – ein Frühlingstraum

← Segler lieben die ruhige Bucht von Lluc Alcari in Deià.

↑ Strahlende Schönheit: die Kathedrale von Palma

↑ Blick in das Arbeitszimmer der spanischen Königin im Almudaina-Palast in Palma.

Canadian Rockies – Schampusschnee und Heli-Ski

»Champagne Powder« nennen die Einheimischen ihren Pulverschnee. Eigentlich kurios, denn Champagner in Pulverform hat kaum Verlockendes. Aber gemeint ist natürlich der besonders trockene Schnee in den Rocky Mountains, ein Niederschlag, der so fein ist, dass jeder Versuch eines Schneemannbaus scheitern würde. Aber für Skier oder Snowboards bedeutet er eine wunderbare Unterlage, man hat das Gefühl zu schweben. Und warum ist die nordamerikanische Bergkette derart gesegnet? Weil die Skigebiete hier relativ hoch liegen und die Wolken meist von Westen heranziehen, sich schon zu einem Gutteil abgeregnet und viel von ihrer Feuchtigkeit verloren haben. Kein Wunder, dass sich die Skiorte der Region – sei es in

Kanada, sei es in den USA – ihres Superschnees rühmen.

Namen wie Banff, Jasper, Lake Louise, Kicking Horse, Revelstoke und natürlich das 2010 olympisch geadelte Whistler sind es, die Kanada vordere Plätze in der Weltliga der Wintersportorte garantieren. Sie bieten aber nicht nur Schampusschnee und ein weites Programm von Fahrten mit dem Hundeschlitten über Schneemobiltouren und Eisangeln bis zum Eistauchen, sondern auch Heli- und Cat-Skiing, also Helikopterflüge oder Snowcat-Auffahrten in dafür ausgewiesenen Bergregionen, die nicht von Liften erschlossen sind und »jungfräulichen« Tiefschnee verheißen. Die Flüge und Raupenfahrzeuge als Liftersatz sind in den meisten europäischen Skigebieten unerwünscht, aber in der Weite der Rockies gibt es weniger Bedenken – zumal immer mehr »Schneekatzen« mit Biodiesel betrieben werden.

Die Anziehungskraft der Canadian Rockies ist aber nicht nur Helis und Cats oder den Trockenflocken vom Himmel zu verdanken. Die Pisten sind eingebettet in eine der schönsten Landschaften im einstigen Indianerland. Kein Wunder, dass sich hier in den Provinzen Alberta und British Columbia fünf Nationalparks aneinanderschmiegen. Vier von ihnen – Banff, Jasper, Kootenay und Yoho – sind unter dem Etikett »Canadian Rocky Mountains Park« in die Welterbe-Liste der UNESCO aufgenommen worden. Drei Provinzparks gehören ebenfalls zu dem Ensemble, darunter auch der Mount Robson Park rings um den höchsten Gipfel (3954 m) der kanadischen Rockies. Es gibt also viel zu sehen beim Wintersport. Nur keine Grizzlybären. Die liegen im Winterschlaf.

Die Highlights

 Banff, Kanadas populärster Wintersportort, liegt in einem Hochtal (1463 m) am Trans-Canada-Highway. Wegen heißer Quellen entstand hier 1885 Kanadas erstes Naturschutzgebiet.

 Jasper ist ein Endpunkt des Icefields Parkway durch die Nationalparks. Das Skigebiet Marmot Basin gehört zu den höchstgelegenen Kanadas und präpariert insgesamt 86 Abfahrten.

 Lake Louise, der zweite Endpunkt des Icefields Parkway, ist ein Dorf mit 140 Abfahrten und einem Traditionshotel am See.

 Whistler-Blackcomb ist das größte Skigebiet Nordamerikas. Nach Vancouver sind es auf dem Sea to Sky Highway nur 123 km.

 Kicking Horse hat mehr als hundert Abfahrten, die längste erstreckt sich über 10 km. Das »Eagle's Eye« bei der Seilbahnstation auf 2350 m Höhe wurde für den weltbesten Restaurantausblick ausgezeichnet.

 Revelstoke hat über 50 Abfahrten, die längste misst 15 km. Separate Reviere für Cat- und Heli-Skiing.

Im *Rocky Mountains National Park* gibt es drei Badeanlagen mit heißen Quellen, zwei sind auch im Winter geöffnet: Banff Upper Hot Springs und die Radium Hot Springs.

Die beste Reisezeit

Jeder Alpinist weiß es: Das Wetter kann sich im Hochgebirge sehr leicht ändern. Dabei ist von Schneesturm bis Wärmeeinbruch alles im Angebot. Die Durchschnittswerte für Banff geben im Winter minus 12 °C an, aber auch minus 30 °C über mehrere Tage hinweg sind nichts Ungewohntes. Naturgemäß sind die Tage im **Februar** etwas länger als im Vormonat und die Sonnenstrahlung intensiver – geschätzte Beigaben im Schneeurlaub, hochgradigen Sonnenschutz vorausgesetzt.

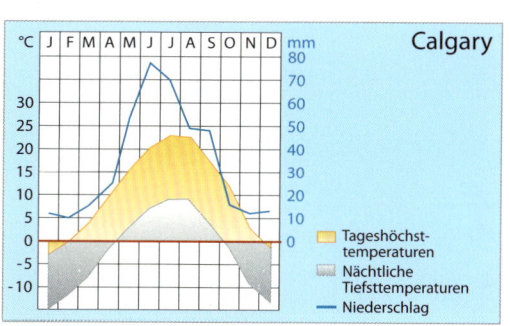

Besondere Tipps

Literatur: »Im Kreis des Wolfs« von »Pferdeflüsterer«-Autor Nicholas Evans über ein Dorf in den Rocky Mountains und ein Wolfsrudel.

Touren: Einige Orte bieten auch im Winter geführte Touren an, etwa zu vereisten Wasserfällen oder auf Schneeschuhen, wie sie einst Indianer und Trapper benutzten.

Museum: Viele Skiorte sind als Stationen beim Bau der transkontinentalen Eisenbahn entstanden. Daran erinnert das Revelstoke Railway Museum.

Info: www.canadianrockies.net

← »Symphony Bowl« heißt die Abfahrt in Whistler.

← Bevor der Moraine Lake im Banff National Park zufriert, zeigt er schöne Spiegelungen.

← Das Fairmont Banff Springs Hotel in Banff

↑ Der heiße Pool des Four Seasons Hotel, Whistler

Piratenschätze, Orchideen und Atlantis

Schatzinsel gefällig? Unter den etwa 700 Inseln der Bahamas sollte das eine oder andere Eiland mit praller Schatztruhe sein. Schließlich haben Piraten den Archipel Jahrzehnte lang als ihr Revier betrachtet und einmal sogar eine Seeräuber-Republik gegründet. Alle notorischen Namen finden sich in der Inselgeschichte, Blackbeard, Henry Morgan, Calico Jack und die fürchterliche Anne Bonny. Erst als ein Pirat mit der Piratenjagd beauftragt und mit dem Gouverneurstitel entlohnt wurde, hatte der Spuk ein Ende.

Immerhin, Paradise Island, die Hotel- und Vergnügungsinsel vor der Bahamas-Hauptstadt Nassau, soll noch bis in die jüngste Vergangenheit Gangstern aus den USA wohlgesinnt gewesen sein, solange sie nur reichlich Bares brachten. »Geschichten von gestern«, sagen sie in Nassau, »mit Touristen ist viel mehr zu verdienen.« Auf der Hauptstadtinsel New Providence, dem touristischen Zentrum, glaubt man das gerne. Bisweilen liegen fünf oder sechs Kreuzfahrtriesen gleichzeitig am Pier von Nassau, und auch die Strandhotels sind gut belegt.

Wer es etwas ruhiger mag, fliegt von Nassau aus weiter auf die »anderen Inseln«: Selbst die mit Abstand größte Insel, Andros, zählt zu dieser Kategorie. Naturfreunde sind dankbar dafür, denn so blieben die einsamen Strände, die Wasserwege quer durch die Insel, die Mangrovenwälder und die Vielfalt von Fauna und Flora erhalten. Die Iguanas, wie Mini-Drachen aussehende Eidechsen, können hier über einen Meter lang werden, wilde Orchideen wuchern in mehr als 40 Arten. Selbst das drittgrößte Korallenriff der Welt hat Andros glücklicherweise noch nicht ins Visier der Investoren gerückt.

Das ist anders auf Bimini, weil die zehn Inseln der Gruppe dicht bei Florida liegen. Aber bisher konnten die Einwohner Großprojekte abwehren. Bimini stand öfter im Fokus des regionalen Interesses, etwa als Zentrum des Rum-Schmuggels während der Prohibition in den USA, oder als Ernest Hemingway auf Bimini lebte und den ersten Teil seines Romans »Inseln im Strom« auf Bimini spielen ließ. Einige der unermüdlichen Atlantis-Forscher glauben, vor Bimini ihre versunkene Stadt gefunden zu haben; Geologen winken aber ab. Auch die Quelle der ewigen Jugend wollen manche Quellenforscher auf Bimini ausgemacht zu haben. Die Hoffnung stirbt zuletzt …

Ungewöhnlich ist auch das schläfrige Eleuthera, schon in seiner Form: Die Insel erstreckt sich mit diversen Haken über 180 Kilometer, ist aber an manchen Stellen kaum einen Kilometer breit. Gesäumt ist sie von weißen und rosafarbenen Stränden, die weiteren »Attraktionen« sind eine Höhle und ein überbrückten Durchbruch durch die Insel. Wer karibische Entspannung sucht, ist hier richtig.

Die beste Reisezeit

Von den etwa 700 Bahamas-Insel sind zwar nur 30 besiedelt (und nur 15 touristisch voll erschlossen), aber das Thema Wetter spielt überall eine Hauptrolle. Das verwundert, sind die Bahamas doch mit allzeit subtropischen Wetter gesegnet. Aber im *Januar/Februar* ist es mit etwa 25 °C weniger drückend als im Sommer, es regnet weniger und die Zahl der Sonnenstunden liegt bei erfreulichen acht pro Tag. Auch die Hurrikan-Saison (Juni–November) ist vorüber. Haken: Von Dezember bis Februar sind die Preise am höchsten.

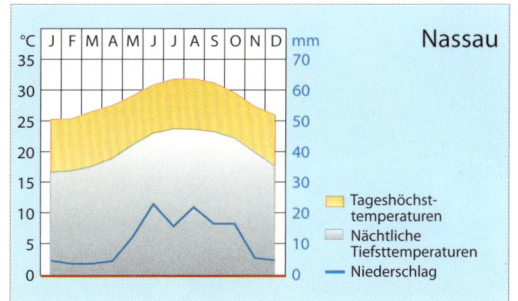

Die Highlights

Nassau – Der Hafen war im 18. Jahrhundert so wichtig, dass die Briten drei Forts bauten: Fort Montague (1742), Fort Charlotte (1789), Fort Fincastle (1793).

Pirates of Nassau, Nassau – Das Museum hält zahlreiche interaktive Attraktionen bereit, mit denen Klein und Groß die vergangene Welt der Karibik-Piraterie im 18. Jh. entdecken können.

Stuart Cove, Nassau – In der Bucht sind ein Schiffs- und ein Flugzeugwrack beliebte Tauchgründe. Beide wurden versenkt, um als Orte für Actionszenen in James-Bond-Filmen zu dienen.

Cloisters, Paradise Island – Die französische Klosterruine (14. Jh.) hatte der amerikanische Zeitungsmogul William Randolph Hearst um 1920 gekauft, der Milliardär Huntington Hartford ließ sie auf Paradise Island 1960 aufbauen.

Ocean Hole, Eleuthera – Der runde, tiefe Salzwassersee gehorcht den Gezeiten: Hier kann man Ebbe und Flut miterleben, auch gerne hautnah beim Baden.

Dunmore Town, Eleuthera – Die Commissioner's Residence mit ihrer hübschen Veranda ist ein typisches Beispiel für den amerikanischen Clapboard-Stil, eine Art Schindelbau.

Atlantis Resort – Die gigantische Hotelanlage auf Paradise Island hat zwei seiner Hoteltürme in der 23. Etage durch eine Brücke verbunden.

Besondere Tipps

Literatur: Dewey Lambdin: »Eine Hand für das Schiff: Alan Lewrie in den Gewässern der Bahamas«; Roman aus der Abenteuerreihe um Kapitän Lewrie, der gegen Piraten kämpft.

Drink: Achtung, der Cocktail »Bahama Mama« hat es in sich: vier Sorten Rum (und Fruchtsaft). Ist aber karibisch gut!

Info: www.bahamas.de

← Die einladende Alabaster Bay auf Eleuthera
← Sandbänke im Bahamas-Archipel
← Resort-Häuser in karibischen Pastellfarben bei Nassau
↑ Das Atlantis Resort and Casino ist eines der größten Hotels der Karibik, die Suite im Übergang zwischen den beiden Gebäuden eine der teuersten weltweit.

Mit dem Schiff von Grenada nach St. Vincent

Ein einzigartiges »Island Hopping« durch die Grenadinen-Gruppe können die Einheimischen mit regulären Fährbooten und dem Postdampfer alltäglich genießen: Wenn sie zwischen St. Vincent, Bequia, Mustique, Canouan, Mayreau, Carriacou, Union Island und Grenada hin- und herschippern.

Clevere Touristen ebenso. Die Schnellfähre »Osprey Express« rauscht von der Hafenmole in St. George's auf die offene See hinaus, bald schon tauchen die Sandy Islands mit schneeweißen Palmenstränden und Robinson-Crusoe-Buchten aus dem Blau – und in Sichtweite über dem verschlafenen Hafenörtchen Hillsborough Carriacous Inselberge. Aus der Hafenbar wehen heißblütige Calypsorhythmen, eiskaltes »Carib Lager Beer« macht die Runde.

Zwischen Carriacou und Union Island überbrückt das Wassertaxi »Jasper« die nächste Etappe. Nach der Passage durch smaragdgrüne Wasserflächen, aus denen schillernde Riffe glasklar bis an die Oberfläche scheinen, läuft auf Union Island gerade die »Barracuda« ein. Als Postboot und Linienfrachter verkehrt sie planmäßig zwischen St. Vincent und Union.

Verschlafen drängeln sich am nächsten Morgen die meist einheimischen Passagiere an Deck. Vor Mayreau wird ein- und ausgebootet, da es keine Mole gibt. Ölfässer und Kleinkinder, Hühner und Colakästen gehen über die Reling, an der Bordwand drängeln sich bunte Boote, um die kostbare Fracht zu übernehmen.

Wer hier den Ausstieg wagt, könnte vom Inselkirchturm aus Canouan, Union Island, und bei klarem Wetter sogar Grenada sehen sowie die fünf Koralleninseln der Tobago Cays, deren traumhafte Riffe zu den besten Schnorchelplätzen der Welt zählen.

Nach kurzer Fahrt taucht Canouan aus der See, mit schroffen, steil ins Meer abfallenden Felswänden. Bedauerlicherweise lässt die »Barracuda« das Dorado der Superreichen rechts liegen: Auf Mustique wäre ein Blick auf Mick Jaggers Haus »Jaccaranda« zu werfen, auf Bequia ließ sich Bob Dylan einst seine Jacht »Water Pearl« bauen.

Pünktlich gegen Mittag legt der Postdampfer in St. Vincents Kingstown an. Mit spektakulären Ausblicken auf die Inselparadiese der Grenadinen vervollständigt ein halbstündiger Rückflug nach Grenada die Schiffsreise zu einem karibischen Erlebnis der sehr speziellen Art.

Die Highlights

 St. George's, die koloniale Perle Grenadas, gehört mit seinem Fort George und dem bunt wimmelnden Market Square zu den schönsten Inselhauptstädten der Welt.

 Muskatnuss – Eine der Haupteinnahmequellen Grenadas. Produktionszentren der Muskatnuss und anderer Gewürze sind die Nutmeg Processing Station im Fischerort Gouyave und der Dougaldston Spice Estate.

 Hillsborough – Von der Hauptstadt der Insel Carriacou führt eine Tour zur höchsten Erhebung auf 291 m mit Traumblick auf die Stadt und die Karibische See.

 Frangipani – Die legendäre Bar auf Bequia ist erste Anlaufstelle für europäische Skipper nach überstandenem Atlantiktörn: Wo ließe sich besser ein Planter's Punch bestellen?

 Basil's Bar auf Mustique zu erreichen und an den Polizisten am Eingang vorbeizukommen, ist einigermaßen schwierig. Dennoch, die Bar ist das zweite Wohnzimmer für alle Insel-VIPs.

 Wallilabou Bay – An dem berühmten Drehort des Blockbusters »Fluch der Karibik« auf St. Vincent muss man gewesen sein, schon um der gleichnamigen Wasserfälle willen.

 La Soufriere – Nach der zirka zweistündigen Besteigung des 1234 m hohen Vulkans hat man vom Gipfel eine umwerfende Aussicht.

Die beste Reisezeit

Für die Kleinen Antillen liegt die beste Reisezeit zwischen Dezember und April. Mit Regelmäßigkeit werden die Karibischen Inseln vorher von Tiefdruckgebieten heimgesucht, die sich bis zur Hurrikanestärke auswachsen können; danach setzt mit sinkenden Preisen die Sommerschwüle ein. Über Weihnachten findet die absolute Hochsaison statt, und selbst teure Übernachtungsbetten sind dann kaum mehr zu bekommen. Ideal also ist es, die Grenadinen-Tour ab **Mitte Januar** zu machen.

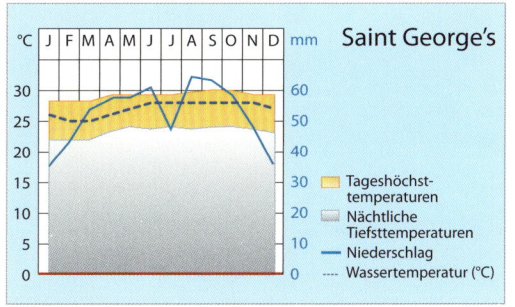

Besondere Tipps

Ein- & Ausreise: Zwischen Carriacou und Union Island verläuft die Staatsgrenze von Grenada und St. Vincent & The Grenadines, es muss ein Stempel in den Pass.
Fährverbindungen: Vier Tage die Woche mit der »MV Barracuda« und der »MV Gemstar« zwischen St. Vincent und Union, täglich mit der »MV Jasper« zwischen Union und Carriacou, täglich zwischen St. Vincent und Bequia mit der »MV Bequia Express«.
Info: www.grenadagrenadines.com, www.svgtourism.com

← Gefragte Kulisse unter Fotografen: Segelboote vor Palm Island
← Typisch karibische Architektur findet man natürlich auch an der Britannia Bay
↑ Attraktion für echte Wasserratten: die Balleine-Wasserfälle auf St. Vincent

Havanna und der Osten

Die beeindruckendsten Inselhauptstädte der Welt sind in der Karibik zu finden. Auf Platz eins der Rangliste der Schönen liegt unstreitig Havanna. Welche sonst hätte eine sozialistische Revolution, Fidel Castro und das Erbe Che Guevaras zu bieten, erstklassigen Rum und die besten Zigarren, Autoren der Weltliteratur und ganz sicher nicht nur die Klänge des berühmten Buena Vista Social Club? Dazu eine Pracht an UNESCO-geschützten Baudenkmälern in einem architekturberauschten Altstadtambiente, das eine einzigartige Kulturszene ausfüllt.

Wer die karibische Metropole ausreichend durchstreift und genossen hat, macht sich auf Richtung Osten, wo Kubas Herz schlägt. Ob Santiago de Cuba, das seinen Reichtum aus den nahen Kupferminen in prachtvolle Gründerzeitfassaden investierte, Baracoa, das archaische Kleinod an der tosenden Atlantikküste, oder Cayo Saetia, wo an traumhaften Buchten Zebras, Emus und Antilopen vor die Kamera kommen: Reisenden begegnet hier eine überwältigenden Mischung aus Kultur und Geschichte, ansteckend freundlichen Menschen sowie wahrhaft beeindruckenden Landschaften.

Liebhaber klassischer Prachtarchitektur kommen schon in Santiago de Cuba auf ihre Kosten: majestätisch thront die Basilica Catedral über dem Parque Cèspedes, in dem zur späten Stunde erst das urbane Leben so richtig vibriert. Am besten lässt sich das von der Terrasse des liebevoll restaurierten Hotels Casa Granda verfolgen. Nur ein paar Ecken weiter finden sich die ehemalige Bacardí-Destillerie, heute Museum, sowie die staatliche Zigarrenfabrik.

Durch Kakao- und Kaffeeplantagen, saftig grüne Zuckerrohrfelder, gesäumt von grazilen Königspalmen, geht es von hier aus ostwärts. Wie eine Fata Morgana taucht im Valle El Cobre die Basílica del Cobre auf, gleich neben den Kupferminen, die bis ins 19. Jahrhundert hinein die größten der Welt waren.

Baracoa liegt am Ende der Welt. Kraftvoll donnern Atlantikbrecher auf den Strand. Gegründet 1512 von Diego Velàzquez, hat sich das Städtchen durch seine abgeschiedene Lage, umgeben von wild zerklüfteter Bergwelt und dichten Wäldern, eine ganz besondere Atmosphäre bewahrt. Lastenträger mit Säcken, Körben oder Bananenstauden auf den Schultern zeichnen ein archaisches Straßenbild. Die wenigen museumsreifen, aber liebevoll gepflegten Buicks und Chevrolets aus den 50er-Jahren passen da perfekt ins Kulissenbild. Anstelle von Autos rollen beinahe geräuschlos Fahrräder, Rikschas und Pferdedroschken. Auf dem historischen Stadtplatz Parque Central, vor dem Kirchenportal der Iglesia de la Asunción, spielen die Männer wie eh und je unter der stattlichen Büste des Indianerhäuptlings Hatuey seelenruhig ihr tägliches Domino. Hier scheint die Zeit stillzustehen.

Die beste Reisezeit

Tropisch warm bis schwül-heiß ist es auf der Zuckerrohrinsel das ganze Jahr über, vor allem aber während der Sommermonate zwischen Mai und Oktober. Wer nicht in einen der gefürchteten Tiefdruckwirbel (im schlimmsten Fall: in einen *ciclón* oder *huracán*) geraten möchte, kommt am bestens **zwischen Dezember und dem Frühjahr** hierher. Vor allem an der Nordostküste wehen kühlende Winde, die das Klima sehr angenehm beeinflussen.

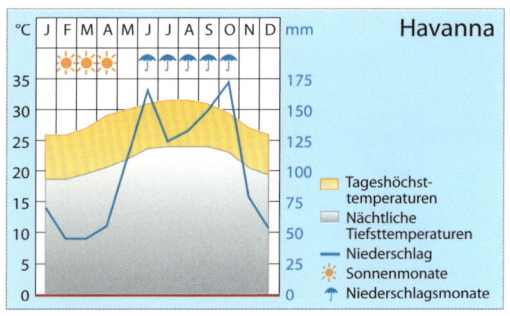

Die Highlights

 Die Plaza de la Catedral in Havanna bietet Salsa live zu Trompeten, Geigen und Trommeln.

 Tropicana – Im weltberühmten Nachtklub werden karibische Tanzkunst, farbenfrohe Shows und jede Menge Cuba Libre zu den wildesten Rhythmen dargeboten.

 Malecón – Die Uferpromenade ist ein beliebter Treffpunkt, eher für waschechte Kubaner denn für Touristen.

 Santiago de Cuba ist die Wiege der kubanischen Son-Musik und Kubas heimliche Hauptstadt. Vom Rathausbalkon ließ Fidel Castro am 1. Januar 1959 die Revolution ausrufen.

 Der *Buena Vista Social Club* gibt seine Balladen allabendlich in der »Casa de la Trova« zum Besten, während es junge Kubaner eher zu den heißen Rhythmen im »Artex« zieht.

 Baracoa – In der Stadt im Osten, deren historischer Kern mit einem Stilmix aus klassizistischen Gebäuden mit starken französischen Einflüssen überrascht, toben Rhythmus, Tanz und Lautstärke rund um die Plaza Mayor.

 Festival del Carîbe – Im kubanischen Karneval terffen sich gegen Mitternacht auf der Plaza de Marte in Santiago de Cuba Hunderte Feierwütige in bunten Kostümen und mit handgefertigten Masken, Trommeln und anderen Instrumenten bei Soca, Calypso und Salsa.

Besondere Tipps

Karneval: In Havanna Mitte Februar. Das Internationale Jazzfestival findet in Havanna Mitte Februar eine Woche lang statt.

Essen: In Santiago de Cuba ist die »Taberna de Dolores« nicht nur gut für einen Mojito, auch das Ambiente des alten Kolonialpalasts lädt zum Verweilen ein.

Ausflug: In Guardalavaca lässt sich in der Bahia de Naranjo die Delfin-Show nicht nur bestaunen, Besucher können sogar mit den Tieren schwimmen.

Literatur: Zoé Valdés, »Das tägliche Nichts«.

Info: www.cubainfo.de.

← Havannas Tropicana-Cabaret ist weltberühmt.

← Jenseits von Kubas zauberhaften tropischen Küsten …

← … breiten sich endlose Tabakplantagen aus.

↑ Die Kathedrale San Cristobal in Havanna im sanften Abendlicht.

Baja California – Rendezvous der Wale

Ist Mexico City mit seinen 25 Millionen Einwohnern die größte Stadt der Welt? Oder nur die Nummer zwei oder drei? Unwichtig, denn auf dem Zócalo, dem zentralen Platz, fühlt man sich ohnehin wie am Nabel der Welt. Mitten in der »Welthauptstadt des Smogs«, umgeben von wirbelndem Leben – und von einigen der besten Sehenswürdigkeiten: dem Nationalpalast mit Wandmalereien von Diego Rivera, der Ausgrabungsstätte des aztekischen Templo Mayor und der mächtigen barocken Kathedrale. Nicht weit ist es von hier zum schmucken Palacio de Bellas Artes, dem Palast der Schönen Künste.

Genug für eine Stippvisite in der Hauptstadt, in der die meisten Flüge aus Europa landen. Hier machen viele Urlauber einen Zwischenstopp, ehe sie mit Anschlussflügen alle Landesteile erreichen.

Nach La Paz im Süden der Baja California sind es nur zwei Stunden, aber man landet in einer völlig anderen Welt. Die Halbinsel, mit 1200 Kilometern etwa doppelt so lang wie Florida und teilweise nur 80 Kilometer breit, ist größtenteils von steppen- und wüstenartiger Landschaft mit mehr als 2000 Meter hohen Bergketten gekennzeichnet. Baja California war schon in vorkolumbinischer Zeit besiedelt, weil es nicht an Wasserstellen und an Nahrung mangelt. Diese scheinbar so karge Landschaft ist relativ reich an Pflanzen- und Tierleben, von den hohen Saguarokkakteen bis zu Diamantklapperschlangen, die gewiss nicht *girl's best friend* sind.

Hauptattraktion bilden jedoch die Gewässer rings um die Halbinsel, im Westen der kühlere Pazifik und im Osten der warme Golf von Kalifornien, den Einheimischen besser bekannt als Sea of Cortez. Die etwa 160 000 Quadratkilometer große Bucht scheint besonders bei Meeressäugern sehr beliebt. Nirgendwo in der Welt trifft man mehr Wale, nirgendwo auch mehr unterschiedliche Arten. Einige sind hier ganzjährig ansässig, Blau- und Finnwale etwa, andere wie die Buckel- und die Grauwale nur zu bestimmten Jahreszeiten. Die Grauwale halten sich hauptsächlich in den Lagunen an der Pazifikküste auf, weil sie dort ihre Jungen gebären und säugen. Es gibt – vor allem an der Südspitze der Halbinsel – zahlreiche Anbieter von Walbeobachtungstouren, alle benötigen eine spezielle Lizenz. Ein gutes Geschäft ist ihnen sicher.

Die beste Reisezeit

Die Grauwale tummeln sich hauptsächlich von **Mitte Dezember bis Mitte März** vor der Baja California, während die Buckelwale noch bis in den Sommer hinein bleiben. Pottwale und Minkwale kann man auch in den anderen Monaten beobachten, insbesondere im nahrungsreichen Golf von Kalifornien. Während das Wetter im nördlichen Teil der Halbinsel in den Winterwochen kühl sein kann, ist es im Süden meist zwischen 21 und 27 °C warm. Regen ist ganzjährig selten.

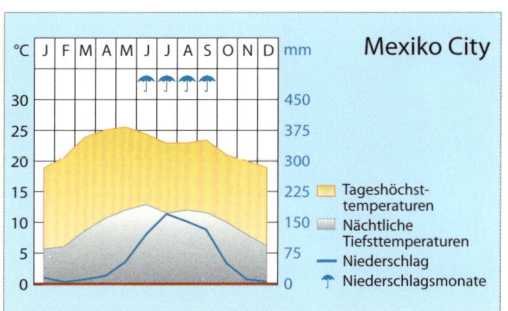

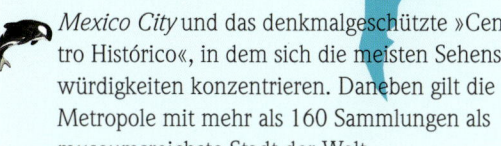

Die Highlights

Mexico City und das denkmalgeschützte »Centro Histórico«, in dem sich die meisten Sehenswürdigkeiten konzentrieren. Daneben gilt die Metropole mit mehr als 160 Sammlungen als museumsreichste Stadt der Welt.

In *Xochimilco*, heute ein Vorort von Mexico City, legten die Azteken einst Garteninseln an, jetzt ein Revier für bunte Touristenboote.

Guadalupe, auch ein Vorort der Hauptstadt, ist einer der meistbesuchten Wallfahrtsorte der Welt. Die Marien-Basilika fasst 40 000 Pilger.

Die *»Transpeninsula«*, führt von der US-Grenze bis zum Kap im Süden und erschließt die meisten Sehenswürdigkeiten auf der Halbinsel.

Magdalena Bay, die einzige Bucht an der Westküste der Baja California, in der man während der Anwesenheit der Grauwale – mit einem Permit – im Seekajak paddeln darf.

La Paz ist das südliche Zentrum der Baja California und die ihm vorgelagerte Inselgruppe Espiritu-Santos bei Touristen ein geschätztes Naturschutzgebiet.

Cabo San Lucas und das 32 km entfernte San José del Cabo (gemeinsam: Los Cabos) sind vom Staat im Jahr 1974 geschaffene Ferienorte der gehobenen Kategorie.

Besondere Tipps

Literatur: »The Rough Guide to Baja California« von Jason Clampet (auf Englisch).

Rundreise: Spanien hat seine Besitzungen in Nordamerika mit einem Netz von Missionen überzogen, auch die Baja California. Viele können – als Museen oder Ruinen – besucht werden.

Sport: Das Cabo Pulmo Marine Reserve, das einzige lebende Korallenriff im Golf, gilt als eines der besten Tauchreviere Mexikos.

Info: www.visitmexico.com (auf Deutschland klicken), www.discoverbajacalifornia.com (auf Englisch)

← Die malerische Küste der Baja California bei La Paz
← Kajakfahrer lieben die Ensenada Grande Bay.
← Grauwal in der San-Ignacio-Lagune
↑ Auf dem Zócalo in Mexico City führen regelmäßig Indianer traditionelle Tänze vor.

Traumziel Brasilien / Argentinien

Samba, Tango, Wasserfälle

Wenn es um ihren geliebten Karneval geht, vergessen die »Cariocas«, die Bewohner von Rio de Janeiro, ihren ansonsten gepflegten Tropentrott: In nur 120 Tagen entstand 1984 nach Plänen des berühmten brasilianischen Architekten Oscar Niemeyer das Sambadromo, eine 700 Meter lange Arena, die im Karneval zum Nabel der Stadt wird.

Zwei Nächte lang ziehen die Prunkwagen und die fantasievoll gekleideten Tanzgruppen der besten Sambaschulen vorbei an jeweils rund 88 000 Zuschauern – ein Anlass, für den viele Teilnehmer ihre Ersparnisse freudig in ein Kostüm stecken. So wurde der Karneval in Rio zu einem Weltereignis. Aber Brasiliens ehemalige Hauptstadt ist auch zu

anderen Jahreszeiten Traumziel vieler Reisender, Stichwörter wie Zuckerhut, Corcovado, Ipanema oder Copacabana belegen es.

Rund 1200 Flugkilometer landeinwärts liegt die sicherlich lauteste brasilianische Attraktion im Regenwald: die Wasserfälle von Iguazú. Sie sind, ähnlich wie die Niagarafälle im Norden des Kontinents, auf zwei Länder aufgeteilt: auf Brasilien und Argentinien. Da der größere Teil der Fälle auf argentinischem Territorium liegt, bietet die brasilianische Seite den besseren Blick. In der Regenzeit donnern hier bis zu 7000 Kubikmeter Wasser über die meist 62 Meter hohe und 2,7 Kilometer weite Felskante. So entstehen 20 große und rund 250 kleinere Fälle. Die Hauptfälle münden in die »Teufelsschlucht«.

Eine Riesenschlange, eine böse Gottheit, schuf nach Indio-Sage die Schlucht, indem sie den Felsen spaltete, weil eine Jungfrau, die der grausame Gott sich zur Beute erkoren hatte, mit ihrem Geliebten floh. Der Mann blieb am Grund der Schlucht und wurde vom Wasser überspült, die Frau verwandelte sich in einen Baum am Ufer.

Buenos Aires liegt etwas näher an den Fällen: etwa 1050 Flugkilometer. Buenos Aires, gute Lüfte? In einer 12-Millionen-Stadt mit horrender Luftverschmutzung? Zur Zeit der Namensgebung, vielleicht. Doch Buenos Aires kann auch »gute Winde« heißen, und die waren wohl gemeint nach der glücklichen Atlantiküberquerung der ersten Spanier. Sie schufen eine elegante Stadt mit einem nach US-Vorbildern errichteten Parlamentspalast und vielen Bauten, die von einstiger Grandeur zeugen. Aber einmal im Jahr wird Buenos Aires wieder zur großen Kapitale – immer zur Tangoweltmeisterschaft.

Die beste Reisezeit

Im *Februar* oder *Anfang März* zelebriert Rio seine Karnevalsparaden. Das Wetter ist dann wie immer feucht-warm, gemildert vom Passatwind auf 23 bis 25°C. Es ist eine relativ regenreiche Saison – gut für die Iguazú-Fälle. Auch Buenos Aires bekommt dann mehr Regen ab. Aber meist gehen selbst in der *wet season*, der nassen Jahreszeit, nur vereinzelte, wenngleich kräftige Schauer nieder – Dauerregen ist auch dann selten. In Buenos Aires ist es etwas kühler als in Rio.

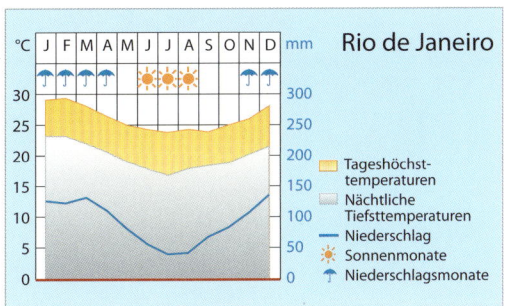

Die Highlights

Zuckerhut – Eines der Wahrzeichen Rio de Janeiros. Die Drahtseilbahn auf den 394 m hohen Granitfelsen war ein Schauplatz des James-Bond-Films »Moonraker – Streng geheim«.

Christusstatue – Das einschließlich Sockel 38 m hohe Monument auf dem 704 m hohen Corcovado ist das zweite Wahrzeichen Rios und eine der meistbesuchten Attraktionen. Eine Bergbahn führt hinauf.

Copacabana – Gilt als einer der berühmtesten Strände der Welt. Die vier feinsandigen Kilometer sind der Laufsteg hübscher Frauen im knappen Tanga.

Iguazú – Auf beiden Seiten der Wasserfälle haben Argentinien und Brasilien Nationalparks angelegt.

Das *Teatro Colón* in Buenos Aires, 1908 eröffnet mit Verdis »Aida«, zählt wegen seiner exzellenten Akustik und seines festlichen Ambientes zu den großen Opernbühnen der Welt.

La Boca ist ein Stadtteil von Buenos Aires, den wegen seiner bunten Häuser und seiner Tangotanzpaare auf der Straße Caminito kein Tourist auslässt.

Auf dem *Friedhof des Stadtteils Recoleta* in Buenos Aires haben Präsidenten, Poeten und Patriarchen ihre letzte Ruhe gefunden. Im meistbesuchten Grab ist Evita Perón bestattet.

Besondere Tipps

Ausflug: Unweit der neuen Kathedrale rollt eine kleine Tram über das historische Aquädukt Arcos da Lapa und durch Kopfsteinpflastergassen bis zum Künstlerviertel Santa Teresa.

Nationalpark: Der »Ecological Forest Train« zuckelt auf einer ehemaligen Forststraße gasgetrieben und mit nur 20 km/h als Touristenbahn durch den argentinischen Iguazú-Nationalpark.

Lektüre: »Tango tanzen in Buenos Aires« von Maike Christen im Reiseführer-Verlag Reise KnowHow.

Info: www.rioguiaoficial.com.br, www.turismo.gov.ar

← Rio de Janeiro und der Zuckerhut

← Die spektakulären Wasserfälle von Iguazú

← Der Präsidentenpalast (Casa Rosada) in Buenos Aires.

↑ Der legendäre Karneval in Rio – wer hat noch nie von ihm geträumt?

Wo der Wind wohnt

Patagonien – immer wieder die gleichen Klischees! Felszacken, Gletscher, Wind und Weite. Aber genau das ist Patagonien! Naturerlebnis pur! Ein faszinierendes Segment der Erdoberfläche, das Wohlstandseuropäern wieder Leben einhauchen kann, manchmal mit Böen bis zu 200 Stundenkilometern. Da macht es plumps, und der kleine Rucksackträger liegt im Gras.

Patagonien ist wild, dominant, entfesselt und einsam, und so wird dann auch der Mensch! Viele, die nach Patagonien ausgewandert sind, brachten bereits psychische Probleme mit. Wenn nicht, bekamen sie hier welche, zumal der Rotwein lecker und billig ist. Fragen Sie mal die unrepräsentativ häufig erwähnten Gauchos, die »Ritter von der traurigen Gestalt«. Im »Merian Argentinien« findet sich zu einem Cowboyfoto die Bildunterschrift: »Treiben und Schlachten ist Routine.« Ob deswegen wohl die argentinische Armee bei der systematischen Ausrottung ihrer Indianer im 19. Jahrhundert auch reine Gaucho-Regimenter auf die Ureinwohner losließ?

Der Entdecker Magellan nannte 1520 die einheimischen Indianer wegen ihrer angeblich großen Statur *patagones*. Der Riese Pathagon wiederum war eine fiktive Figur, die in damals gern gelesenen Ritterromanen auftauchte.

Lange Zeit hatten Argentinien und Chile ihre Grenze in Patagonien nicht deutlich abgesteckt, was regelmäßig zu Scharmützeln führte. Für schnellere Truppenbewegungen ließ Diktator Pinochet ab 1976 die Carretera Austral durch den Urwald bauen. Bei gutem Wetter eine 1350-Kilometer-Traumroute.

Wenn man Feuerland nicht zu Patagonien zählt und auch Städte wie Puerto Natales oder Rio Gallegos in Argentinien getrost vergisst – weil Gelsenkirchener Barock –, endet Patagonien so, wie es im Norden beginnt: mit einem tollen Nationalpark. Im Süden ist es der berühmte Torres des Paine, im Norden der weit weniger bekannte Parque Nacional de Conguillo. Ganz markant und sehenswert wegen seines Araukarienwaldes am Fuße des aktiven Vulkans Llaima. Kein Wunder, dass sich Pucon zur Outdoor-Capitale entwickelt hat.

Das Seengebiet bei San Carlos de Bariloche (essen Sie gerne Gegrilltes?) wird auch als Argentinische Schweiz bezeichnet. Das Pendant zur Carretera Austral führt östlich der Berge, auf argentinischer Seite, durch die Pampa – die Ruta 40. Tagelang gelbes Gras bis zum Horizont. Hier wohnen der Wind und das Fitz-Roy-Massiv. Wuchtig und unvermittelt ragt der Fels aus der Pampa. Für patagonische Verhältnisse gleich um die Ecke wartet der Perito-Moreno-Gletscher auf Zuschauer. Jeden Tag mehrfach der gleiche Film: das Kalben des Gletschers. Erst ein dumpfer Knall. Dann kippt in Zeitlupe ein »Hochhaus« aus der rund 55 Meter hohen, mächtigen Eisfront.

Die beste Reisezeit

Die beste Zeit für Patagonien ist von **Januar bis März**. Selbst in dieser Periode kann es in Südpatagonien täglich schneien, auch mehrfach. Der oft starke Wind reißt die düsteren Wolken immer wieder auseinander und bringt so zusammen mit der Sonne ein immer wieder neues, unglaubliches Licht hervor. Von den angeblich nur 12 bis 15 Sonnentagen können sich einige natürlich auch in die restlichen Monate verirren, tendenziell kommt dann aber der Regen eher waagerecht durch die Luft.

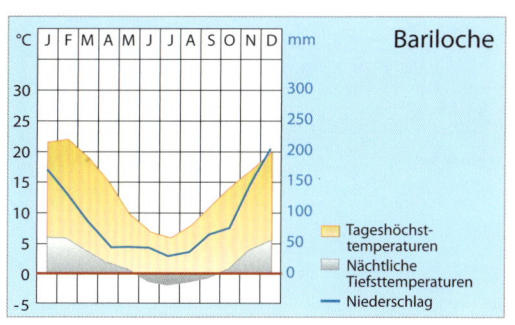

Die Highlights

 Nationalpark Conguillo nördlich der Outdoor-Kapitale Pucon in Chile. Der Araukarienwald im Conguillo ist einzigartig und birgt uralte Bäume.

 Seengebiet bei San Carlos de Bariloche in Argentinien. Eintauchen in die Argentinische Schweiz und abends für kleines Geld riesige Portionen Rinderfilets vertilgen – und bloß nicht Asado, denn Asado bedeutet Resteessen!

 Die *Carretera Austral* in Chile ist so herrlich grün, weil im nördlichen Patagonien das Klima milder ist, die Pazifikwolken regnen sich an den Andengipfeln ab.

 Der *Perito-Moreno-Gletscher* in Argentinien wächst immer wieder gegen das Festland, da im südlichen Patagonien die feuchten Winde das schon vorhandene Gletschereis nähren.

 Beim *Rodeobesuch* werden Sie Ihren Augen nicht trauen, zu welcher Akrobatik junge Bullen fähig sind, wenn sie unter Adrenalin stehen.

 Der *Torres del Paine Park* auf chilenischer und die Umgebung des *Fitz Roy* auf argentinischer Seite laden zum Wandern ein. Top-Highlight: westlich des Fitz Roy mit Guide über das patagonische Inlandeis wandern.

 Bei einem Ausflug zur *Insel Chiloe* von Puerto Montt aus entdeckt man mit Holzschindeln kunstvoll gedeckte Holzkirchen, die einst die Jesuiten erbauten.

Besondere Tipps

Unterwegs: Zwei Reservereifen sind für Autofahrer in Patagonien ein Muss. Plätze, an denen man sie in Ruhe wechseln kann, gibt es reichlich.

Unterkunft: Motels, auch »Transitorios« genannt, sehen oft aus wie Bungalowcampingplätze, sind aber in Wirklichkeit Stundenhotels. »Casa Chueca« bei Talca und »La Suizandina« beim Conguillo Nationalpark dagegen sind sehr gemütliche Herbergen – Tipps und Infos inklusive.

Literatur: »Chile, Patagonien« von Merian (1996); das Geo Special »Anden« (1997).

Info: www.patagonjournal.com (auf Englisch)

← Grandioser Ausblick auf die Torres del Paine. Fast 2000 Höhenmeter sind es von der Lagune bis zu den Gipfeln.

↑ Früh morgens sorgen Sonne und Eis am Perito-Moreno-Gletscher für atemberaubende Anblicke.

Die Osterinsel – Heimat der rätselhaften Riesen

Auf der »Alameda«, der Hauptstraße Santiago de Chiles, steht ein Moai, eine der rätselvollen Riesenstatuen von der Osterinsel. Ein unübersehbarer Hinweis, dass das fast 3800 Kilometer entfernte einsame Eiland im Pazifik ein Teil Chiles ist. Von der »Avenida Libertador Bernardo O'Higgins«, so der offizielle Name der breiten, parkartig angelegten Straße, ist es nicht weit zur Plaza de Armas. Der zentrale Platz entstand schon um 1540, ist heute jedoch geprägt von klassizistischen Bauten – eine Folge der Erdbeben, von denen die Hauptstadt immer wieder erschüttert wird. Mittlerweile wird aus gutem Grund erdbebensicher gebaut, so prägen mittlerweile Hoch-

häuser die Silhouette der Sechs-Millionen-Stadt vor der grandiosen Kulisse der Anden.

Fünfeinhalb Stunden sind die Jets unterwegs, die nahezu täglich von Santiago auf die Osterinsel fliegen – und landen dort auf einer mehr als 3,3 Kilometer langen Runway. Sie war einst so üppig angelegt worden, um im Notfall den Space Shuttles eine sichere Landung zu gewähren. Die Insel, von den Insulanern Rapa Nui genannt, bildete die östliche Spitze des polynesischen Dreiecks, eines riesigen Gebiet, das die Polynesier mit ihren Kanus besiedelten. Da passt es irgendwie, dass die nur 163 Quadratkilometer große Insel auch dreieckig ist, mit einem erloschenen Vulkan an jeder Landspitze. Ihren Namen erhielt die Insel von Jacob Roggeveen; der Niederländer landete dort Ostern 1722 als erster Europäer.

James Cook, der 1774 für vier Tage blieb, notierte, die Insel biete »wenig Erfrischungen und Annehmlichkeiten«. Es war ein kahles Eiland, abgeholzt von den Ureinwohnern, die auch die berühmten Moai, die Standbilder mit den Riesenköpfen, schufen. Die baumlose Steppe hat womöglich zum Untergang dieser Zivilisation geführt. Vermutlich kamen kriegerische Auseinandersetzungen unter den Inselbewohnern hinzu. Die Osterinsel ist bis heute weithin kahl, aber es gibt einige Versuche zur Wiederaufforstung. Die Insel lebt vom Tourismus, genauer: vom Kulturtourismus. Immerhin, es gibt in der Bucht von Anakena einen kleinen feinen Sandstrand, geziert von sieben – teilweise zerstörten – Moai. Ein weiterer Moai steht etwas abseits. Filmfreunde werden den Strand als einen Schauplatz des Hollywood-Streifens »Rapa Nui« wiedererkennen.

Die beste Reisezeit

Der Südsommer, vor allem die Monate **Januar** und **Februar**, ist trotz des Andrangs aufgrund der Ferien die beste Jahreszeit, sowohl für Santiago als auch für die Osterinsel. In Chiles Hauptstadt liegt die Durchschnittstemperatur bei 28 Grad, und es regnet kaum. Auf der subtropischen Osterinsel pendeln die Temperaturen dann meist zwischen 25 und 27 Grad. Mit Niederschlag muss man immer rechnen, aber die regenreichsten Monate sind April und Mai, die Herbstzeit.

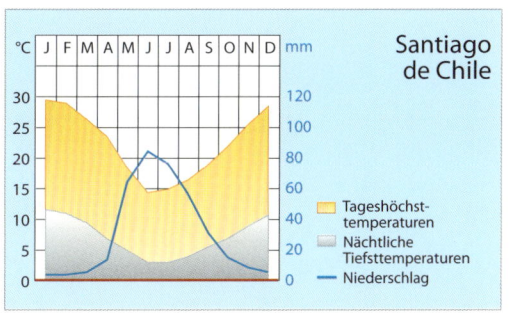

Die Highlights

 Die *Plaza de Armas* markiert Santiagos historisches Zentrum mit der Kathedrale (1745) und dem Historischen Museum. Der Präsidentenpalast La Moneda steht nahebei.

 Zum *Cerro San Cristobal*, dessen Gipfel sich etwa 300 m über die Stadt reckt, führt eine Standseilbahn. Am Fuß der 22 m hohen Marienstatue überblickt man Santiago.

 Valparaiso liegt 127 Kilometer von Santiago entfernt. Der historische Kern der Hafenstadt trägt das Weltkulturerbe-Siegel der UNESCO.

 Die *Moai* sind das Wahrzeichen der Osterinsel. Die 887 Statuen wurden meist in Gruppen und auf Sockeln errichtet, stehen überwiegend in der Nähe des Meers, aber mit dem Rücken dazu.

 Am Hang des erloschenen Vulkans Rano-Raraku befindet sich die »Fabrik« der Moai-Steinmetze. Hier stehen und lagern fast 400 Statuen in verschiedenen Bearbeitungsstadien.

 Orongo, eine Kultstätte auf dem Kraterrand des Vulkans Rano Kao. Steinritzungen und 52 Steinhäuser zeugen von der Bedeutung für den Vogelmann-Kult.

 Das *Sebastian-Englert-Museum* wurde nach dem deutschen Priester genannt, der die Kultur der Osterinsel erforschte. Die Sammlung zeigt u. a. die Rongorongo-Schrift und die einzige weibliche Moai-Statue.

Besondere Tipps

Markt: Der gusseiserne Mercado Central (1872) hat mehrere Garküchen. Dort lassen sich Spezialitäten kosten, etwa Pastel de Choclo, ein Maisauflauf mit Fleisch.

Literatur: »Aufbruch in ein neues Leben: Rapa Nui – eine Liebe auf der Osterinsel« von Stephanie Pauly. Liebesgeschichte einer deutschen Lehrerin.

Souvenir: Rei Miro ist ein sichelförmiges Rangabzeichen aus Holz, das auf der Flagge der Insel prangt. Reproduktionen gibt es in den Andenkenläden.

Info: www.chileinfo.de

← Ganz besondere Männer: die Moai auf der Osterinsel

← Valparaíso by night: Blick vom Cerro Artillería

↑ Aus dem Paris der Belle Époque stammt das himmelblau gestrichene Edificio Edwards an der Plaza de Armas in Santiago.

Das coolste Ziel auf Erden

Die ersten Eisberge sind faszinierend. Aber der zehnte? Der dreißigste, fünfzigste gar? Ja, aber das merkt man erst, wenn man in der Antarktis zwischen den treibenden weißen, blauen und manchmal sogar grünen Riesen kreuzt. Und wenn dann auch noch Pinguine von einer Eisscholle herüberschauen, Wale prustend auftauchen oder Seeleoparden an der Eiskante auf Beute lauern, dann kennt die Begeisterung kaum noch Grenzen. Das Südpolargebiet ist eines der Traumziele, die als letzte in die Reichweite »normaler« Touristen gelangt sind – wenn auch nicht unbedingt immer in ihre finanzielle Reichweite.

Noch vor wenigen Jahrzehnten erreichten nur Expeditionsteilnehmer oder Wissenschaftler der Forschungsstationen den tiefsten Süden, den kältesten, einsamsten und – trotz allen Eises – trockensten Teil unseres Planeten. Der sechste Erdteil, mit einem kilometerdicken Eispanzer belegt, hat stets Entdecker und Forscher angezogen. Die Antarktis war Bühne für Dramen und Triumphe, heute ist sie der einzige Ort, wo zwar Sektoren von mehreren Ländern beansprucht werden, sie aber diese Ansprüche aussetzen – zu Nutzen von Forschung und Naturschutz. Seit den 1950er-Jahren kommen Touristen in die Eiswüste, in den letzten Jahren meist auf Kreuzfahrtschiffen. Das wurde eingeschränkt: Seit 2011 dürfen nur noch Schiffe mit maximal 500 Passagieren in die Antarktis.

Meist steuern sie im kurzen, nachtlosen Südsommer die antarktische Halbinsel an, einst die Landbrücke nach Feuerland. Hier gibt es eisfreie Küsten, historische Stätten, Pinguinkolonien und sogar einen Badeplatz. Die Überfahrt vom argentinischen Ushuaia – auf Feuerland starten die meisten Touren – über die notorisch aufgewühlte Drake Strait fordert zwar die meisten Passagiere. Aber zwischen Half Moon Bay, Paradise Bay auf dem antarktischen Festland, der Vulkaninsel Deception Island oder dem Lamaire Channel sind die Strapazen längst vergessen. Diese Ziele stehen meist auf dem Reiseplan, wenn auch keine festen Routen angegeben sind – der Himmel kann sich binnen Minuten ändern. Die Kapitäne stimmen sich zudem per Funk ab, damit ihre Schiffe nicht gleichzeitig bei den Höhepunkten eintreffen. Irgendwann geht es schließlich zurück, bei gutem Wetter mit Stopp am Kap Hoorn, oder – weniger problematisch – auf den Falklandinseln oder dem Südgeorgien-Archipel.

Die beste Reisezeit

Mit minus 89,2 °C verzeichnete die sowjetische Vostok-Station in der Antarktis im Winter 1983 die tiefste Temperatur, die je auf der Erde gemessen wurde. Naturgemäß sind die **Sommer** milder auf der antarktischen Halbinsel, wo die globale Erwärmung besonders spürbar ist, sich oft sogar an der Null-Grad-Grenze bewegt. Da die Sonne im Sommer nicht untergeht, summiert sich ihre Strahlung, zumal sie vom Eis wie vom eisfreien Meer reflektiert wird.

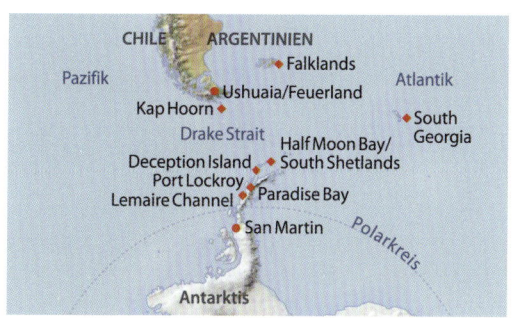

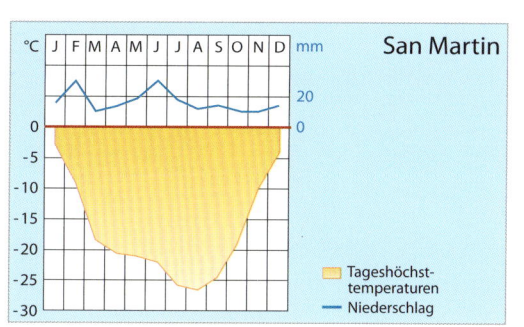

Die Highlights

Ushuaia, Argentiniens südlichste Stadt, ist dank des Hafens im Beagle-Kanal Startort für Antarktis-Kreuzfahrten. Viele Touristen besuchen auch den Feuerland-Nationalpark.

Half Moon Bay (South Shetland Islands) dient oft als erste Landgangstation. Ein altes Walfangboot erinnert an einstige Bewohner, heute leben dort nur noch Zügelpinguine.

Port Lockroy war früher eine britische Station, die als Museum erhalten blieb. Ein Souvenirladen und ein Postamt machen die Bucht zur Touristenattraktion.

Deception Island – In ihren versunkenen Krater können Schiffe einlaufen. Der Vulkan, der die Insel bildet, ist noch aktiv. Eine heiße Quelle im Meer lädt zum Baden ein.

Lemaire Channel wird auch »Kodak-Kanal« genannt, weil er mit seinen Bergen, Eisbergen und der spiegelnden See besonders fotogen ist.

Die *Falklandinseln* sind britisches Überseegebiet, um das die Argentinier 1982 einen Krieg führten und verloren. Die Hauptstadt ist Port Stanley.

Kap Hoorn, Feuerlands Südspitze, galt während der Segelschifffahrt wegen seiner Stürme als gefährliche Passage und »größter Schiffsfriedhof der Welt«. Heute ist die chilenische Insel Hornos ein Nationalpark.

Besondere Tipps

Literatur: »Antarktis: Ein Reise-, Lese- und Informationsbuch über den Kontinent am Südpol« von Christian Walther – umfassend und gut lesbar.

Eiskultur: Es ist gute Tradition, einen kleinen Eisbrocken aus dem Meer zu fischen und damit »Whisky on the Antarctic Rocks« zu servieren. Klar, dass das auch mit O-Saft geht.

Souvenir: Eine Forschungsstation wird wohl auf jeder Antarktis-Kreuzfahrt angelaufen – und fast alle offerieren zumindest T-Shirts.

Info: http://de.wikipedia.org/wiki/Portal:Antarktis

← Eiswelt in Blau und Weiß: Pinguine rasten auf einem Eisberg in der Antarktis.

↑ Ein Seeleopard lässt sich auf einer Eisscholle vor der MS Deutschland treiben.

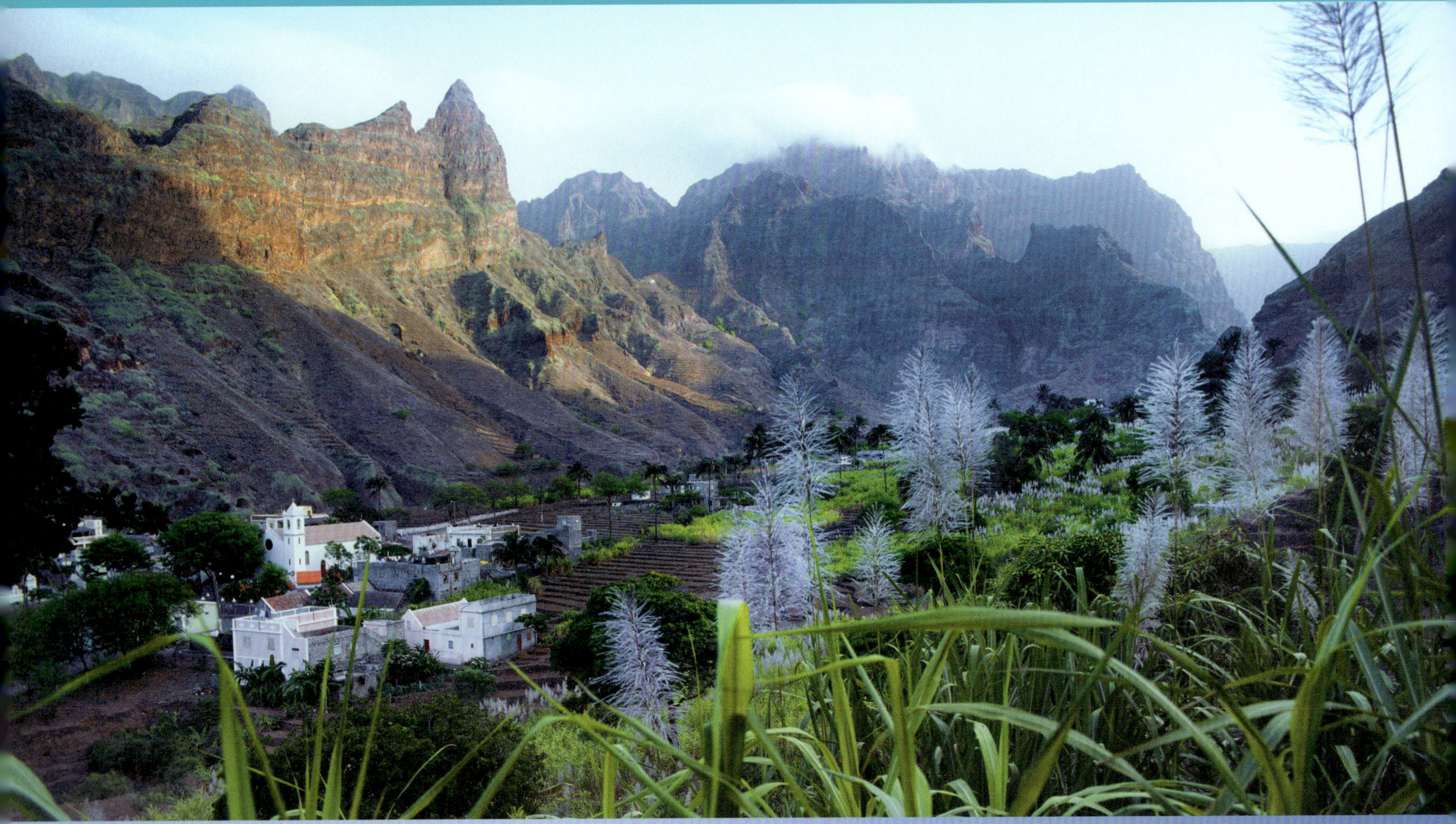

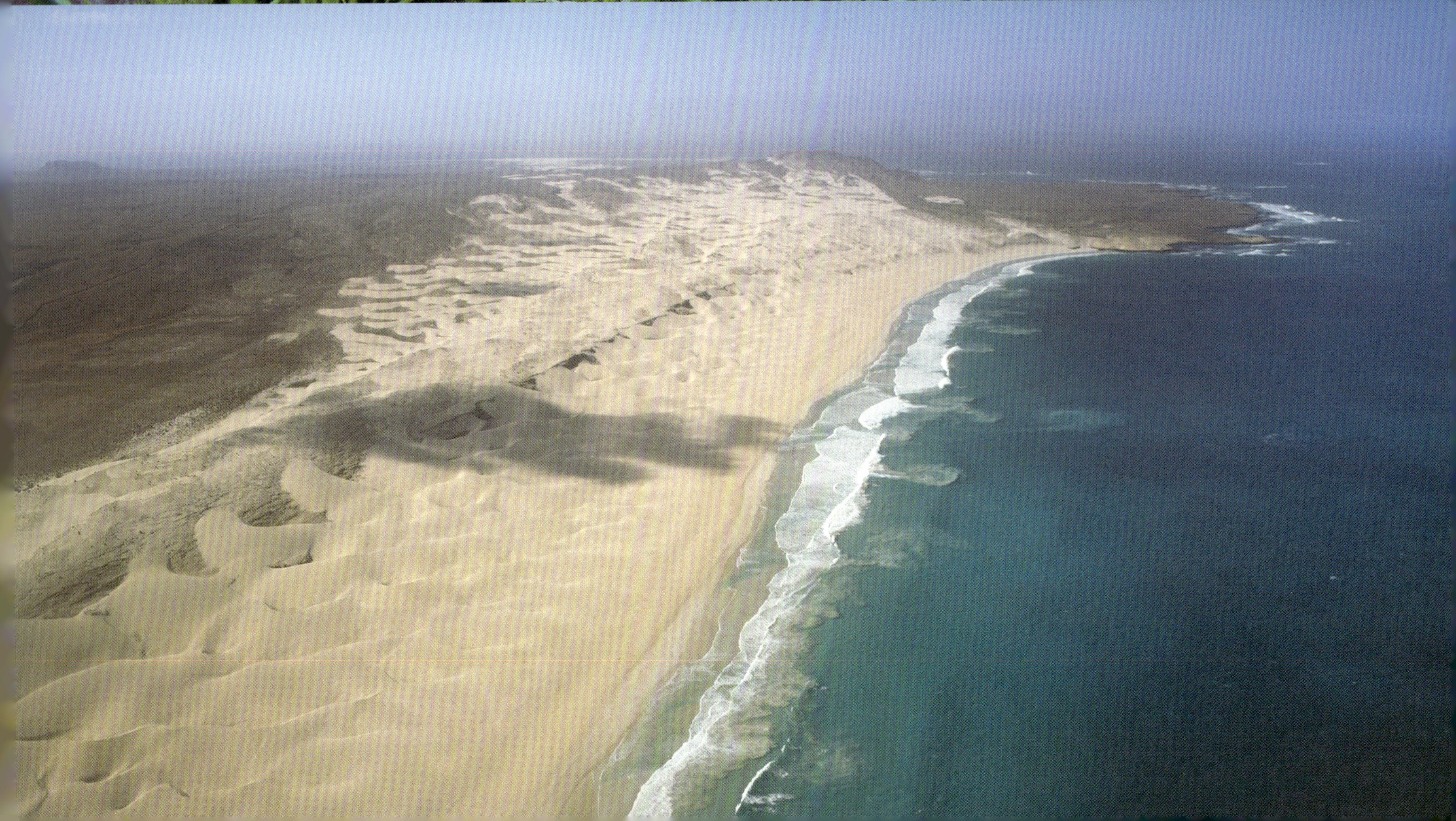

Im Atlantik versprengt

Die Entdecker Bartholomeu Diaz, Christopher Kolumbus, Vasco da Gama, James Cook und auch Alexander von Humboldt landeten zwischen dem 15. und dem 18. Jahrhundert hier an, heute sind es Surfer, Taucher und Sonnenanbeter auf der Suche nach dem insularen Paradies.

Eine tragische Episode verschafften profitgierige Sklavenhändler den Kapverden, Hunderttausende Westafrikaner wurden hier unter unsäglichen Bedingungen von Westafrika nach Amerika verscho-

ben, weshalb der vorher gänzlich unbesiedelte Archipel heute von Menschen dunkler Hautfarbe bewohnt wird. Eine halbe Million Insulaner teilen sich 15 Eilande, wobei nur neun bewohnt sind: Santo Antão, São Vicente, São Nicolau, Sal und Boa Vista im Norden sowie Maio, Santiago, Fogo und Brava im Süden.

Die Natur der im Atlantik versprengten Perlen könnte unterschiedlicher kaum sein: Sal beispielsweise, das umwehte Paradies der Windsurfer, erinnert an eine flache Dünenlandschaft, die knapp aus dem atlantischen Wasserspiegel lugt, das ebenfalls sehr trockene São Vicente ist wenigstens bergig, das benachbarte Santo Antao sogar grün, was den Weinanbau nebst Gemüse und Obst begünstigt.

Die »Feuerinsel« Fogo kann sich über eine hübsche Hauptstadt im Kolonialstil erfreuen sowie über den höchsten Vulkan des Atlantiks, den 2828 Meter hohen Pico do Fogo, was die ungewöhnliche Insel zu einem begehrten Ziel Individualreisender macht. Dort lässt es sich auf Weingütern übernachten und den besten Kaffee der Welt trinken, der als »Café do Fogo« qualitätsstark wächst.

Naturfreunde lieben das kleinere Brava, eine vor Grün strotzende tropische Insel, die in einem Blütenmeer von Hibiskus, Bougainvilleen und Oleander förmlich versinkt. In nur sechs Flugstunden sind ideale klimatische Bedingungen erreicht, mit denen im Winter nicht einmal die Kanarischen Inseln mithalten können, unglaubliche Sandstrände, gewaltige Vulkankegel, stattliche Gebirgszüge, die Wanderer begeistert auf Trekking-Exkursionen bringen, sowie hübsche Kolonialstädtchen, die zum Verweilen einladen.

Die Highlights

Kapverdischer Karneval – In exotischer Anlehnung an die portugiesisch-brasilianische Tradition findet er in verschiedenen Variationen und je nach Insel zu anderen Zeiten statt.

Windsurfen und Segeln sind auf Sal und Boavista angesagt, *Schnorcheln und Tauchen* in den Tauchbasen auf São Tiago, Boa Vista, Sal, São Vicente und Santo Antão.

Vulkanwanderungen – Auf 1600 m führt eine Straße zum 2828 m hohen aktiven Pico do Fogo. Mit einem Führer geht's bis zum Krater.

Wanderwege – Die schönsten finden sich auf den Inseln Brava, Fogo, São Nicolau und São Antão; Übernachten kann man in Pensionen oder bei Familien.

Das *»Festival Praia da Gamboa«* wird jedes Jahr im Mai mit kapverdischer und afrikanischer Musik in Praia, der Hauptstadt der größten Insel São Tiago, gefeiert.

Meeresschildkröten – Auf Maio, Sal und Boa Vista legen die Reptilien ihre Eier an den Stränden ab. Ein einzigartiges Naturerlebnis, genau wie das Schlüpfen der putzigen Jungtiere.

Mercado de Peixe – Der Fischmarkt in São Vicentes Inselhauptstadt Mindelo sollte ebenso besucht werden wie andere urbane Highlights, etwa die fantastischen klassischen Kaffeehäuser an der Rua Libertadores d'Africa.

Die beste Reisezeit

Über mangelnden Sonnenschein können sich die Kapverdischen Inseln das ganze Jahr über nicht beschweren. Gleichwohl teil sich das Klima in zwei Jahreshälften auf: Aufgrund kühlender Passatwinde ist das Wetter am angenehmsten von Oktober bis Juli, was den Archipel *ab Dezember* bis weit ins Frühjahr hinein als Winterziel attraktiv macht. Das ist auch für Windsurfer, Segler und Wanderer die interessanteste Saison. Sonst ist die gefühlte Temperatur eher »heiß«, wenngleich sie kaum 30 °C übersteigt.

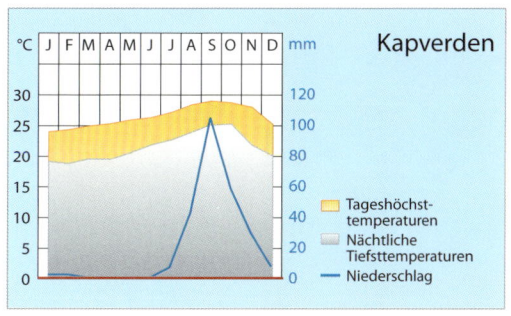

Besondere Tipps

Kulinaria: Tausende Fischer verschaffen der einheimischen Küche mit frischem Fisch und Meeresfrüchten ein kulinarisches Fest.
Hart am Wind: Segeln nur im Winterhalbjahr (www.luzmar.com), ebenso Windsurfen auf Sal sowie auf Boa Vista, São Pedro und São Vicente (www.angulo surf.com).
Musik: Weltbekannt ist die kapverdische Sängerin Césaria Evora mit ihren schwermütigen Chanson-Balladen.
Info: www.kapverden.de

← Die Gebirgslandschaften der Kapverden locken viele Wanderer an.
← Die schier endlosen Atlantikstrände auf Sal und Boavista bergen üppigste Sandlandschaften.
↑ Fischer in São Pedro auf São Vicente

Reise zum Kap der guten Tropfen

Am Fuß der Hottentotsholland Berge, im goldenen Dreieck zwischen Stellenbosch, Paarl und Franschhoek, wo die Rebstöcke sauber in Reih und Glied gesteckt sind, so weit das Auge reicht, liegt die klassische Weinroute; hier tauchen Südafrika-Besucher in die Welt der Trauben ein. Mehr als ein Dutzend solcher »Wine Routes« haben sich inzwischen etabliert.

Im späten Sonnenschein leuchten kapholländische Gutshäuser zwischen den Weinbergen, in friesischem Stil, mit Sprossenfenstern, Reetdächern, rustikalen Holzbalkendecken. Leicht könnte derlei Landschaftsromantik darüber hinwegtäuschen, dass der Weinanbau in Südafrika ein nach modernsten Gesichtspunkten geführter Wirtschaftszweig ist, der verstärkt mit hochwertigen Produkten im internationalen Wettbewerb steht.

Auf über 110 000 Hektar Rebstockfläche werden von zahlreichen Kleinbauern, Kooperativen und Großweingütern rund 3000 verschiedene Weine produziert, wobei die Lese hier Anfang Januar beginnt. Der Ernteertrag liegt mit über zehn Millionen Hektolitern so hoch wie der bundesdeutsche, mit Rebsorten wie Sauvignon Blanc, Chenin Blanc, Chardonnay, Colombar und Cabernet Sauvignon. Es war der deutsche Winzer Johann-Georg Graue, der Know-how und Technik mitbrachte, um die idealen Bedingungen für den Weinbau am Kap zu nutzen, nämlich trockene Böden, kühle Winter, reichlich Sonne und genügend Regen.

Nach einer Kellerführung schweift der Blick über das fruchtbare Paarltal, das wie gemalt vor den Drakenstein-Bergen liegt. Stellenbosch, die zweitälteste Stadt Südafrikas, gilt heute mit über 60 Weingütern als die Hauptstadt des Weins. Schon 1971 wurde hier die erste Wynroete geschaffen, nach dem Vorbild der deutschen Riesling Route und der französischen Route du Vin, auf der es zur Weinprobe von Weingut zu Weingut geht.

Über 200 Weinsorten lassen sich in und um Stellenbosch in den Kellern probieren, wobei die beiden historischen Weinstädtchen Paarl und Franschhoek kräftig mitreden: Cabernet-Sauvignon- und Shiraz-Weine aus Paarl gehören zur Weltklasse! Im Umkreis der Weingüter befinden sich Golfplätze, und der Drakenstein Mountain National Park wartet auf Reiter, Wanderer und Biker.

Die beste Reisezeit

Das Kap der Guten Hoffnung ist ganzjährig gut zu bereisen, wobei sich Regenschauer und Schlechtwetterperioden am südlichsten und damit kühlsten Punkt des Kontinents jederzeit einstellen können. Fakt ist: Der südafrikanische Sommer findet während unserer Wintermonate statt, weshalb die Weinlese in den Rebgärten nördlich von Kapstadt in den Monaten *Januar/Februar* beginnt. Wer also auf eine echte Weinreise gehen will, kann die Weingüter zu dieser Zeit in voller Aktion erleben.

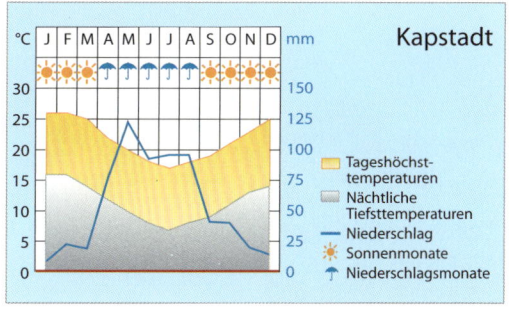

Die Highlights

Oude Wellington – Auf dem historischen Gut bei Wellington, erbaut 1795, pflegt Dr. Rolf Schumacher, ein deutscher Zahnarzt aus dem Rheingau, die kapholländische Weinbautradition.

Catharina's Restaurant – Wo es gute Tropfen gibt, sind Sterneköche nicht weit: Der Gourmettempel, der zum über 300 Jahre alten Fünf-Sterne-Hotel Steenberg im Constantia Valley gehört, tischt genussreich auf.

Weingut Nederburg – In langen Reihen sind im 200 Jahre alten Weingut in Paarl neben modernsten Kelter- und Tankanlagen prächtige Eichenfässer »made in Germany« aufgestellt.

Palmiet Valley Estate – Viele Gebäude des über 300 Jahre alten Weinguts von Fred Uhlendorff stammen aus dem 18. Jh.

Stellenzicht Vineyards zählt zu den besten Weingütern des Landes und wurde im Jahr 1692 an den Hängen des Helderberg bei Stellenbosch gegründet.

Der *Nethlingshof* in Stellenbosch ist wunderschön und bietet Weinproben im historischen Haupthaus an.

Groot Constantia – Auf dem ältesten Weingut Südafrikas residierte zwischen 1699 und 1712 Hollands Gouverneur Simon van der Steel.

Besondere Tipps

Stilvoll übernachten bei Kapstadt: In der Luxusherberge Twelve Apostles mit Blick auf den Atlantischen Ozean; www.12apostleshotel.com.

Strandleben: In den beiden noblen Strandorten Camps Bay und Hout Bay gleich nebenan.

Spezial: Eine Weinreise im Heißluftballon zeigt die geordnete Welt der Weinreben aus der Vogelperspektive.

Literatur/Krimi: »Das Herz des Jägers« von Deon Meyer.

Info: www.southafricantourism.de, www.tourismcapetown.co.za, www.capetown.travel

← Die Rebgärten des Palmiet Valley Estate
← Die kapholländische Architektur mutet beinahe archaisch an.
← Mal was anderes auf dem Teller: ein Straußensteak
↑ Blick von der Signal Hill Road auf Kapstadt und den Tafelberg.

Blütenpracht und Großstadtdschungel

»Mother City«, Mutterstadt, wird Kapstadt in Süd-afrika genannt, weil die Niederländer 1652 hier ihre erste Siedlung errichteten. Oder, wie es am Kap scherzhaft heißt, weil im mediterran entspann-ten Kapstadt »alles neun Monate dauert«. Apropos Name: Wie das Kap der Guten Hoffnung zu seinem kam, ist unklar. War es die Hoffnung der Portugie-sen, nun den Seeweg nach Indien entdeckt zu ha-ben? Oder die Hoffnung, die gefährliche Landzunge passieren zu können? Wie auch immer, ein Besuch der Südwestspitze Afrikas ist ein guter Auftakt für eine Fahrt auf der Garden Route, einer der schöns-ten Autostrecken weltweit.

Wo beginnt die Garden Route? Wo endet sie? Von Kapstadt bis Port Elizabeth? Oder von Heidel-berg bis Storms River? Die Großstädte sind wegen ihrer Infrastruktur praktischer. Aber das von Natur-schutzgebieten umgebene Dorf Heidelberg ist die erste Station; weiter geht es über Mossel Bay, wo die Portugiesen 1488 erstmals an Land gingen. Das Bartholomäus-Diaz-Museum erinnert an die ersten Europäer und ihre Nachfolger, die Niederländer und die Briten. Zu den beliebten Stopps zählt auch Wilderness mit seinem gleichnamigen National-park, der sich an der Küste entlang, aber auch ins Hinterland zieht. Und Knysna, das mit seiner Natio-nal Lakes Area und der geschützten Lagune einer der beliebtesten Ferienorte an der Garden Route ist. Hier werden Austern gezüchtet, man findet sie folglich auf fast allen Speisekarten. In den Wäldern rund um Knysna lebten früher Hunderte von Ele-fanten, bis heute sollen nur noch einige wenige Exemplare überlebt haben. Vielleicht. Genau weiß das aber wohl niemand.

Plettenberg Bay wird vor allem wegen seiner Vogelschwärme von Tierbeobachtern geschätzt, während der private Park Monkeyland sich als weltweit erstes Primatenschutzgebiet der Welt be-zeichnet, in dem sich mehrere Affenarten auf dem-selben Terrain frei bewegen. Der sich anschlie-ßende Nationalpark Tsitsikamma erstreckt sich über 100 Kilometer entlang der Küste und bezieht auch einen breiten Meeresstreifen ein. Die drei genannten Parks wurden 2009 zum insgesamt 1210 Quadratkilometer großen Garden Route Na-tional Park zusammengefasst. Von Storms River führt die Straße ins wenig attraktive Port Elizabeth, wo ein Abstecher landeinwärts zum Addo Elephant National Park zu fast jeder Reise über die Garden Route gehört.

Die Highlights

 Das *Kap der Guten Hoffnung*, etwa 30 km süd-lich von Kapstadt. Im Naturreservat wachsen 25 Proteen- und 50 Orchideenarten. Vorsicht vor Pavianen – die Autofenster geschlossen halten!

 Kapstadt – Die Victoria & Alfred Waterfront mit Geschäften und Restaurants ist das touristische Zentrum, in der Long Street – mit Straßen-markt – wird eingekauft. Zahlreiche Museen.

 Robben Island – in der Gefängnisanlage, heute ein Museum, war Nelson Mandela 18 Jahre inhaftiert. Die Fähren gehen ab Waterfront.

 Den *Tafelberg* kann man über zwölf Routen auf gut 1086 m Höhe ersteigen oder per Seilbahn erreichen. Oben gibt es Restaurants und Wan-derwege. Windjacken sind empfehlenswert. Die schönste Zufahrt bietet der Chapman's Peak Drive.

 Kirstenbosch beherbergt einen berühmten Botanischen Garten mit mehr als 9000 Arten. Beliebt sind im Sommer die Sonntagskonzerte.

 Die *Cango Caves* im Höhlenlabyrinth der Swart-berge zählen zu den größten Naturwundern der Erde. Ihre bizarren Tropfsteine machen einen glauben, man befinde sich in einer Märchenwelt.

 Der *Addo Elephant National Park* beherbergt gut 400 Elefanten. Die restlichen vier der »Big Five« – Löwe, Leopard, Büffel und Nashorn – wurden wieder angesiedelt.

Die beste Reisezeit

Die Südspitze Afrikas zeichnet sich aus durch mediterranes Klima mit mildem Winter und mäßig heißem Sommer, **Dezember bis Ende Januar/Februar** ist Ferienzeit. Die Temperaturen liegen dann meist zwi-schen 25 und 30 °C, und in dieser Zeit fallen auch die wenigsten Niederschläge. Generell gilt der Süden als die regenreichere Region des Landes – daher die grüne Landschaft. Die Regenwolken kommen meist über den Indischen Ozean, im Windschatten der Berge ist es trockener.

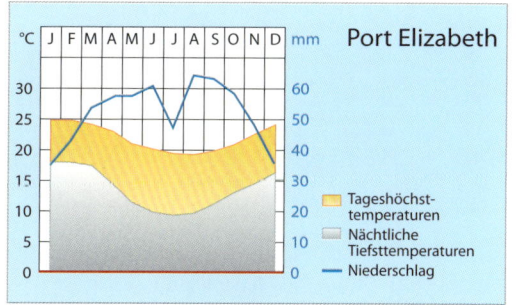

Besondere Tipps

Literatur: »Der lange Weg zur Freiheit« von Nelson Mandela (1994), die in Haft auf Robben Island begon-nenen Memoiren des Friedensnobelpreisträgers.

Ausflug: In der Gansbaai bei Kapstadt kann man – gesi-chert in einem Stahlkäfig – unter Wasser Weiße Haie beobachten.

Souvenir: Outdoor-Bekleidung und Lederwaren guter Qualität sind oft recht günstig, da im Land hergestellt.

Info: www.dein-suedafrika.de

← Agapanthusblüten im Naturpark am Kap

← Typische Villa an der Garden Route

← Straußenrennen, hier bei Oudtshoorn, sind ein beliebter Zeitvertreib in dieser Region.

↑ Gut behütet: Mutter und Kind im Addo Elephant Nationalpark

Rajasthan – Das Erbe der Maharadschas

Maharadscha – das klingt nach Gold und Diamanten, nach unendlichem Reichtum. Im heutigen Indien müssen die einstigen Fürsten zwar auch rechnen, aber von der alten Pracht sind immerhin noch die Paläste geblieben. Vor allem in Rajasthan, dem Bundesstaat im Nordwesten des Subkontinents – wo sie heute in einigen Fällen als luxuriöse Hotels dienen. Die üppig verzierten Tempel der Jain-Religion ziehen ebenfalls viele Touristen an. Auch die großen historischen Festungen in der Wüste haben Rajasthan zu einer der meist besuchten Regionen Indiens gemacht.

Die bekannteste Festung steht allerdings in Indiens Hauptstadt Delhi: das Red Fort. Es entstand im 17. Jahrhundert, verdankt seinen Namen dem roten Sandstein und fehlt auf keiner Rundfahrt in der indischen Hauptstadt. Delhi ist in den meisten Fällen der Startort für Rundfahrten durch das quasi benachbarte Rajasthan, zumal Agra – nach indischen Maßstäben – nicht weit entfernt ist (203 km). Das besitzt zwar auch ein rotes Fort, aber berühmt ist die Millionenstadt natürlich für den Tadsch Mahal, fraglos eines der bekanntesten Bauwerke der Welt. Und eines der romantischsten: Der Großmogul ließ das Marmorkunstwerk zu Ehren seiner geliebten verstorbenen Frau errichten.

Erst danach geht es nach Rajasthan. Jaipur mit dem berühmten Palast der Winde ist die erste Station, auch ein Abstecher zum Amber Fort fehlt selten im Reiseplan. Der kleine Pilgerort Pushkar ist meist ein Stopp auf dem Weg nach Jaisalmer in der Wüste Thar. Die »goldene Stadt«, so genannt wegen ihres gelben Sandsteins, ist bekannt für ihre mittelalterlichen Festung und die Havelis. Diese Wohn- und Geschäftshäuser wurden von Händlern errichtet, die zu Wohlstand gekommen waren. Jodhpur birgt eine weitere der eindrucksvollen Festungen in Rajasthan. Etwa 180 Kilometer südwestlich von Ranakpur, einer der fünf heiligen Stätten der Jain-Religion, liegt in den Bergen die »Hill Station« Mount Abu, in der die Kolonialbriten der Bruthitze im Tal entgehen wollten. Heute ist sie ein beliebtes Ausflugsziel. Weiter nach Udaipur, zur Stadt der Paläste. Deren bekanntester ist wohl der Lake Palace, der wie ein großes Schiff im Pichola-See zu schwimmen scheint. In dem Luxushotel sollen die »Royal Butler« echte Nachfahren früherer Bediensteter des Maharana (Großkönigs) von Mewar sein, der sich hier auf dem See entspannte.

Die beste Reisezeit

Wer in Nordindien die Hitze vor dem Monsun (April–Juni), die hohe Luftfeuchtigkeit der Monsunzeit (Juli–September) und die oft recht kalten Tage im Winter vermeiden möchte, sollte im **Oktober/November** aufbrechen. Die Statistik sieht in dieser Nach-Monsun-Phase angenehme Temperaturen und weniger Niederschläge. In Delhi und Agra gleiten dann die Temperaturen von etwa 29 auf 21 °C. Die meisten Niederschläge erlebt die Hauptstadt – bei immer noch hohen Temperaturen – im Juli und August.

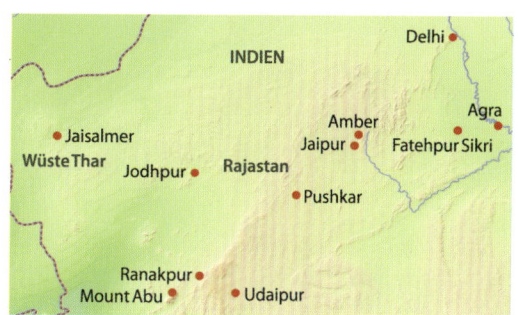

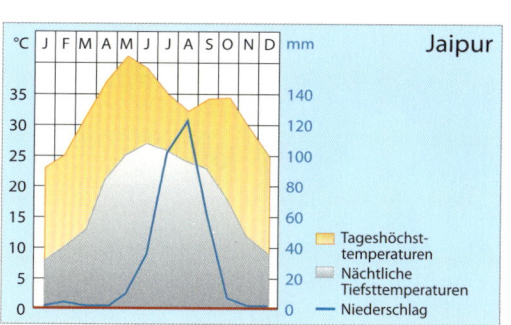

Die Highlights

 Delhi hat mehr zu bieten als das schöne Red Fort, etwa die Mausoleen von Humayun und Safdar Jang, die Altstadtgassen oder die Lodi-Gärten.

 Der *Tadsch Mahal* entstand 1632 als Symbol der Liebe und bestes Beispiel für die »Mogul-Architektur« aus persischen, islamischen und hinduistischen Elementen.

 Jaipur ist aufgrund der Farbe seiner Altstadtbauten die »Pink City«. Bestes Beispiel ist der Palast der Winde – in Rosa und Rot. Gelb strahlt hingegen das Observatorium Jantar Mantar.

 Pushkar, wichtiger Pilgerort für Hindus, birgt einen der wenigen Brahma-Tempel Indiens sowie mehr als 400 weitere Tempeln. Hier findet im Oktober/November einer der größten Kamelmärkte Asiens statt.

 Jaisalmer – Das 1156 erbaute Wüstenfort birgt neben Tempeln auch einen königlichen Palast. Bekannt sind ferner die aufwendigen Fassaden historischer Kaufmannshäuser.

 Mount Abu ist ein Ferien- und Pilgerort mit einem See und fünf üppig verzierten Dilwara-Tempeln der Jain-Religion.

 Lake Palace, mitten im Pichola-See in Udaipur gelegen, sorgte im James-Bond-Film »Octopussy« für eine exotische Kulisse; nicht minder attraktiv ist jedoch der Stadtpalast.

Besondere Tipps

Mausoleum: In Agra überstrahlt der Tadsch Mahal alles. Experten empfehlen aber auch das Mausoleum von Itimad-ud-Daula, quasi die Vorlage für den Tasch Mahal.

Literatur: »Stadt der wilden Hunde: Nachrichten aus dem alltäglichen Indien« von Martin Mosebach. Der Büchner-Preisträger führt den Leser auf eine Reise voller Überraschungen.

Souvenir: Rajasthan ist bekannt für seine farbenfrohen Textilien.

Info: www.rajasthantourism.gov.in

← Der »schwimmende Palast« im Picholasee bei Udaipur

← In farbenfrohe Saris gekleidete Inderinnen in einem Dorf bei Jaisalmer

← Zu Festen, wie hier in Jaipur, werden die Elefanten reich geschmückt.

↑ Wächter vor dem Stadtpalast von Jaipur

Wüste und Traumstrände

Das Prestigeobjekt »Al Bustan Palace«, der 1985 eröffnet wurde, zählt immer noch zu den ersten Adressen omanischer Luxusherbergen, und zu den teuersten: Allein für die Ausstattung der mehr als 30 Meter hohen, achteckigen Atriumhalle wurden 800 Tonnen Marmor aus Frankreich, Griechenland und Italien importiert, ein in Liverpool gefertigter vergoldeter Kuppeldom krönt die Pracht. Und Omans Hauptstadt Maskat bietet weitere Superlative, etwa in der neuen »Sultan Qaboos Moschee« mit 300 000 Tonnen Sandstein aus Indien sowie dem zweitgrößten handgewebten Teppich der Welt, der eine Fläche von 4343 Quadratmetern einnimmt.

Die Quellen des omanischen Reichtums sind Erdöl und Erdgas. Damit werden Straßennetz, Bildungswesen und Gesundheitsversorgung ebenso finanziert wie der zielstrebige Ausbau einer hochwertigen touristischen Infrastruktur. Außer Schnee hätten sie alles, behaupten omanische Planer gerne: quirlige Souqs, werthaltiges Kunsthandwerk, mehr als 500 Burgen, Wehrtürme und Festungen, mittelalterliche Wüstenstädte und beeindruckende Dünenlandschaften, endlose Strände, Tauchriffe sowie Golfplätze und eine Landschaft zum Malen. Alles Gründe, weshalb sich der Anteil des Reisenmarkts am Bruttosozialprodukt während der letzten zehn Jahre verdreifachte.

An ehrgeizigen Zukunftsprojekten mangelt es nicht. Das ökonomische Etappenziel »Vision 2020« seiner Majestät Sultan Qaboos bin Said Al Saids umfasst nicht nur den Bau von »Blue City«, einer Retortenstadt mit 20 Hotels und Strandresorts, über 5500 Apartments und Ferienvillen, einem 27-Loch-Golfplatz und einem Kreuzfahrthafen, dessen erste Phase bereits 2012 fertiggestellt sein soll. Weitere Megaprojekte wie »The Wave« und die »Yiti-Marina« mit Hunderten Liegeplätzen für Jachten, Strandvillen sowie luxuriösen Beachresorts wachsen bereits aus dem Sand.

Während Maskats opulentes neues Opernhaus zu den eher bescheiden ausgefallenen Investitionen des Sultanats zählt, wird die baldige Verlegung des Containerhafens in den Norden nach Sohar eine größere Sache: Im pittoresken Hafenbecken der Hauptstadt werden dann ausschließlich stattliche Kreuzfahrtriesen ihren »Port of Call« haben und der Hauptstadt neue touristische Impulse geben. Schon jetzt laufen Maskat wöchentlich drei Cruiseships an.

Die Highlights

 Sur – In der alten Hafenstadt am Golf von Oman werden heute noch in Handarbeit arabische Dhau-Segler gefertigt.

 Die Sandwüste *Ramlat-al-Wahiba* schwappt in die Zivilisation mit 200 m hohen Dünen, Nomadenlagern, vermummten Beduinenfrauen und Fahrspuren, die sich im Nirgendwo verlieren.

 Nizwa – Die Oasenstadt gilt mit ihrer mächtigen Wehranlage im Stadtzentrum, dem freitäglichen Viehmarkt und ihren wunderschönen Souqs als die heimliche Hauptstadt des Oman.

 Maskat – Sehenswert sind der Altstadtkern, der quirlige Fischmarkt und der malerische Souq. Zu beiden Seiten der Hafeneinfahrt ragen die Festungsanlagen Fort Mirani und Fort Jalali auf. Dazwischen erstrahlt im nächtlichen Lichterglanz der Sultanspalast.

 Salalah – In der Küstenstadt weit im Süden schlägt die Brandung des Ozeans kraftvoll auf bildschöne Palmenstrände. Sultan Qaboos residiert hier in seinem Sommerpalast.

 Wadi bani Khalid – Ein faszinierendes Quelltal mitten in der Wahiba-Wüste, das im Gegensatz zu anderen Wadis nicht trocken fällt.

 Das *Hadschar-Gebirge*, eine bis zu 3000 m hohe Gebirgskette, erstreckt sich entlang dem Golf von Oman mit malerischen Wadis, deren Felswände bis zu 1000 m steil aufragen.

Die beste Reisezeit

Während das Sommerhalbjahr arabische Hitzewellen über das Land jagt mit Temperaturen bis zu 50 °C und selbst die schönen Küstenregionen unter einer extrem hohen Luftfeuchtigkeit und der Hitze stöhnen, stellt der Winter im Oman eine fantastische Reisejahreszeit dar: Von **November bis Februar** liegen die Temperaturen zwischen 20 und 30 °C, das Wasser ist warm genug zum Baden, und die Sonne scheint den ganzen Tag, was ideale Voraussetzungen für eine Rundreise schafft und auch faule Strandtage ermöglicht.

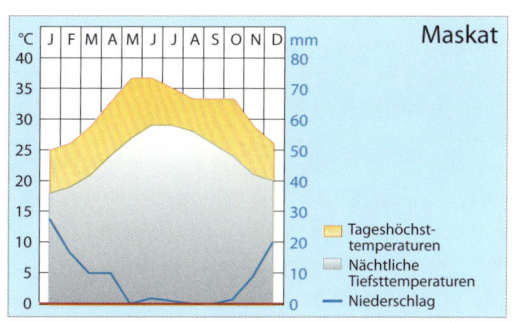

Besondere Tipps

Übernachten: Die Nobelmarke Shangri-La wartet bei Maskat gleich mit drei Strandresorts auf; www.shangri-la.com.

Touren: Riesiges Angebot an Wadi- und Wüstenfahrten, Bergtouren und Kamelsafaris. Es lassen sich auch individuell vororganisierte Geländewagentouren buchen.

Schnorcheln und Tauchen: Ein Dutzend hervorragend ausgestattete Tauchzentren erfüllen höchste Ansprüche.

Info: www.omantourism.gov.om, www.omantourism.de, www.deutschoman.de

← Wüstenschiffe in den weitläufigen Sanddünengebieten der Rub' al Khali

← Straße von Hormuz am Persischen Golf, Oman

← Das Fort Nizwa in der gleichnamigen Oasenstadt ist eine echte Wüstenperle.

↑ Beduinenschönheit in der Wahiba-Sands-Wüste

Traumziel Sri Lanka 93

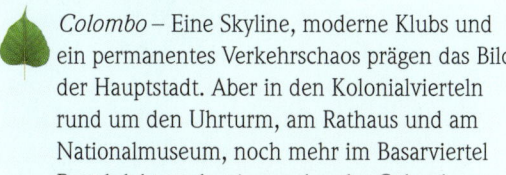

»Wahrhaftig, es ist das Paradies«

Keiner anderen Insel hat man im Lauf ihrer Geschichte so viele wohlklingende Namen und Attribute verliehen: Vom Land der Hyazinthen und Rubine schwärmten schon die Reisenden in der Antike, auch vom Teich der roten Lotusblüten. Für Marco Polo, den ersten Globetrotter, war die heilige Insel, dies die Bedeutung von Sri Lanka, »ohne Zweifel die prächtigste der Welt«. Und der deutsche Dichter Hermann Hesse fasste seinen ersten Eindruck bei der Landung in Colombo im Jahre 1911 so zusammen: »Es ist das Paradies, wahrhaftig, es ist das Paradies.«

Allzu oft und manchmal über viele Jahre hinweg war allerdings die Hölle los in diesem Paradies. Aber seit die schlimmsten Verheerungen der Tsunami-Katastrophe vom Dezember 2004 beseitigt sind und der Bürgerkrieg zwischen der singhalesischen Staatsmacht und der tamilischen Minderheit im Sommer 2009 für beendet erklärt wurde, hat sich das Prinzip Hoffnung durchgesetzt. Immer mehr Touristen suchen – und finden – wieder ihr Paradies auf dieser Insel vor der Südwestküste Indiens.

Wenn sie das erste Mal das Land hinter dem Traumstrand für ein paar Tage erkunden, können sie gar nicht genug staunen über die unerwartete Vielfalt an Landschaften, kulturell-religiösen Sehenswürdigkeiten, Relikten aus den Kolonialepochen dreier europäischer Mächte und ganz besonders über die Freundlichkeit der Menschen, seien es buddhistische Singhalesen, hinduistische Tamilen, Muslime oder Christen.

Weltkultur im Urwald: Aus den antiken Königsstädten Anuradhapura und Polonnaruwa leuchten die weißen Kuppeln der Reliquienschreine, Dagobas genannt.

Tempel, Tropenstrand und Teegarten: Postkartenidylle an den touristisch gut erschlossenen Küsten im Südwesten und Süden, einsame Buchten an der Ostküste, berührende Szenen vor Buddhas Statuen. Und ein grüner Teppich, der weite Teile des Hochlands bedeckt, Heimat des Ceylon-Tees, den Kenner zu den besten der Welt zählen.

Nationalparks, durch die große Elefantenherden streifen. Reisfelder, Savannen, dichter Regenwald. Städte mit nostalgischem Charme, Dörfer, in denen das Leben noch traditionellen Regeln folgt. Farbenprächtige Prozessionen. Und viel Meer. Sri Lanka, so groß wie Bayern, hat alles – nur keinen Schnee. Aber den hat wohl dort noch niemand vermisst.

Die beste Reisezeit

Ideal für die Südwestküste, das Bergland und das kulturelle Dreieck sind die Monate **Dezember bis März**. Danach beginnt eine sehr heiße, windstille Zeit, die ab Mai in die Regenzeit übergeht. An der Ostküste mit ihren besonders schönen Stränden herrscht in unseren Sommermonaten ruhiges und trockenes Wetter, während zwischen Colombo und Galle dann oft eine heftige Brandung das Baden erschwert. Die Strände östlich von Galle haben ganzjährig »geöffnet«.

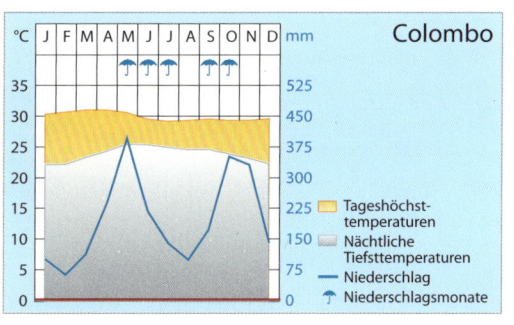

Die Highlights

Colombo – Eine Skyline, moderne Klubs und ein permanentes Verkehrschaos prägen das Bild der Hauptstadt. Aber in den Kolonialvierteln rund um den Uhrturm, am Rathaus und am Nationalmuseum, noch mehr im Basarviertel Pettah lebt nach wie vor das alte Colombo.

Kulturelles Dreieck – Die Königsstädte Anuradhapura und Polonnaruwa, der Höhlentempel von Dambulla und die Felsenfestung Sigiriya mit den Wandmalereien der »Wolkenmädchen« solte man unbedingt einplanen!

Galle Fort – Nirgendwo lässt sich die holländische Kolonialzeit besser studieren. Viele Cafés und Boutique-Hotels hinter alten Mauern.

Kandy – Sagenhaftes Heiligtum: Im Tempel Dalada Maligawa wird ein Eckzahn Buddhas verehrt.

Teehochland – Das Landschaftserlebnis lässt sich mit Besichtigungen von Teefabriken und mit Wanderungen durch Rhododendron-Wälder kombinieren. Für Bahnliebhaber ist die Fahrt durch den Teegarten ein Muss, zum Beispiel von Bandarawela nach Nanu Oya.

Traumstrände an der *Ostküste* wie Nilaveli bei Trincomalee und Arugam bei Pottuvil werden nicht mehr lange einsam bleiben.

Ayurveda – Vielfältiger als im Herkunftsland Indien wird das »Wissen vom Leben« in diversen Resorts hierzulande angeboten.

Besondere Tipps

Feste: Am spektakulärsten sind die Peraheras (Prozessionen) in Kandy (zum August-Vollmond), in Kelaniya bei Colombo (zum Januar-Vollmond) und in Colombo (zum Februar-Vollmond).

Souvenir: Die tollsten handgeschnitzten Masken stellt die Familie Aryapala in Ambalangoda her.

Hill Club: Nirgendwo wird koloniale Nostalgie charmanter zelebriert als in diesem ehemaligen Klub der englischen Pflanzer in Nuwara Eliya.

Info: www.srilanka.travel

← Traumstrand bei Bentota

← Der buddhistische Zahntempel in der alten Königstadt Kandy

← Ein Highlight der schönsten Insel im Indischen Ozean sind die Teegärten im Hochland.

↑ Wenige Stelzenfischer angeln noch vor der Südküste.

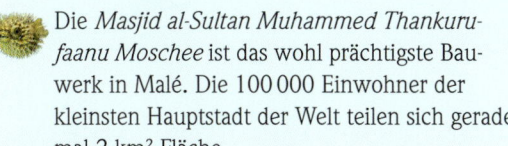

Im Reich der tausend Wunder

Knapp 8000 Kilometer und zehn Stunden liegt der Malediven-Traum entfernt, laut Bordcomputer, der gerade über Omans Maskat fliegt und auf dem Monitor das Zielgebiet einblendet: ein paar Sandkörnchen da, wo die Südspitze des indischen Subkontinents auf Sri Lanka zeigt.

Zeit genug, um sich per Reisehandbuch ein Bild von den paradiesischen Inseln zu machen, von denen immer wieder zu lesen ist, sie versänken im Meer, sollten die Eismassen der Pole weiterhin abschmelzen. In dem Fall bekämen 300 000 weit versprengt lebende Insulaner kollektiv nasse Füße; die Flächenausdehnung ihres riesigen Inselreichs verteilt die Sand- und Korallenpünktchen auf 800 mal 130 Kilometer. In Malé, dem Regierungssitz, müssten sich im Fall eines Pegelanstiegs 80 000 Einwohner an venezianische Verhältnisse gewöhnen, wäre das Parterre zu räumen.

Auch ohne insulares Untergangsszenario erscheint die maledivische Hauptstadt sehr szenisch: Zogen gerade noch bildschön und farbschillernd Atollgebilde mit Palmeninseln unten vorbei, von schneeweißen Stränden und schäumenden Riffket-ten umringte Traumbilder, zeigt sich im Landeanflug ein großstädtischer Cityblock, der auf einem ziemlich flachen Pfannkuchen balanciert.

Auf Fotolinsen, die sich diesem Konstrukt von der Seeseite her nähern, wirkt Malés Skyline noch einen Tick skurriler: Wie Klein Manhattan ragen Hochhäuser und Spiegelfassaden aus der ebenen Wasserfläche ins Azurblau des äquatorialen Himmels, bis zu zehn Stockwerke hoch, und kein Quadratmeter scheint ungenutzt.

99,66 Prozent des maledivischen Staatsgebiets besetzt der Indische Ozean, was einen solchen Reiz ausübt, dass jährlich über eine Dreiviertelmillion Taucher, Schnorchler und Strandlieger aus aller Welt einfliegen. Für die ist von den 1190 meist unbewohnten Inseln die Flughafeninsel Hulhule die wichtigste: Von hier aus verteilen sich die Airbus-Passagiere auf ein Dutzend Schnellboote, die flink und sternförmig in alle Richtungen abrauschen. Brummend wie Hummeln steigen Dutzende Wasserflugzeuge auf, die auch entfernteste Inselperlen mit dem Malé International Airport verbinden.

Türkisblau und kitschig schön wie im Reiseprospekt legen sich dort draußen die Lagunen um feine Sandstrände, hölzerne Chalets stehen auf Stelzen im Wasser, aus dem Badenixen nicht mehr herauswollen, weil es mindestens 29 Grad hat. Vielfach lässt es sich zu den farbschillernden Riffen vor den Inseln schwimmen und dort abtauchen in eine Unterwasserwelt, deren komplexes Ökosystem die artenreichsten Gebilde unseres Globus hervorbringt. Schon beim Schnorcheln sind Mantarochen, Schildkröten, Delfine, Riffhaie, Clown- und Papageienfische zu sehen.

Die Highlights

- Die *Masjid al-Sultan Muhammed Thankuru-faanu Moschee* ist das wohl prächtigste Bauwerk in Malé. Die 100 000 Einwohner der kleinsten Hauptstadt der Welt teilen sich gerade mal 2 km² Fläche.

- Der *Sultanspark* ist die ruhende Oase mitten im Verkehrsgewühl. Obwohl die längste Straße Malés nur 1,6 km misst, tummeln sich darauf über 500 Taxifahrer.

- *Nationalmuseum* – Die wichtigsten Exponate stammen aus der islamischen Epoche: prachtvolle Kleidung, Waffen und Schmuck maledivischer Sultane.

- *Hukuru Miskiiy* – Die historische, aus Korallenkalk erbaute Freitags-Moschee aus dem 17. Jh. ist ein Blickfang.

- *Wassersport* ist die Freizeitbeschäftigung schlechthin auf den Malediven: Tauchen, Schnorcheln, Surfen, Segeln, Jetskifahren. Wer das nasse Element liebt, ist hier richtig.

- *Hochseeangeln und Nachtfischen* – dazu bieten sich vielfältige Möglichkeiten. Wer das Besondere liebt, fährt zum Nachtfischen kurz vor Sonnenuntergang mit einem der Boote zu den Riffen.

- *Robinson-Insel* – Zu den unbewohnten Eilanden gibt es organisierte Tagesbesuche. Dort soll sich in Reichweite einer gut bestückten Kühlbox das gewisse Daniel-Defoe-Gefühl einstellen.

Die beste Reisezeit

Wenngleich das Klima auf den Malediven im Jahresdurchschnitt nur wenig Änderungen zeigt (Luft 30 °C, Wasser 29 °C, Luftfeuchtigkeit 80 %), stellt sich zwischen Dezember und April doch eine als relativ trocken geltende Periode ein. Weil die Zeit um Weihnachten als absolute Hochsaison gilt, ist ab **Mitte Januar** die beste Zeit für einen Strandurlaub. Schnorchler und Taucher sollten wegen der Unterwassersicht ein Resort an der Ostseite der Atolle wählen. Ab April steigen die Temperaturen, die Preise sinken.

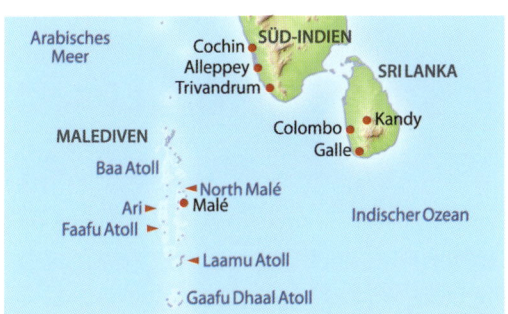

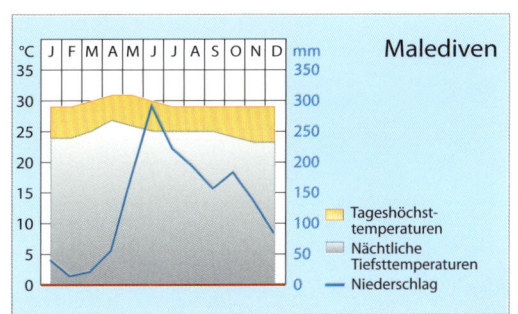

Besondere Tipps

Anreise: Condor und Air Berlin fliegen mehrmals wöchentlich direkt nach Malé.

Pauschalreisen: Für die Auswahl einer Resortinsel sind nicht nur die persönlichen Wohlfühlfaktoren entscheidend, sondern auch die Zusatzkosten vor Ort.

Reiselektüre: »Resorts der Malediven«, Adrian Neville; »Riff-Führer Indischer Ozean«, Helmut Debelius.

Kulinarisches: Frischer Fisch und Meeresfrüchte kommen hier täglich auf den Tisch. In Malé unbedingt die kleinen Curry-Lokale am Hafen ausprobieren!

Info: www.visitmaldives.com, www.malediven.net

← Postenkartenmotive, wohin man blickt: das Nord-Male-Atoll

← Schwer zu sagen, welche der maledivischen Welten schöner ist: die über oder die unter Wasser?

↑ Das Tree Spa des Vabbinfaru Banyan Tree Resorts

Traumziel Thailand 95

Der Süden – Entspannende Inselwelten

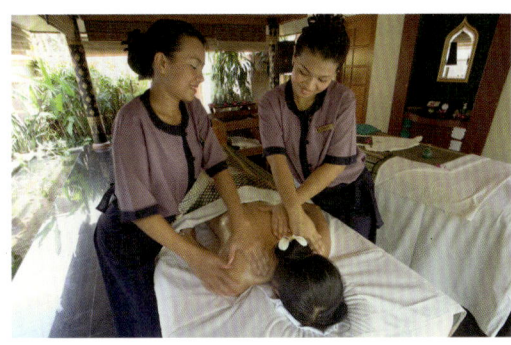

Es galt lange als beliebtestes Fernreiseziel der Deutschen. Und in den 1990er-Jahren warb es gern mit dem Versprechen, »das exotischste Land Asiens« zu sein. Beide Superlative hielten schon damals der Wirklichkeit nicht stand. Thailand, einer der so genannten Tigerstaaten in Südostasien, hat wirtschaftlich große Sprünge gemacht, allen Finanzkrisen und allen politischen Unruhen zum Trotz. Es hat auch die Folgen des Tsunami schneller überwunden als alle anderen betroffenen Länder.

Nirgendwo im früheren »Hinterindien« ist inzwischen die Infrastruktur besser ausgebaut als im »Land der Freien«, wie der Begriff Thailand übersetzt bedeutet. In seinen großen Städten mag es sogar auf den ersten Blick westlicher wirken als erwartet. Und in Pattaya und auf manchen Inseln ist Ballermann-Atmosphäre leichter zu finden als gepflegte Ruhe. Aber seine Seele hat Thailand dennoch nicht verloren. Wer sich ihr nähern will, muss sich nur wegbewegen von den Shopping Malls und den Hochhausschluchten Bangkoks, von den Vergnügungsvierteln der Billigtouristen und so schrillen Stränden wie Patong auf Phuket.

Dann öffnen sich unerwartete Oasen, auch und gar nicht mal so selten in Bangkok: Tempel, weitab von Königspalast und Wat Phra Kaeo, in denen sich die Gelassenheit und die Demut der Mönche auf die achtsamen Besucher übertragen. Ruhige Palmenbuchten ohne Schnitzelbuden und ohne Schickimicki, häufig auf den kleinen Inseln rund um Phuket in der Andamanensee oder auf den Satelliten von Ko Samui im Golf von Thailand.

Selbst Fahrten mit öffentlichen Verkehrsmitteln, etwa von Bangkok in den Süden oder quer durchs Land, zum Beispiel von Krabi nach Surat Thani und weiter mit dem Boot nach Ko Samui, können mühelos und vergnüglich Teil des sanften Abenteuers Thailand werden. Reisen auf eigene Faust sind nämlich preiswert, sicher und noch immer mit einem Hauch Exotik verbunden. Wer so vorbereitet und entspannt an den Stränden jenseits von Pattaya ankommt, wird sein Paradies finden: in der Hängematte am Tantawan Beach auf Ko Samet, in der bizarren Fels-, Dschungel- und Höhlenlandschaft des Khao-Sok-Nationalparks oder zwischen Ammenhaien und Zackenbarschen in den Unterwasserwelt vor Ko Lanta oder den Similan-Inseln.

Die Highlights

 Bangkok – Unverfälschtes Asien erlebt man im quirligen Chinesenviertel mit seinen engen Gassen zwischen dem Menam-Fluss und Nakhon Kasem, dem Diebesmarkt.

 Phuket – Die nette Provinzstadt bietet chinesische Tempel, bunte Märkte und Villen, die sich einst die reichen Zinnbarone gebaut haben.

 Ko Lanta, die wohl angenehmste der südlichen Inseln in der Andamanensee, besteht aus Groß-Lanta (Yai) mit ihrem Paradies-Charakter und der wenig interessanten Nachbarinsel Klein-Lanta (Noi). Viele Bungalowanlagen, einige komfortablere Resorts.

 Chaweng Beach – Der beliebteste Strand auf Samui ist dank zahlreicher Unterkünfte aller Art, Bars und Pubs ein angenehmer Ort für Urlauber, die es lebhaft mögen. Ruhiger geht es in der benachbarten Coral Cove zu.

 Big Buddha – Die 12 m hohe Statue des Erleuchteten mit angeschlossenem Kloster erwartet einen im Norden von Ko Samui.

 Phang-Nga-Bucht – Märchenhaft wirkende Welt aus Lagunen und Karstfelsen. Die Bucht lässt sich gut per Kanu erkunden.

 Hua Hin – Noch immer zeichnet das Seebad der Königsfamilie, südlich von Bangkok am Golf gelegen, sein nobles Flair aus. Sehenswert: der Sommerpalast von Rama VII. von 1926.

Die beste Reisezeit

Der Nordostmonsun sorgt von November bis April für erträgliche Temperaturen, die selten die 28-Grad-Marke übersteigen. Auch die Luftfeuchtigkeit wird in dieser Zeit nicht als belastend empfunden. Für Taucher und Schnorchler gelten **Dezember, Januar und Februar** als ideale Monate, weil dann das Wasser weniger aufgewühlt und entsprechend klar ist. An der Golfküste (zum Beispiel auf Ko Samui) ist die Schönwettergarantie auf Dezember bis Februar beschränkt.

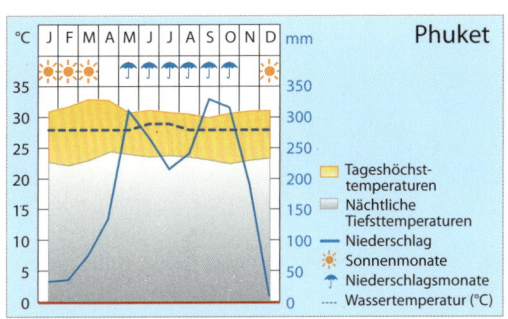

Besondere Tipps

Strandleben: Der Strand Ao Khao auf der Insel Ko Mak wird von Kennern als einer der schönsten auf der Welt gerühmt. Ko Mak liegt vor der kambodschanischen Küste, südlich der größeren »Elefanteninsel« Ko Chang.
Entschärftes Essen: Bestellen Sie mit dem Hinweis *mai pet*, dann nimmt der Koch weniger Chili.
Film: »Der König und ich«, märchenhaftes Kino, das die wahre Geschichte eines englischen Kindermädchens am Hof des Königs von Siam erzählt.
Info: www.thailandtourismus.de

← Die Landschaft zwischen Krabi und Phuket steht für den exotischen Urlaubstraum.
↑ Massage in einem noblen Spa auf Phuket.
↑ Chinesische Andachtsstätten wie der Kuan-Yin-Tempel auf Ko Phangan finden sich überall im Süden Thailands.

Faszination zwischen gestern und übermorgen

Exotischer Trubel in der Altstadt von Hanoi. Dörfer der vielen, bunt gekleideten Minderheitenvölker in den Bergen des hohen Nordens. Kaiserpaläste in Hue. Nostalgische Erinnerungen an die französische Kolonialzeit in den renovierten Hotels von Dalat, Saigon und Hanoi. Traumstrände, die jeden Südseeprospekt zieren könnten, auf der Insel Phu Quooc weit im Süden und im ehemaligen Fischerdorf Mui Ne, nicht weit von der Boomstadt Saigon entfernt, die kaum jemand mit dem offiziellen Namen Ho Chi Minh City nennt. Höllischer Verkehr in den Städten, andachtsvolle Stille in Tempeln und Klöstern, in denen Konfuzius und Buddha, Lao Tse und die eigenen Ahnen verehrt und um Rat gebeten werden.

Mehr Vielfalt geht kaum. Oder doch? Reisfelder, in denen Bauern wie eh und je mit dem Strohhut auf dem Kopf hinter ihrem Wasserbüffel das schlammige Feld pflügen. Das neunarmige Delta des Mekong, die Lebensader Südostasiens, in dem Hunderttausende auf dem Wasser hausen, Handel treiben und jedes Jahr mehr Besucher in Ausflugs- und Hausbooten begrüßen. Nicht zu vergessen die Erinnerungen an Ho Chi Minh und an die Kriege gegen Franzosen und Amerikaner.

Unter unsäglichen Schmerzen und Opfern ist ein unabhängiges Land gewachsen, das sich tapfer und zäh den Herausforderungen der Gegenwart und der Zukunft stellt. Vietnam ist ohne Zweifel das überraschendste, das abwechslungsreichste und spannendste Reiseziel in Südostasien. Der Boom fordert Tribut: Die steigenden Touristenzahlen, die immer neuen Luxushotels und Herbergen an den Stränden und in den Städten beweisen die noch längst nicht gestillte Neugier auf dieses schöne Land und seine freundlichen Menschen.

Alles ändert sich in einer Geschwindigkeit, die allenfalls mit der vom benachbarten China verglichen werden kann. Eben noch waren Millionen von Radlern auf dem Land und in den Städten unterwegs, dann sind sie kurzerhand umgestiegen auf Mopeds und Motorräder. Jetzt verstopfen immer mehr japanische und koreanische Kleinwagen die Boulevards und erst recht die Altstadtgassen. Vietnam, vor gerade mal 30 Jahren ein geschundenes Land, steuert nahezu ungebremst auf der Überholspur ins Übermorgen. Und dennoch hat es sich allerorten Oasen der Ruhe und der spirituellen Einkehr bewahrt.

Die Highlights

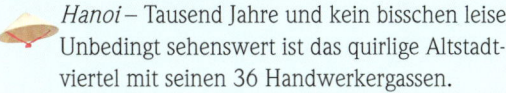

Hanoi – Tausend Jahre und kein bisschen leise. Unbedingt sehenswert ist das quirlige Altstadtviertel mit seinen 36 Handwerkergassen.

Halong-Bucht – Weltkulturerbe, von Touristen überrannt wegen seiner bizarren Schönheit: Über 3000 Zuckerhutfelsen ragen aus der Bucht des Drachens.

Sapa – Entspannte Atmosphäre zeichnet das Bergstädtchen aus, in das einst die französischen Beamten und Kaufleute ihre Familien schickten, wenn es im Tiefland zu heiß wurde.

Hue ist ein Muss-Ziel für alle Kulturreisenden. Zitadelle, Kaisergräber und Paläste sind die Top-Sehenswürdigkeiten, aber auch die Thien-Ma-Pagode hoch über dem Parfümfluss.

Hoi An – Wer nur Stunden für die schönste Küstenstadt übrig hat, wird unbedingt die japanische Brücke sehen wollen. Wer länger bleibt, wird die Restaurants und die Stimmung am Tu-Bon-Fluss schätzen lernen.

Mekongdelta – Das Labyrinth aus Wasserstraßen, schwimmenden Dörfern und Märkten erschließt sich am besten bei einer geruhsamen Fahrt mit dem Hausboot.

Pho Quoc – Erst um 2005 entdeckten Rucksackreisende die Traumstrände, die damals noch den Fischern allein gehörten. Inzwischen macht die Insel im Golf von Thailand rasant Karriere.

Die beste Reisezeit

… zu bestimmen, ist nicht leicht, denn das über 2000 km lange, schmale Land teilt sich in viele Klimazonen. Im Norden sind die **Wintermonate**, obwohl oft diesig, eine mehr oder weniger günstige Zeit für Touren durchs Bergland. In der tropischen Zone des Südens herrscht dann sehr warmes und sonniges Wetter. Der Wolkenpass an der mittleren Küste ist die Wetterscheide zwischen den Subtropen und Tropen einerseits und den gemäßigten bis kühlen Regionen im Norden.

Besondere Tipps

Zeitreise: Dalat im südlichen Bergland, nicht weit von Saigon entfernt, hat sich wie keine andere Stadt den Charme eines Erholungsorts aus der Kolonialzeit bewahrt, zum Beispiel im Hotel »Sofitel Palace« und im Café im ehemaligen Postamt.

Film: »Der Liebhaber« nach dem Buch von Marguerite Duras spiegelt die schwüle Atmosphäre im französisch besetzten Indochina der 1930er-Jahre wider.

Literatur: »Der stille Amerikaner« von Graham Greene.

Info: www.vietnam-guide.de

← Wie eine fernöstliche Märchenwelt wirkt die Halong-Bucht mit ihren bizarren Kalkfelsen.

← Die rote Brücke über den Hoan-Kiem-See im Herzen von Hanoi

↑ Frau vom Volk der Blumen-Hmong in Bac Ha im nördlichen Bergland

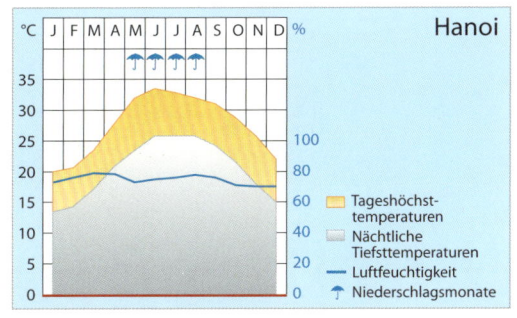

Angkor lächelt wieder

Nur eine herausragende Sehenswürdigkeit besitzt das kleine Land Kambodscha im Herzen des früheren Indochina, nur eine. Aber dieses im doppelten Sinne einzigartige Highlight gehört zum größten Tempelkomplex der Welt, zu einer heiligen Anlage, die berührt und verzaubert wie kaum ein anderes Monument auf Erden: Die Türme des Tempels von Angkor Wat sind zu Kambodschas Wahrzeichen geworden – und zum Symbol für den Lebensmut eines Landes, das nach einer Schreckensherrschaft von höllischen Ausmaßen wieder zu neuem Lebensmut gefunden hat. Das weltberühmt gewordene Lächeln der Gottkönige und steinernen Tänzerinnen von Angkor steht auch für den Wiederaufstieg der Khmer nach Krieg, Bürgerkrieg und dem Steinzeitkommunismus der Pol-Pot-Zeit.

Es war der französische Forschungsreisende Henri Mouhout, der um 1860 diese gewaltigen Zeugnisse einer versunkenen Hochkultur im Urwald zufällig wiederentdeckte. Seine Berichte von einer heiligen Ruinenstadt, überwuchert von Luftwurzeln, ließ zunächst Europa aufhorchen und schon bald die ganze Welt staunen.

Wer die wuchtigen Steinmasse zum ersten Mal sieht, glaubt die fünf markanten Türme von Angkor über dem grünen Dickicht schweben zu sehen. Der mittlere Turm, mit 65 Metern der höchste, symbolisiert den Weltenberg Meru, in der Hindu-Kosmologie die Achse, die alles auf Erden zusammenhält. Kein Wunder, dass der Meru im Glauben der alten Khmer auch als Wohnsitz ihrer vielen Götter galt.

Das Khmer-Reich, im frühen 9. Jahrhundert etabliert, hatte seine Blütezeit 300 Jahre später, als König Suryavarman II. Angkor Wat erbauen ließ, das zunächst hinduistische und später buddhistische Heiligtum. Bis heute sind die Kambodschaner fromme Buddhisten, beten gelb gekleidete Mönche in den Andachtsnischen von Angkor Wat.

Die gesamte Region rund um den Haupttempel misst an die 200 Qudratkilomter. Wer auch nur die wesentlichen Komplexe besuchen will – den Bayon, Angkor Thom, die Roulos-Gruppe, Banteay Srei, Banteay Samre –, braucht gut vier Tage. Da tun die Ausflüge zu den Wasserdörfern auf dem Tonle-Lap-See, die bunte Hauptstadt Phnom Penh und ein paar ruhige Tage am Strand von Sihanoukville nur gut.

Die beste Reisezeit

Die Regenzeit ist im November zu Ende. Im **Dezember** beginnt die »kühle« Trockenzeit und damit die angenehmste Saison für Besichtigungen und Rundfahrten im Land der Khmer. Kühl heißt: morgens um die 25, mittags über 30 °C. Die Luftfeuchtigkeit ist dann zwar nicht ganz so hoch wie in den wirklich heißen Monaten zwischen März und Mai, aber vor allem ältere Angkor-Wat-Besucher tun gut daran, ihre Besichtigungen auf den Morgen und den späten Nachmittag zu legen.

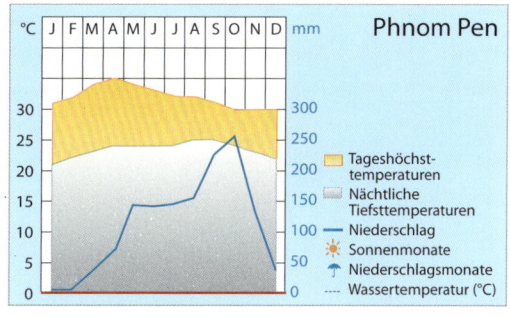

Die Highlights

 Angkor Wat – Allein die Friese, die den Alltag von vor über 800 Jahren so lebendig wie Fotos schildern, lohnen das genaue Hinsehen.

 Ta Prohm – Eine mystische Atmosphäre liegt am frühen Morgen über den Ruinen, die von den Wurzeln der Würgefeigen und der Kapokbäume umschlungen sind.

 Den *Wasserweg zwischen Siem Reap und Phnom Penh* legt man rasant mit Schnellbooten, aber sicherer und eindrucksvoller mit sogenannten Slow Boats zurück.

 Königliches Phnom Penh – Für den Palast, den Tempel der Silberpagode und das Nationalmuseum sollte mindestens ein ganzer Tag eingeplant werden.

 Sihanoukville – Dieses nicht wirklich großartige Seebad am Golf von Thailand heißt heute Kompong Son. Wer sich ein Boot mietet, auf eine der unbewohnten Inseln hinausfährt, einen Fisch angelt und diesen auf den Grill legt, kann einen angenehmen Robinsontag verbringen.

 Kampot – Sehr angenehme Stadt an der Südküste, ein paar Kilometer vom Strand entfernt. Bester Stopp auf dem Wege nach Phnom Penh.

 Battambang – Tor zu Kambodscha bei der Anreise über Land aus Thailand. Abenteuernaturen werden mit der klapprigen Eisenbahn nach Phnom Penh fahren.

Besondere Tipps

FCC: Der Foreigns Correspondents Club ist seit vielen Jahren die Institution, auf deren Balkon im 1. Stock Reisende aus aller Welt bei Kaffee und guten Snacks den Blick auf das Treiben von Phnom Penh genießen.

Phnom Bakheng: Dieser Hügel über Angkor ist der beliebteste Platz zum Sonnenuntergang. Magische Stimmung trotz vieler Menschen.

Souvenir: Authentisch und unkitschig sind Reispapierbilder mit Apsara- und Tempelmotiven.

Info: www.kambodscha-info.de

← Angkor Wat gilt als eines der neuen Weltwunder.

← Königspalast in Phnom Penh am Zusammenfluss von Tonle Sap und Mekong

← Tänzerinnen zeigen die Friesen von Angkor Wat, doch man kann sie auch real bewundern.

↑ Wasserfest auf dem Tonle Sap-See bei Siem Reap

Luang Prabang, Stadt der Klöster

Zwei Flugstunden von Bangkok breitet sich unten ein Landschaftsbild aus so lieblich wie der Rheingau vor 200 Jahren. Doch werden im Sinkflug aus Rebstockterrassen, die sich vereinzelt von den Flussufern schroffe Hänge hinaufziehen, schnell Reisfelder und aus dem Rhein die braunen Fluten des Mekong, der sich in den Tälern durch dicht bewaldete Gebirgsketten windet.

Mitten in diesem unberührten Naturparadies – Laos verteilt nur 20 Einwohner auf einen Quadratkilometer – schlummert die 600 Jahre alte Königsstadt Luang Prabang als verborgene, lange für Fremde verbotene Enklave märchenhafter Tempelanlagen, Hunderter gold glänzender Buddhastatuen und im Straßenbild allgegenwärtiger laotischer Mönche.

Nicht nur wegen seiner prunkvollsten Klosteranlage Wat Xieng Thong, von König Setthathirat 1560 auf einen Hügel am Mekongufer gesetzt, schaffte es der Thronsitz der Lan-Xang-Dynastie 1995 spielend auf die UNESCO-Liste des Weltkulturerbes: Auch an der das Stadtbild prägenden französischen Kolonialarchitektur, und an den hübschen traditionellen Teakholzhäusern darf nichts verändert werden. Die beschauliche Atmosphäre des historischen Königsstädtchens (20 000 Einwohner) zieht Individualreisende aus aller Welt an; die Sisavangvong Road säumen Gästehäuser, Cafés, Shops und Restaurants, von deren luftigen Holzveranden sich die Düfte laotischer Küche wohltuend verbreiten.

Im späten Sonnenlicht glitzern die Flussschleifen des Mekong und des Nam Khan River sowie die goldenen Pagodendächer, die hier und dort aus dichtem Dschungelgrün stechen und eine verzaubernde Kulisse bilden. Traumhafte Flusslandschaften aus schroffen Felswänden, bizarren Bergketten und dicht bewachsenen Inseln im breiten, lehmfarbenen Strom (mit 4350 Kilometern der drittlängste der Welt) ziehen an den »Longboats« vorbei, die sich flussaufwärts stemmen.

Die ehemalige Residenz von Prinz Souvanna Phouma lässt sich heute vollkommen privat genießen. Das kleine, feine und mit wunderlichen Accessoires ausstaffierte Boutiquehotel Maison Souvannaphouma muss seine Spa & Wellness-Dependance im Garten unterbringen, in Zelten: Im immer noch kommunistischen Laos diktiert der Denkmalschutz auch einem Fünf-Sterne-Luxus striktes Bauverbot!

Die beste Reisezeit

Laos hat ein tropisch heißes Klima, das zwischen **November** und **Februar** die geringste Luftfeuchtigkeit und kaum Regen aufweist, weshalb die beste Reisezeit genau in diese Periode fällt. Außerdem finden zu dem Zeitpunkt eine ganze Reihe an Festivitäten statt, sodass man gleich auch noch kulturelle Events live erleben kann. Natürlich liegt auch die Hochsaison in diesem Zeitfenster, besonders in der Zeit um Weihnachten herum. Da sich der Reisemarkt in Laos in engen Grenzen hält, sollte dies aber kein Kriterium sein.

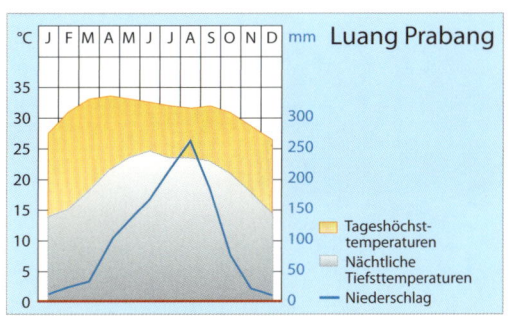

Die Highlights

 Phou-Si-Tempelberg – Wenn bei Sonnenuntergang Weltreisende die 328 Steinstufen bevölkern und nach anstrengendem Anstieg den grandiosen Ausblick über die Stadt genießen, ist Luang Prabangs besonderes Ambiente zu spüren.

 Marktmeile – Die Hauptstraße wird am Abend für den Verkehr gesperrt und verwandelt sich in ein Einkaufsparadies mit Hunderten Ständen.

 Morgendliche Tagesspeisung – Zu Hunderten pilgern noch vor Sonnenaufgang die in Gelb-Orange gekleideten Mönche der fünf Klöster barfuß mit ihren Körben und Schüsseln durch die Gassen und erbitten Essen. Zu erleben allerdings nur für Frühaufsteher.

 Höhlen von Pak Ou – In ihnen versammeln sich angeblich 4000 Buddhas auf einen Schlag.

 Royal Palace Museum – Der 1904 erbaute Palast des letzten laotischen Monarchen Sisavang Vong, den 1975 die kommunistische Revolution hinwegfegte, öffnet täglich seine Pforten.

 Der grandioseste *Sonnenuntergang* findet am »Wat Phabat Tai«-Tempel statt. Hier verabschiedet sich allabendlich die Sonne und färbt den Mekong goldrot ein.

 Mekong-Flusskreuzfahrt – Auf Hausbooten, die den lokalen Bautraditionen nachempfunden sind, kann man tolle mehrtägige Fahrten von Luang Prabang ins Goldene Dreieck unternehmen.

Besondere Tipps

Anreise: Bangkok Airways aus Bangkok bringt einen mehrmals pro Woche nach Luang Prabang.

Übernachten: Natürlich im Maison Souvannaphouma, das in Laufnähe der City liegt. Gönnen Sie sich eine Massage mit Milchpuder, Sesamöl und Kräutern im Ölbad! www.angsana.com.

Frische Brötchen: Hervorragend frühstücken kann man in der »Scandinavian Bakery«.

Mit dem Fahrrad: Luang Prabang lässt sich bequem per Rad erkunden, man kann sich allerorts eines leihen.

Info: www.tourismlaos.org, www.laos-travel.net

← In Luang Prabang sind buddhistische Mönche ebenso stark vertreten …

← … wie Gottheiten in den umliegenden Tempeln.

↑ Buddhistischer Mönch bei der Arbeit im Wat-Xieng-Thong-Tempel in Luang Prabang

Die atemberaubende Great Ocean Road

Die Schar der zwölf Apostel bröckelt. Gemeint ist natürlich die Felsformation vor der Küste im australischen Bundesstaat Victoria. Doch die ersten Zeilen gebühren der Hauptstadt Victorias, Melbourne. Die ewige Rivalin des etwas größeren Sydney versteht sich als kulturelles und kulinarisches Zentrum des fünften Kontinents. Die Museen und das Lob der Restaurantkritiker bestätigen beides. Die Strände an der Port Phillip Bay können zwar mit Sydneys besten Stränden nicht ganz mithalten, dafür hat Melbourne die besseren Karten beim Thema Parks wie beim – in Australien wichtigen – Stichwort »Sport«: Die Australian Open sind eines der wichtigsten Turniere im Tenniskalender, das Formel-1-Rennen strahlt auch in die benachbarten asiatischen Länder

aus. Und mit der »Great Ocean Road« liegt eine der weltbesten touristischen Routen quasi um die Ecke.

Von Melbourne bis zum Beginn der Great Ocean Road im Seebad Torquay sind es 95 Kilometer, meist Autobahn und vorbei an Geelong. Bei Torquay markiert ein Bogen die Einfahrt in die berühmte Straße, die mit 243 Kilometern Länge bis kurz vor Warrnambool zugleich offiziell als Kriegsgefallenendenkmal gilt – das größte der Welt. Als Australiens Soldaten 1918 aus dem ersten Weltkrieg heimkehrten, fehlte es an Jobs. In privater Initiative wurde der ältere Plan aufgegriffen, die Straße entlang der Felsenküste zu bauen, die isolierten Orte zu verbinden und für die Arbeiten ehemalige Soldaten einzusetzen.

Nach Fertigstellung 1932 wurde die Straße schon bald als Touristenattraktion beworben, vor allem mit Fotos der Felsformationen vor der Steilküste im Meer. Die entstehen, wenn die See die Sand- und Kalksteinküste abträgt (immerhin zwei Zentimeter pro Jahr). Einzelne schmale »Säulen« bleiben erhalten, zumindest für einige Jahrzehnte. Die bekanntesten sind London Arch, Blowhole, Grotto, Thunder Cave und natürlich die Twelve Apostles, die – nach dem Uluru/Ayers Rock – wohl meistfotografierte Landschaft Australiens. Dieser Küstenabschnitt, zum Teil als Nationalpark geschützt, trägt auch den Namen »Shipwreck Coast« wegen der vielen Schiffe, die hier auf Grund gelaufen sind; etwa 1924 das Dampfschiff »Casino« mit 500 Fässern Bier und 120 Kisten Spirituosen an Bord. Die 3000 Arbeiter an der Great Ocean Road bargen die Fracht – und die Bauarbeiten mussten für zwei Wochen ausgesetzt werden.

Die Highlights

 Melbourne ist stolz auf seine Straßenbahnen. Es gibt sogar ein Tram-Restaurant und eine Tram, die mit touristischen Infos um die City fährt und gratis ist.

 Geelong, Victorias zweitgrößte Stadt, hat in einem historischen Wollspeicher ein Museum eingerichtet, das die Bedeutung der Wolle für das koloniale Australien attraktiv erklärt.

 Torquay ist eine wichtige Adresse für Surfer: Bells Beach gilt als einer der besten Strände und das Surf-Museum als das weltweit größte seiner Art.

 Cape Otway – Hier verlässt die Great Ocean Road die Küste und verläuft im Hinterland. Dort findet man eine Zufahrt zum zweitältesten Leuchtturm Australiens am Kap.

 Von den *Twelve Apostles* stehen nur noch acht, die übrigen hat die Brandung zerstört – wenn es denn je zwölf gab … Da das Meer die Steilküste weiter formt, können neue Apostel entstehen.

 Das *Grampians-Gebirge* im Landesinneren, zu erreichen über das kleine Dunkeld, bergen in ihrem westlichen Teil Felsmalereien, die zum Teil für Besucher zugänglich sind.

 Flagstaff Hill Maritime Village ist die Hauptattraktion von Warrnambool. Das Seefahrtsmuseum ist angelegt wie ein historischer Hafen.

Die beste Reisezeit

An der Küste von Victoria kann es zwar selbst im Sommer kühle Tage geben (nämlich bei Wind aus der Antarktis), aber generell ist es zwischen **Dezember und Februar** warm bis heiß. Die Weihnachtszeit und Januar sind aber die Haupturlaubsperiode für Australien. Die Seebäder sind überfüllt und auf der Great Ocean Road geht es – insbesondere zu den Wochenenden – nur langsam voran. Die Straße hat meist nur eine Fahrspur je Richtung, und oft sind nur 80 km/h erlaubt.

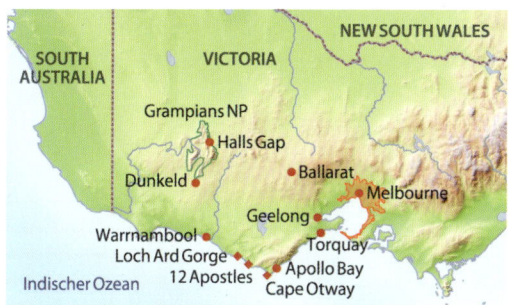

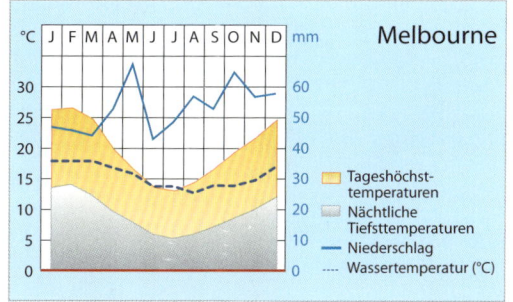

Besondere Tipps

Literatur: »Australia's Great Ocean Road« von Richard Everist ist der umfassende Führer (auf Englisch) für die spektakuläre Küstenstraße.

Sport: Wer im Januar in Melbourne ist, sollte sich einen Besuch beim Grand-Slam-Tennisturnier, den Australian Open, nicht entgehen lassen. In den ersten Tagen ist auf den Nebenplätzen am meisten los.

Info: www.visitgreatoceanroad.org.au

← Die »Zwölf Apostel« sind nach dem Uluru die meistfotografierte Attraktion Australiens.

← Melbournes Innenstadt am Yarra River

← Das gibt's nur in Australien: Känguru am Straßenrand

↑ »The Balconies« sind die wohl berühmteste Felsformation in den Grampians.

Im Land der weißen Wolke

Die meisten Neuseeländer leben auf der Nordinsel, die Hälfte davon wiederum in nur einer Stadt, in Auckland. Aus der einst tristen Hafenstadt ist längst eine pulsierende Metropole mit einer multikulturellen Bevölkerung in Millionenstärke gewachsen: Die »City of Sails«, wie sie sich selbst wegen ihrer zahlreichen Marinas ringsum nennt, beherbergt eine nahezu unüberschaubare Zahl an Museen, Theatern und Galerien .

Vor Aucklands Haustür rund um den Hauraki Gulf finden sich ebenso schöne Inseln, Buchten und Strände wie an der Westküste, wo an der Karekare Beach der legendäre Streifen »Das Piano« gedreht wurde.

Die meisten Besucher verschwinden nach einer urbanen Kostprobe allerdings anderswohin: Sie machen sich schnellstens auf den Weg nach Norden, wo James Cooks Ankerplatz »Bay of Islands« allein 150 Inseln vorrätig hält sowie die liebliche Coromandelhalbinsel mit traumhaften Stränden, und noch weiter nördlich nach Cape Reinga, dem neuseeländischen Nordkap.

Auf dem Weg zur Südinsel wartet die Vulkanregion um Rotorua mit dem ältesten Thermalgebiet Neuseelands und zahllosen Attraktionen rund um Geysire, Vulkane, sprudelnde Mineralquellen und spuckende Schlammlöcher auf. Mit dem Fährticket von Wellington, der neuseeländischen Hauptstadt, nach Picton auf der Südinsel haben Reisende die Eintrittskarte zu Neuseelands »Norwegen« gelöst.

Dort von der Fähre gerollt, gilt es, entweder der Route 6 nach Westen zu folgen, Richtung Nelson und Westport. Oder aber östlich abzubiegen, um Richtung Blenheim zu fahren, dem Wein und den Walen entgegen, dann weiter nach Christchurch, zur englischsten aller Städte auf der südlichen Halbkugel.

Die Welt der Gletscher liegt noch weiter südlich: 140 Eisbrocken thronen majestätisch in den neuseeländischen Alpen, wobei es einige von ihnen schon langsam bis in die Täler zieht. Beispielsweise Franz Josef (nach dem Kaiser von Österreich benannt), der sich mit einer Geschwindigkeit von einem Meter pro Tag talwärts durch grünen Regenwald frisst und deshalb bequem zu Fuß vom Besucherparkplatz aus zu erreichen ist. Die kleinen umtriebigen Ortschaften am Meer, Franz Josef und Fox, dienen als Ausgangspunkte zu den gleichnamigen Gletschern und zum Mount Cook.

Die beste Reisezeit

Das leere Land wartet mit einer (himmelsrichtungs-)verdrehten Welt auf: Im äußersten Süden finden sich bizarre Bergspitzen, Gletscher, Fjordlandschaften und kaltes Klima, Eis und Schnee gibt es dort im Juli, dafür zu Weihnachten Hitze. Ein hohes Regenrisiko gilt auf der Südinsel während des ganzen Jahrs. Die Nordinsel beherrscht subtropisches Klima, was Badeferien nahezu immer ermöglicht. Wer beide Inseln bereisen möchte, sollte im europäischen *Winter* anreisen – nur um Weihnachten nicht, da besetzen Kiwis jeden Winkel.

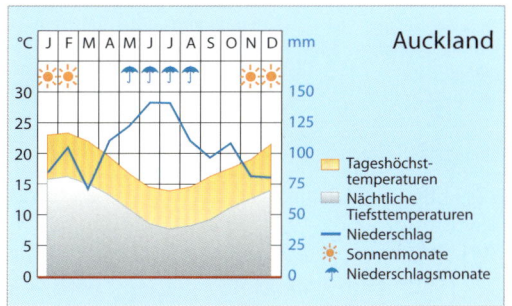

Die Highlights

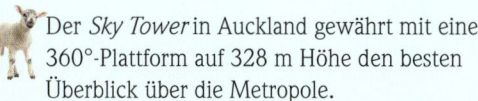

Der *Sky Tower* in Auckland gewährt mit einer 360°-Plattform auf 328 m Höhe den besten Überblick über die Metropole.

Rotorua sorgt für Wellnessgenuss erster Güte. Um 1900 entstanden das historische Bäderhaus im Tudorstil, die Polynesian Pools und das Old Priest Bath.

Der *Marlborough Wine Trail* bei Blenheim führt zur Verkostung von Weingut zu Weingut; in der gleichnamigen Region findet alljährlich das Wine and Food Festival statt.

Whale-Watching in der Bucht von Kaikoura und Schwimmen mit den Delfinen werden bei Touristen immer beliebter.

Der *TranzAlpine Express*, Neuseelands schönster Luxuszug, durchquert die Südinsel von Christchurch aus bis zur Westküste, wo die Tasmanische See mit gewaltigen Bergregionen und tief eingeschnittenen Fjorden aufwartet.

Mount Cook und sein verschneiter Gipfel sind mit dem Hubschrauber ebenso zu erreichen wie die Schnee- und Eisgebiete der Hochalpen, Paradiese für Skiläufer und Snowboarder. Start ist in den Küstenorten Franz-Josef und Fox.

Milford Sound – Ein Fjord, dessen traumhafte Trails Hiker und Wanderbegeisterte gerne nutzen; Adrenalinsüchtige ziehen das benachbarte Queenstown als Zentrum des Aktivsports vor.

Besondere Tipps

In Auckland: Das Aotea Centre mit qualitätsvollen Musikspektakeln sowie Kelly Tarlton's Underwater World, einem der größten Meerwasseraquarien der Welt.
In Wellington: das Nationalmuseum Te Papa mit viel Maori-Kultur; Cable Car (Baujahr 1902), die vom Lambton Quay 122 Meter bergauf rattert.
Souvenir: Maori-Schnitzereien, erstklassige Produkte aus Schafwolle sowie Hingucker aus Neuseelands trendiger Mode, z. B. von www.zambesi.co.nz.
Info: www.tourism.net.nz, www.newzealand.com

← Vater aller neuseeländischen Berge: der Mount Cook
← Kajaktour im großartigen Milford Sound
← Maori-Frauen zeigen traditionelle Tänze auf dem »Maori Arts Festival« in Rotorua.
↑ Stirnreiben: die übliche Begrüßung unter den Maori

Register

Impressum

Klaus Viedebantt

Klaus Viedebantt, gebürtiger Krefelder, hat als Kulturanthropologe promoviert. Er war Ressortleiter der »FAZ« und Leiter des Reiseteils der »Zeit«. An der Uni Mainz hat er Journalismus unterrichtet, an der Cowan Universität im australischen Perth wirkte er als Associate Professor. Seine Bücher behandeln alle Erdteile. Wenn er nicht auf Reisen ist, lebt er in Frankfurt.

Bernd Schiller

Bernd Schiller, Hamburger Journalist und Buchautor, Jahrgang 1943, hat über Jahrzehnte für große Magazine und Zeitungen geschrieben und alle Kontinente intensiv bereist. Dabei hat er eine besondere Liebe zu Indien und den Ländern des buddhistischen Kulturraums entwickelt. Diese Zuneigung und eine Mischung aus Neugier, unermüdlicher Reiselust und großer Sachkenntnis haben sich in mehr als 20 Büchern manifestiert.

Jochen Müssig

Jochen Müssig ist seit mehr als 30 Jahren weltweit unterwegs und Autor für die »Süddeutsche Zeitung«, die »Frankfurter Allgemeine Zeitung« sowie von mehreren Büchern bei Bruckmann. Sein Lieblingsland ist Italien, seine Lieblingsinsel ist Hawaii, und seine Lieblingsflucht führt ihn immer wieder nach Australien. Jochen Müssig lebt in München.

Roland F. Karl

Roland F. Karl produziert seit 30 Jahren als freier Autor und Fotograf Reisereportagen für namhafte Printmedien. Darüber hinaus ist er mit Text und Bild an zahlreichen Buchpublikationen beteiligt. Ozeanien, Afrika sowie Trauminseln weltweit gehören zu seinen bevorzugten Reiseschwerpunkten, aber auch ungewöhnliche Ziele wie Bhutan oder Ecuador faszinieren ihn. Zuhause ist Roland F. Karl in Wiesbaden.

Textnachweis:
Klaus Viedebantt verfasste die Einleitung (S. 8/9) und die Kapitel Nr. 2 – Glacier-Express (S. 12/13), Nr. 3 – Sizilien (S. 14/15), Nr. 4 – Toskana (S. 16/17), Nr. 6 – Madeira (S. 20/21), Nr. 9 – Niagara-Fälle (S. 26/27), Nr. 14 – Yucatan (S. 36/37), Nr. 20 – Kirschblüte in Japan (S. 48/49), Nr. 24 – Western Australia (S. 56/57), Nr. 25 – Australien-Rundreise (S. 58/59), Nr. 30 – Schottland (S. 68/69), Nr. 31 – Provence (S. 70/71), Nr. 32 – Loiretal (S. 72/73), Nr. 34 – Ostsee mit Schiff und Bahn (S. 76/77), Nr. 35 – Transsibirische Eisenbahn (S. 78/79), Nr. 44 – Krüger Nationalpark (S. 96/97), Nr. 53 – Donauradweg (S. 114/115), Nr. 58 – Neuengland (S. 124/125), Nr. 60 – Kalifornien (S. 128/129), Nr. 63 – Auf dem Amazonas (S. 134/135), Nr. 78 – Mandelblüte auf Mallorca (S. 164/165), Nr. 79 – Powder Ski in Kanada (S. 166/167), Nr. 80 – Bahamas (S. 168/169), Nr. 83 – Baja California (S. 174/175), Nr. 84 – Brasilien (S. 176/177), Nr. 86 – Osterinsel (S. 180/181), Nr. 87 – Antarktis (S. 182/183), Nr. 90 – Garden Route in Südafrika (S. 188/189), Nr. 91 – Rajasthan (S. 190/191) und Nr. 99 – Great Ocean Road (S. 206/207).

Bernd Schiller zeichnet verantwortlich für die Kapitel Nr. 7 – Kreta (S. 22/23), Nr. 15 – Panama mit Schiff und Bahn (S. 38/39), Nr. 19 – Syrien und Jordanien (S. 46/47), Nr. 21 – Chinas Norden (S. 50/51), Nr. 22 – Südindien (S. 52/53), Nr. 23 – Philippinen (S. 54/55), Nr. 26 – Sylt (S. 60/61), Nr. 27 – Norwegen (S. 62/63), Nr. 28 – Bornholm (S. 64/65), Nr. 38 – Kanadas Westen (S. 84/85), Nr. 40 – Anden (S. 89), Nr. 45 – Madagaskar (S. 99/100), Nr. 47 – Seidenstraße (S. 102/103), Nr. 48 – Mongolei (S. 104/105), Nr. 49 – Indonesien (S. 106/107), Nr. 50 – Franz.-Polynesien (S. 108/109), Nr. 51 – Papua Neu-Guinea (S. 110/111), Nr. 52 – Rügen (S. 112/113), Nr. 56 – Portugals Süden (S. 120/121), Nr. 65 – Nilkreuzfahrt (S. 138/139), Nr. 68 – Israel (S. 144/145), Nr. 70 – Singapur (S. 148/149), Nr. 71 – Bali (S. 150/151), Nr. 76 – Finnland (S. 160/161), Nr. 93 – Sri Lanka (S. 194/195), Nr. 95 – Phuket (S. 198/199), Nr. 96 – Vietnam (S. 200/201), Nr. 97 – Kambodscha (S. 202/203).

Jochen Müssig verfasste die Kapitel Nr. 1 – Bayerns Schlösser (S. 10/11), Nr. 10 – Südflorida (S. 28/29), Nr. 29 – Südengland (S. 66/67), Nr. 55 – Gardasee (S. 118/119), Nr. 57 – Andalusien (S. 122/123), Nr. 61 – Hawaii (S. 130/131), Nr. 62 – Mexiko-Rundreise (S. 132/133), Nr. 69 – Südchina (S. 146/147), Nr. 72 – Indian Pacific (S. 152/153), Nr. 74 – Die Big Three in Österreich (S. 156/157) und Nr. 77 – Kanaren (S. 162/163).

Roland F. Karls Beiträge zu diesem Buch: Kapitel Nr. 8 – Malta (S. 24/25), Nr. 16 – Marokko (S. 40/41), Nr. 17 – Namibia (S. 42/43), Nr. 18 – Bhutan (S. 44/45), Nr. 33 – Irland (S. 74/75), Nr. 39 – Bermuda (S. 86/87), Nr. 41 – Malawi (S. 90/91), Nr. 42 – Botswana (S. 92/93), Nr. 43 – Seychellen (S. 94/95), Nr. 46 – Mauritius (S. 100/101), Nr. 64 – Ecuador (S. 136/137), Nr. 66 – Tansania (S. 140/141), Nr. 67 – Kenia (S. 142/143), Nr. 75 – Berner Oberland (S. 158/159), Nr. 81 – Grenadinen (S. 170/171), Nr. 82 – Kuba (S. 172/173), Nr. 88 – Kapverdische Inseln (S. 184/185), Nr. 89 – Weinreise in Südafrika (S. 186/187), Nr. 92 – Oman (S. 192/193), Nr. 94 – Malediven (S. 196/197), Nr. 98 – Laos (S. 204/205) und Nr. 100 – Neuseeland (S. 208/209).

Von Barbara Rusch sind die Kapitel Nr. 11 – Südwesten der USA (S. 30/31), Nr. 12 – Osten der USA (S. 32/33), Nr. 13 – Mississippi (S. 34/35), Nr. 37 – Yellowstone National Park (S. 82/83) und Nr. 59 – Arizona und Nevada (S. 126/127).

Renate Kostrzewa verfasste das Kapitel Nr. 36 – Grönland (S. 80/81).

Hartmut Pönitz schrieb die Kapitel Nr. 5 – Jakobsweg (S. 18/19) und Nr. 85 – Chile und Argentinien (S. 178/179).

Hubert Matt-Willmatt verfasste das Kapitel Nr. 73 – Schwarzwald (S. 154/155).

Von Thomas Migge ist Kapitel Nr. 54 – Weinwandern in Süd-Tirol (S. 116/117).

Bildnachweis:
Alle Bilder des Innenteils stammen von der Bildagentur LOOK, München, mit Ausnahme folgender Bilder:
Bildagentur Huber: S. 114, 115 u. (Gräfenhain), 139 o. (Massimo, R.); Oliver Bolch: S. 152 u.r.; Fotolia: S. 92 u.l. (Kelly), 92 u.r. (Ieksele), 93 (Infinite XX), 96 o. (Haak, V.), 96 u.l. (Schellenberg, R.), 97 o. (Bekker, B.), 97 u. (Buchholz, L.), 99 (Mayer, M.), 109 o. (Valigursky, M), 112 u.l. (Schmittchen, R.), 123 o. (Eckerl, P.), 129 o. (Ransburg, M.), 139 u. (Windowseat), 146 u.r. (wusuowei), 151 (Umyvakin, Y.), 153 (csld), 172 u.l. (kavcic@arcor.de), 176 u.l. (Davis, D.), 186 o. (Halbur, D.), 196 u.l. (Zahid, A.), 204 u. (Müller, M.); Great Southern Rail Limited, Marleston, Australien: 152 o., 152 u.l.; Joachim Hellmuth: S. 118 o.; Roland F. Karl: S. 90 (alle), 91; Olaf Meinhardt: S. 78 (alle), 79 (alle); Hartmut Pönitz: S. 18 (alle), 19, 178, 179; Bernd Schiller: S. 201; Wolfgang R. Weber: S. 88 u.l., 89.

Einbandfotos:
Vorderseite, gr. Bild: Maya-Ruinen von Tulum, Yucatàn (Huber/Damm, F.), oben v.l.n.r.: blühende Mandelbäume auf Mallorca (LOOK/Richter, J.), Zug des Glacier

Barbara Rusch

Barbara Rusch studierte in München Ethnologie, Kommunikationswissenschaften und Psychologie. Nach längeren Studienaufenthalten in Italien und Ostafrika arbeitet sie seit 1990 als freie Autorin und Übersetzerin sowie als technische Redakteurin. In Büchern, Zeitschriften, Lexika und Ausstellungskatalogen publiziert sie über Kultur- und Wissenschaftsgeschichte, Pädagogik und Psychologie sowie über ferne (und nicht ganz so ferne) Länder. Barbara Rusch lebt in München.

Renate Kostrzewa

Renate Kostrzewa hat Biologie, Geografie und Pädagogik studiert und in Tierökologie promoviert. Sie ist seit mehr als zehn Jahren jeden Winter in der Antarktis und jeden Sommer in der Arktis auf Reisen. Renate Kostrzewa lebt in Zülpich.

Hartmut Pönitz

Hartmut Pönitz ist ein echter Experte in Sachen Pilgern und hat 2009 sogar den ITB-Book Award in der Sparte »Pilgerbuch« gewonnen. Er lebt in Ruhpolding.

Hubert Matt-Willmatt

Hubert Matt-Willmatt lebt in Freiburg und schreibt für verschiedene Medien zu Reise-, Kultur- und Genussthemen der badisch-elsässischen Region.

Thomas Migge

Thomas Migge, Politologe und Historiker, lebt seit mehr als 15 Jahren in Rom und kennt Italien wie seine Westentasche. Er schreibt für verschiedene Zeitschriften und Magazine und ist Autor zahlreicher Bildbände.

Express auf dem Landwasserviadukt (Max Galli), ein Herbsttag in Bethel im County Windsor, Vermont (LOOK/Frei, F.), Skifahrer im Tiefschnee über dem Lake Louise in Alberta (LOOK/Greune, J.);
Rückseite v.l.n.r.: Kathedrale von Mdina auf Malta (LOOK/The Travel Library), sommerliche russische Taigalandschaft (Olaf Meinhardt), Kalkfelsen im Jasmund-Nationalpark auf Rügen (LOOK/Zielske, H. & D.), Hundeschlittentour in Finnland (LOOK/age fotostock).

Seite 4/5, gr. Bild: Bungalows am Wasser auf einer polynesischen Insel (Fotolia/Valigursky, M.), oben v.l.n.r.: Im Garten von Schloss Nymphenburg in München (LOOK/Richter, J.), an Portugals Nordküste (LOOK/The Travel Library), auf Safari im Krüger-Nationalpark (Fotolia/Haak, V.), die Pyramiden von Gizeh bei Kairo (Fotolia/Windowseat), Abendimpression am Millinocket Lake, Maine (LOOK/Frei, F.), spielender Löwe in Botswana (Fotolia/Infinite XX), die Iguazu-Wasserfälle (Fotolia/Davis, D.), Pinguine auf einem Eisberg in der Arktis (LOOK/Leue, H.)

Freisteller:
Archiv Bruckmann: Kap. 17, Kap. 38, Kap. 60, Kap. 62, Kap. 64; Fotolia: Kap. 1 (TrudiDesign), Kap. 2 (giz), Kap. 3 (jufo), Kap. 4 (Renz, T.), Kap. 5 (Thiermayer, S.), Kap. 6 (Hoff, N.), Kap. 7 (TimurD), Kap. 9 (Wiedemann, D.), Kap. 10 (Steidl, J.), Kap. 11 (CY.Ronnie.W), Kap. 12 (vlad_g), Kap. 13 (Kellis), Kap. 14 (bedecs), Kap. 15 (kapp), Kap. 16 (Münzker, W.), Kap. 18 (Rohde, G.), Kap. 19 (Moremi), Kap. 20 (Velychko, M), Kap. 21 (Hoffmann, O.), Kap. 22 (Kalyuzhnyy, V.), Kap. 23 (Onkelchen), Kap. 24 (Axxoss), Kap. 25 (Petrovic, U.), Kap. 26 (Tarasov, A.), Kap. 27 (Andreas), Kap. 28 (Kaulitzki, S.), Kap. 29 (by-studio), Kap. 30 (photlook), Kap. 31 (Profotokris), Kap. 32 (zcan Sen electriceye), Kap. 33 (Ziablik), Kap. 34 (eovsyannikova), Kap. 35 (ketsur), Kap. 36 (jeans), Kap. 37 (Balaikin, I.), Kap. 39 (Rublinetsky, A.), Kap. 40 (Rivero, E.), Kap. 41 (Fourie, C.), Kap. 42 (Isselee, E.), Kap. 43 (Bonzami Emmanuelle CYNOCLUB), Kap. 44 (Isselee, E.), Kap 45 (Isselee, E.), Kap. 47 (Gabrielov, R.), Kap. 48 (Loigge, J.), Kap. 49 (Hansderzweite), Kap. 50 (Tischenko, I.), Kap. 51 (Mardre), Kap. 52 (Natalie), Kap. 53 (Tein), Kap. 54 (Ideenkoch), Kap. 55 (Designer_Andrea), Kap. 56 (yaskii), Kap. 57 (Baker, D.), Kap. 58 (Thai, N.), Kap. 59 (twoellis Kellis), Kap. 61 (IKO), Kap. 63 (Matthias Fuehrmann/Foodinaire.de), Kap. 65 (Dodge, C.), Kap. 66 (vanWyk, A.), Kap. 67 (Kaliuzhnyi, V.), Kap. 68 (Yura_fx), Kap. 69 (Balk, S.), Kap. 70 (Ex-Quisine), Kap. 71 (Videowokart), Kap. 72 (Edelmann, A.), Kap. 73 (Wiesler, F.), Kap. 74 (trekandshoot), Kap. 75 (Loukkal, Y.), Kap. 76 (Bouchard, S.), Kap. 77 (Enens), Kap. 78 (sdvonmb), Kap. 79 (Melis, K.), Kap. 80 (Dietrich, M.), Kap. 81 (Stepanov, Y.), Kap. 82 (Popcorn, M.), Kap. 83 (Chastity), Kap. 84 (Camhi, F.), Kap. 85 (OHE), Kap. 86 (Marbie, P.), Kap. 87 (Will, J.), Kap. 88 (vipersgarden), Kap. 89 (Ecoimages), Kap. 90 (Lichtmaler), Kap. 91 (fotomatrix), Kap. 92 (nh-foto), Kap. 93 (Aquiya), Kap. 94 (Lija), Kap. 95 (Staroseltsev, A.), Kap. 96 (robynmac), Kap. 97 (Perigois, J.-F.), Kap. 98 (siamimages), Kap. 99 (Isselee, E.), Kap. 100 (Issellee, E.); Wikipedia: Kap. 8, Kap. 46.

Alle Karten dieses Buches zeichneten Mapdesign Thieme, München.

Alle Angaben dieses Buches wurden von den Autoren sorgfältig recherchiert und vom Verlag auf Stimmigkeit und Aktualität geprüft. Allerdings kann keine Haftung für die Richtigkeit der Informationen übernommen werden.
Für Hinweise und Anregungen sind wir dankbar.
Zuschriften bitte an:
Bruckmann Verlag
Produktmanagement
Postfach 40 02 09
D-80802 München
E-Mail: lektorat@bruckmann.de

Produktmanagement: Joachim Hellmuth, Stephanie Iber
Textlektorat: Susanne Lücking, La Nucía (Alicante)
Korrektorat: Linde Wiesner, München
Umschlaggestaltung: Studio Schübel, München
Grafische Gestaltung: Gaby Herbrecht, Mindelheim,
Thomas Übelacker, München
Herstellung: Bettina Schippel
Repro: Repro Ludwig, Zell am See
Printed and bound in Slovenia, by Korotan, Ljubljana

Die Deutsche Nationalbibliothek verzeichnet diese Publikation in der deutschen Nationalbibliografie; detaillierte bibliografische Daten sind im Internet über http://dnb-nb.de abrufbar.

Nordpolarmeer

Nordwestpassage

Grönland

Island

Nordatlantik

Rocky Mountains

NORDAMERIKA

Neuengland

Bermuda

Madeira

Kanaren

Südstaaten

Hawaii-Inseln

Zentralamerika

Karibik

Kapverden

Pazifischer Ozean

Amazonasbecken

SÜDAMERIKA

Anden

Französisch Polynesien

Patagonien

Südatlantik

Südpolarmeer

Antarktische Halbinsel